武汉市市属高校教学研究项目"基于课程思政的《英语阅读》多元化考核评价体系研究"（项目编号：2021092）

二语习得视域下的英语教学策略探索

章璇 著

天津出版传媒集团
天津科学技术出版社

图书在版编目（CIP）数据

二语习得视域下的英语教学策略探索 / 章璇著. -- 天津：天津科学技术出版社, 2024.6
ISBN 978-7-5742-2171-0

Ⅰ.①二… Ⅱ.①章… Ⅲ.①英语－教学研究 Ⅳ.①H319.3

中国国家版本馆CIP数据核字(2024)第106923号

二语习得视域下的英语教学策略探索
ERYU XIDE SHIYU XIA DE YINGYU JIAOXUE CELÜE TANSUO

责任编辑：王　冬
责任印制：兰　毅

出　　版：	天津出版传媒集团
	天津科学技术出版社
地　　址：	天津市和平区西康路35号
邮　　编：	300051
电　　话：	（022）23332377
网　　址：	www.tjkjcbs.com.cn
发　　行：	新华书店经销
印　　刷：	河北万卷印刷有限公司

开本 710×1000　1/16　印张 16.25　字数 226 000
2024年6月第1版第1次印刷
定价：88.00元

前　言

在中国语言环境背景下，研究二语习得理论及其应用的重要性不容忽视。作为一门相对较新的独立学科，二语习得研究跨越了多个学科领域，其发展虽然迅速，但理论建设仍处于初级阶段。特别是在中国这样一个拥有独特语言和文化背景的国家，深入研究二语习得理论不仅具有重要的学术价值，也对实际的语言教学和学习具有深远的影响。

对于很多西方国家的英语学习者来说，英语是他们的母语或者与他们的母语息息相关，因此他们在学习英语这一语言方面具有天然的优势。但身处地球另一端的中国英语学习者显然不具备这种优势，中国的英语学习者要想学好英语就要克服教育环境、文化背景和社会语境等方面的困难。所以说，中国的英语教学工作者想要直接应用西方的二语习得理论来指导中国学习者的外语学习，可能不会取得成功。中国的英语教学必须考虑本土语言环境和文化背景，对二语习得等语言学习理论进行本土化的改造和创新。

中国具有庞大的英语学习者群体，他们的需求和特点也需要得到更多的关注。实践证明，探索并发现英语学习者群体在二语习得过程中面临的实际问题，能有效提升教学工作者的教学效果，提高英语学习者的学习效率。基于以上理论研究背景和教学实践经验，本书深入探索和分析了二语习得理论在英语教学中的应用及其潜在价值。具体分析如下。

本书的第一章对二语习得进行了全面的概述，详细介绍了二语习得的定义内涵、相关理论、影响因素及研究方法。对二语习得理论的深入分析能够为读者提供一个坚实的理论基础，以便读者后续更好地理解和应用这些理论。第二章则全面介绍了英语教学的基本情况，包括英语教学的理论支撑、影响因素、教学目标、教学原则以及教学方法。第二章除向读者介绍英语教学基本情况以外，还论述了二语习得理论对英语教学的重要启示，为后续章节的深入探讨奠定了基础。

从第三章开始到第八章，本书分别从中介语理论，语言输入、输出假说，互动假说，语言迁移理论，信息加工理论以及社会文化理论等多个角度，探讨了这些二语习得理论在高校英语教学中的策略和应用。基本上每一章都先介绍相关理论的产生与发展，系统地梳理相关的研究，随后基于这些理论提出创新的英语教学策略。这些章节不仅为读者展示了理论与实践的紧密结合，而且提供了一系列具有启发性的教学思路和方法。在本书的最后一章中，笔者特别关注了学习者因素对英语教学策略的影响。学习者因素是影响教学活动开展的重要因素，本书特从学习观念、学习动机等角度讨论了学习者的特点以及这些特点对教学活动的影响，从而帮助教师设计出更有效的教学策略。

本书旨在为英语教师和教育工作者提供一个全面深入的视角，帮助他们深刻理解并应用二语习得理论，进而有效提升教学成效，培育优秀的英语人才。本书意图不仅在于理论指导，也致力辅助实际教学，解答中国英语教育当前的难题，满足教育者和学习者的实际需要。尽管笔者在写作过程中力求简明扼要、逻辑清晰，但由于个人能力所限，书中难免存在疏漏。因此，笔者欢迎读者提供宝贵反馈和建议，以促使本书不断改进。

目 录

第一章 二语习得概述 / 1

    第一节　二语习得的内涵解析 / 1

    第二节　二语习得的理论探索 / 8

    第三节　二语习得的研究内容 / 16

    第四节　二语习得的研究方法 / 23

第二章 英语教学概述 / 29

    第一节　英语教学的理论支撑 / 29

    第二节　英语教学的影响因素 / 52

    第三节　英语教学的目标 / 64

    第四节　英语教学的原则 / 72

    第五节　英语教学的方法 / 83

    第六节　二语习得研究对英语教学的启示 / 104

第三章 中介语理论与英语教学策略 / 109

    第一节　中介语理论的产生与发展 / 109

第二节 中介语理论系统相关研究 / 111

第三节 基于中介语理论的英语教学策略 / 120

第四章 语言输入、输出假说与英语教学策略 / 125

第一节 语言输入假说的内涵解析 / 125

第二节 语言输出假说的内涵解析 / 128

第三节 基于语言输入、输出假说的英语教学策略 / 131

第五章 互动假说与英语教学策略 / 137

第一节 互动假说的内涵解析 / 137

第二节 影响师生互动的主要因素 / 142

第三节 基于互动假说的英语教学策略 / 145

第六章 语言迁移理论与英语教学策略 / 149

第一节 语言迁移理论的内涵解析 / 149

第二节 影响语言迁移的主要因素 / 155

第三节 基于语言迁移理论的英语教学策略 / 159

第七章 信息加工理论与英语教学策略 / 163

第一节 信息加工理论的内涵解析 / 163

第二节 信息加工模型相关介绍 / 169

第三节 基于信息加工理论的英语教学策略 / 175

第八章 社会文化理论与英语教学策略 / 181

第一节 社会文化理论的内涵解析 / 181

第二节 社会文化与语言、认知的关系 / 185

第三节 基于社会文化理论的英语教学策略 / 197

第九章　学习者因素与英语教学策略　/　205

　　第一节　学习观念与英语教学策略　/　205

　　第二节　学习动机与英语教学策略　/　210

　　第三节　学习风格与英语教学策略　/　220

　　第四节　学习策略与英语教学策略　/　226

　　第五节　情感因素与英语教学策略　/　237

参考文献　/　247

第一章 二语习得概述

第一节 二语习得的内涵解析

一、二语习得的相关概念

(一) 二语与外语

1. 二语的概念

二语指的是人们在掌握了母语或称第一语言后习得的其他语言。也就是说,二语是在母语基础上习得的,这体现了语言学习顺序的重要性。人们习得二语的原因往往各不相同,有的是遵循学校教育的安排,有的是为了获得更多的职业选择,还有的是为了换一个国家生活。与母语学习不同,普通人的二语习得更需要依赖专门的语言教育,同时自身也要付出巨大的努力。二语的学习成果受多方面因素的影响,个人语言天赋、语言学习环境、语言学习方法都是重要的影响因素。

二语习得之旅充满挑战,学习者必将面对发音、词汇记忆和理解、语法学习等难题,这些问题视个人的语言和文化背景、学习环境而异。因此,二语教师需深入掌握每个学习者的特定需求和难点,这是完成教学任务、实现教学目标的核心。为了优化教学效果,教师必须根据学习者的需求精选教材和设计课程活动。例如,对于那些专注于提升口语的学习者，教师应提供与口语实践紧密相关的资源，并安排实景模拟的口语练习，以增强其口语技能，满足他们的学习愿望。在此过程中，教师的角色超越了知识传递者，成为活动策划者和引导者，他们通过整合资源和活动为学习者创建了一个促进学习的环境，专注于解决具体学习难题，并激发学习动力与兴趣。这种个性化、目标导向的教学方法能显著提升学习效率，助力学习者在二语学习的道路上取得显著成就。

"二语"成为语言教学中较为通用的术语，主要因为它是语言习得理论体系中最早使用的术语。本书在此后的章节中，通常不强调二语与外语的区别，甚至将二者交替使用。这一方面是出于表达和理解上的便利，另一方面也因为至少在中国语境下，二语与外语的学习过程基本上是一致的。同时，二语和外语仅在学习的时间和使用的熟练程度上有别于母语，作为学习者，教师不应也不必强调它们的政治地位。

2. 外语及其与二语的区别

在广义概念上，二语包含二语、三语、四语，还包括外语。但狭义概念上的二语和外语有着较为显著的差别。从学习者的角度分析，二者的区别体现在以下几个方面。第一，政治地位不同。二语通常属于官方语言，有着与母语同等甚至更重要的地位；外语则属于非官方语言，其政治地位要低于母语，但也很受人们的重视。第二，学习环境不同。二语学习主要发生在母语环境中，而且学习者接触目的语言的机会相对有限。例如，一个在中国的英国人正在学习一门外语——汉语，因为汉语是中国人的主要交流语言；外语学习主要发生在非母语环境中，如中国人在中国学习英语。第三，学习目的不同。学习者学习二语通常是为了更好地融入目的语国家的工作和生活；学习者学习外语则大多数是为了与目的语国家的人交谈、去目的语国家进行学术交流或旅游。第四，学习方式和学习效果不同。二语学习者由于身处目的语应用环境中，因此有较好的语言沉浸条件，能迅速掌握和理解比较地道的二语表达，进而迅速提高自身的二语水平；外语学习者对课堂教学、教师引导的依赖很大，学习者通常缺乏与目的语言母语使用者的直接交流机会，这经常会影响他们语言运用能力的提升。

（二）学习与习得

人们关于语言学习的研究，最初仅限于对母语学习的研究，认为关于母语的知识和使用技能大多源于生活中与目的语的自然接触，而不是通过课堂教学获得的。在这一阶段，尽管人们意识到语言学习的环境有所不同，但并未刻意区别自然环境中的"习得"与人为环境（如语言教学课堂）中的"学习"。

学习是一个有意识的、系统的过程，涉及对语言规则的直接教学和学习。在这个过程中，学习者通过课堂教学、语法练习和记忆等方法，有意识地掌握语言的形式和规则。例如，学习者会记忆语法规则、词汇列表，或通过做练习来提高他们的语言技能。这种学习方式往往侧重于语言的正确性和规范性，重视语言知识的显性掌握。学习过程通常在传统的教室环境中发生，其中教师的指导和反馈起到关键作用。

克拉申（S.D. Krashen）提出成人学习第二语言有两种途径：学习与习得。与学习不同，习得是一种自然且直觉的过程，常在潜意识中通过日常交流自发进行。这种方式下，与目标语言母语者的交流和在语境中的自然沉浸有助于人们在无意识中掌握语言。相较于学习，习得更侧重于语言的实用性，而非死板地遵守语法或发音规则。在习得过程中，语言被视为沟通的工具，学习者往往不会察觉到自己在学习规则，但通过实际应用能有效掌握语言。这种观点强调了语言学习的自然机制，鼓励学习者通过实际的交流活动自然掌握第二语言，而非刻意地学习和记忆。这为成人的第二语言学习开辟了新视角，凸显了实践与交流在习得过程中的核心作用。

尽管克拉申的学习理论与习得理论在学术界受到了一定的质疑——很多学者认为这两种理论上没有本质区别，但这两种理论确实在二语研究领域包括二语教学领域产生了深远的影响。克拉申有关学习概念和习得概念的论述能帮助研究者理解为什么在学习语言的过程中，有些学生的课堂成绩十分出色,却缺乏实际应用能力;有些学生的语言应用能力很强,课堂成绩却不尽如人意。这一论述也从侧面提醒英语教师等语言教育工作者要注意设置全方位的教学目标并采用多样化的教学方法。教师不仅要引导学习者在课堂上学好词汇和语法等基础语言知识,还要为学习者创设更多的语言使用情景,以促进学习者的语言习得。

(三)第二语言习得与外语学习

在我国,除了少数民族的人学习汉语和汉族人学习少数民族语言时可以把对方的语言称作第二语言,中国人在中国境内学习的其他国家的语言一般情况下都应称作外语。不过在考虑从宏观上建构第二语言习得研究的学科发展时,人们把中国人学习外语、外国人学习汉语、少数民族的人学习汉语都作为第二语言习得研究的主要内容。李哲认为,第二语言和外语两个术语的区别是相对的,因人因时因地而异,人们应该根据语境和其他背景知识做出判断。①

1. 第二语言和外语的学习环境对比

第二语言学习不仅包括语法和词汇的学习,还包括文化习俗、语言习惯和社会交际规则的学习。这种沉浸式的学习能有效促进第二语言的自然习得,使学习者能够更全面、更深入地理解英语的语法规则,并帮助他们提升英语的实际应用能力。

第二语言习得通常发生在以第二语言为母语或主要交际语言的语言环境中。对于在英美国家的外国移民和外国留学生来说,英语就是他们的第二语言,因为英语是英美国家的官方语言和主要交际语言。在英美国家留学的外国学生无时无刻不处在英语语言使用环境中。在学校里,教师和同学用英语跟他们讨论问题;出了校门,本地人也用英语跟他们交流、会话;电视上播放的是英语新闻;就连路边的广告、公示语都是英语的。这些自然的语言输入都是他们学习英语的重要资源。他们学习

---

① 李哲.第一语言习得和第二语言习得比较研究[J].外语与外语教学,2000(6):44-46.

英语的例子告诉人们，在英美国家不懂英语将寸步难行，第二语言学习环境会有更多、更自然的语言输入。

外语学习通常发生在目的语不是母语或主要交际语言的语言环境中，就像英语在中国或日本就是一门外语，英语学习在中国和日本可称为外语学习，因为这两个国家的母语和主要交流语言都不是英语。在这种环境背景下，学习者学习外语通常会依赖固定的场所——大部分学习者会选择学校或专门的语言教育机构学习外语。选择学校和专门的语言教育机构的好处是他们会提供专业的教师指导，并制定系统的教学方案帮助学习者循序渐进地掌握外语语言知识和能力，实现学习者的学习目标。当然，凡事没有十全十美的，由于缺乏自然的语言输入环境和语言应用情境，学习者的外语实际应用能力可能会有所欠缺。因为大部分学校和语言教育机构更侧重于语言知识的教学，如语法规则、词汇含义的教学，而缺少对学习者语言口语表达能力、听力理解能力、跨文化交际能力的培养。因此，很多外语学习者能在阅读和写作方面取得较好成绩，但在口语交流能力和听力理解方面明显不如第二语言学习者。因此，外语学习者在语言实际应用能力上可能面临更多挑战。

2. 第二语言和外语的情感因素对比

在情感因素方面，第二语言学习者通常比外语学习者拥有更强烈的学习动机，这是因为第二语言在他们所处社会环境的语言体系中占有重要地位。在印度和某些非洲国家，英语不仅是其重要的官方语言还是当地人接受高等教育、把握职业发展机会的关键因素，因此他们的工具性动机（即学习语言是为了实现具体目标，如就业或晋升）相当强烈。在当地的社会背景下，第二语言学习还可能与影响更广泛的社会、文化参与和身份认同相关联，这一层面的关联为当地的英语学习者提供了额外的内在动力。相比之下，外语学习者的学习动机通常没有那么强烈，也没有那么复杂。很多中国高校学生学习外语的目的是获取学分，完成学业，当然也不排除一部分学生是为了兴趣爱好或者提升自我。积极的学习动机有利于学习者克服语言学习困难，实现语言学习目标；消极的学习动机则不利于学习者开展语言学习。

3. 第二语言和外语的语言输入对比

在语言输入方面,第二语言学习者更具优势,他们能接收到来自各行各业、各个领域、各具特色的语言表达。通过观看当地新闻报道,他们能学习到来自官方的正规英语表达方式;通过与本地人深入交谈,他们能接触到具有方言特点的英语习语、俚语等日常表达方式。这些输入通常是与学习者的日常生活关系密切且比较容易理解的,如有关天气、路况的报道和有关物价、饮食、服饰、学习生活的讨论。第二语言学习者接收到的海量语言知识信息是外语学习者难以企及的,外语学习者缺乏的正是这样自然、即时、多样的语言输入。他们接触到的语言材料通常是具有语法代表性的、由英语教师精心设计的表达材料,很多材料是比较经典的,也是比较陈旧的。因此,外语学习者通常缺乏灵活应变的能力,这与他们的语言输入不足有很大的关系。

二、二语习得的学科定位

第二语言习得(SLA)作为一门独立的学科,具有特定的性质和研究对象,它系统地研究人们在掌握母语之后如何习得第二语言。这个领域融合了语言学、心理学、教育学和社会学等多个学科的理论和研究方法,形成了自己独特的研究范式和学科体系。在学科定位上,第二语言习得研究着眼于探索个体如何通过不同的方式和在不同的环境中习得非母语的语言能力。它考虑的因素包括语言输入的性质、学习者的认知机制、心理状态、社会文化背景及其对第二语言学习过程的影响。SLA研究不仅关注语言知识的获取,还涵盖语言使用能力的发展,即如何将语言知识转化为实际交流中的语言技能。

尽管依赖课堂教学的外语学习和注重自然语言环境的第二语言习得在实施方式上有所不同,但它们在根本的语言习得机制上并没有显著的质的差异。这两种学习方法都涉及语言系统的形成过程和语言习得机制(language acquisition device, LAD)的运行。然而,它们在语言能力的发展速度和均衡性上存在差异，这主要是由于语言接触的时间、输入的质量和数量，以及学习动机等因素的不同所导致的。因此，在中国的语言学研究领域建议采用美国学术界常用的"第二语言习得"这一术语，以统称那些在学会母语后，在课堂内外学习一门或多门其他语言的过程。这种统称有助于更全面地理解和研究语言学习的各个方面，无论是在理论上还是在实践中。

二语习得作为一门学科，其发展历程充分体现了从应用语言学的一个分支逐渐成长为独立学科的过程。最初，二语习得主要集中于语言教学的应用层面，旨在为语言教育实践提供理论支持和方法指导。然而，随着中介语假设等理论的提出，二语习得开始从应用语言学和生成语言学的框架中脱颖而出，形成了自己的理论体系和研究方法。这种独立性不仅表现在理论层面，也反映在学术机构和教育体系的建设上。在全球范围内，越来越多的大学开始开设二语习得专业，提供从本科到研究生甚至博士阶段的专门教育和培训，这一现象标志着二语习得作为学科的成熟和专业化。

此外，二语习得作为一门新兴学科，在学术界的影响持续扩大。这一学科不仅有专门的研究机构成立，致力于二语习得的深入研究，而且涌现了大量的学术专著和国际学术期刊，这些出版物不断推动这一领域的理论和实践创新。国际学术会议的定期召开更是为来自世界各地的研究者提供了交流和合作的平台，促进了全球范围内的学术互动和知识共享。这些活动不仅展现了二语习得学科的强大生命力，也预示着其在未来的广阔发展前景。随着全球化和多元文化交流的加深，二语习得作为一门学科，无疑将在理解语言学习过程和促进有效的语言教学实践方面发挥越来越重要的作用。

第二节　二语习得的理论探索

一、乔姆斯基的普遍语法理论

（一）普遍语法理论概述

普遍语法（universal grammar, UG）是乔姆斯基（N. Chomsky）语言学理论的核心，旨在探索人类语言的本质和语言习得的基础。根据普遍语法理论，人类拥有内在的、先天的语言官能，这是语言习得的根本基础。乔姆斯基强调，就像人类的其他生物器官一样，语言器官也具有一定的生物学普遍性。这种普遍性体现在所有人类都拥有相同的潜在能力来习得任何一种自然语言。

普遍语法理论认为，语言习得是一个由以下三个主要因素共同作用的过程。

1. 基因天赋

基因天赋是乔姆斯基在普遍语法理论中提出的核心概念。乔姆斯基指出，人类的语言能力是一种与生俱来的天赋，这种藏在基因里的天赋激发了人们习得任何人类语言的能力，也就是说，这种天赋不是在学习某种语言时才发挥作用的，而是一种普遍的语言习得能力。在人类世界中，婴儿从不具备任何语言表达能力到掌握良好的语言表达能力只需要短短几年的时间，这种迅速习得语言的能力就是一种基因天赋，这一天赋是人类独有的、其他物种难以企及的。基因天赋能激发人们学习语言的能力，也能限制人们所能达到的语言水平。乔姆斯基认为人们在语言学习方面所展现的能力是有限的，包括理解语言的能力和创造性表达语言的能力。

2. 外部数据

上面说到基因天赋让人们拥有了习得语言的能力，但只有基因天赋，没有外部数据的辅助，人们还是不能掌握语言。外部数据顾名思义就是来自个体外部的、个体在语言习得过程中所接触到的语言材料输入，包括个体通过交谈听到的声音材料和个体通过阅读看到的文字材料，这些材料是人们习得语言必不可少的材料和客观条件。外部数据的数量和质量将影响语言习得的速度和效果，大量优质的外部材料能加快人们语言习得的速度，提升人们语言习得的效果。外部数据在普遍语法理论中的重要作用还表现为在语言习得的过程中，外部数据的输入能在一定范围内引导语言的转换，帮助人们创造新的语言表达。

3. 原则

这一要素涵盖了影响语言结构构建及其发展的各种原则和规则。在普遍语法理论中，原则被认为是操控和指导语言习得过程的内在机制。它们不仅仅局限于特定语言的规则，而是更广泛的、影响所有语言的普遍原则。这些原则包括数据分析原则、帮助个体解析和理解语言输入的原则，以及构建结构和制约发展的原则，这些原则确保语言学习者能够有效地处理语言数据，并在此基础上发展自己的语言能力。其中，高效运算原则对生成语法系统的内部语言尤为重要，它促进了语言处理的效率和有效性。这些原则构成了普遍语法的框架，不仅解释了人类为何能够习得语言，还揭示了语言习得的普遍过程和模式。

此外，普遍语法理论还强调，单纯的语言输入不足以解释语言习得的全过程。语言输入的作用主要是触发语言官能的发育，而课堂上的正式教学对语言习得的作用是有限的。普遍语法理论认为，语言输出活动也不能充分解释语言习得的过程。因此，在这一理论框架下，语言输出在理论上并不占据核心地位。普遍语法提供了一种解释语言习得的深层次框架，强调了人类天生的、与生俱来的语言能力和语言习得的普遍原则。这一理论对于理解语言习得的机制以及设计有效的语言教学方法具有重要意义。

（二）普遍语法理论核心观点

普遍语法理论的核心观点深植于乔姆斯基的哲学和认知观念中，这些观念本身建立在理性主义的哲学基础之上。乔姆斯基的理论突破了经验主义的限制，主张人类拥有内在的、与生俱来的心智能力，这种能力对于语言习得尤为关键。普遍语法的提出，最初是为了解释母语习得的过程，乔姆斯基将其视为一种天赋。

1. 心智模块化观点

乔姆斯基认为人脑是一个模块化的、由多个相互作用且具有独特属性的子系统组成的系统。语言官能是这些子系统中一个专门负责语言习得和使用的系统。语言官能也具有模块化特征，语言官能的模块化体现在它包含不同的子系统，如句法、语音、形态和语义等方面，这些子系统共同构成了人类复杂的语言能力。这种观点强调了语言能力的特殊性和系统性，即语言是一种独立于其他认知能力的模块，它拥有自己的规则和原则。

2. 普遍语法应用观点

在二语习得领域，普遍语法的应用表明，学习者所接受的二语输入是有限的，而且某些二语知识的习得并不能完全依赖教学或直接经验。这暗示了二语习得中存在逻辑问题，即二语输入和产出之间的不匹配。普遍语法理论认为，这种不匹配反映了二语习得者的内在语言能力或心理表征的作用。换句话说，就像乔姆斯基所认为的那样，儿童利用普遍语法作为起点，通过后天的经验确定目的语参数，习得个别语法，成人在习得第二语言时也可能遵循类似的模式。即使在二语学习中，学习者显示出一种抽象而微妙的知识，这种知识超出了单纯依靠语言输入所能获得的范畴，表明先天因素在二语习得中可能起到的作用。因此，在普遍语法理论的框架下，外部的语言输入在语言习得中起着触发作用，帮助学习者设定特定的语言参数，从而习得特定的语法系统。

二、卡罗尔的自动归纳理论

（一）自动归纳理论概述

卡罗尔（J. Carroll）的自动归纳理论是二语习得理论中探索语言习得过程的重要理论，它结合了形式语言学的研究成果，重点分析了学习者语言能力的变化和内部语法之间的关系。

1. 内部语法的改变

自动归纳理论的主要观点之一就是学习者语言能力的变化主要源自他们内部语法的改变。这种观点强调了语言习得过程中个体内部因素的重要性。自动归纳理论认为当学习者接触到新的语言输入时他们的内部语法就会自动进行调整和归纳，以适应新的语言数据。这种内部语法的调整是一种无意识的、自然进行的、自动的过程，体现了学习者对语言输入进行加工和整合的能力。这一观点的创新之处在于它认识到语言习得这一行为不只是个体对外部输入数据的被动反应，而是个体主动进行的、动态的语言系统建构行为。

2. 语言习得机制的作用

自动归纳理论进一步阐释了语言习得机制在语言习得过程中的作用。卡罗尔认为，尽管语言输入可能十分有限，但学习者仍然能够掌握复杂的语法知识，这一现象揭示了普遍语法在语言习得中的重要作用。普遍语法作为一种内在的、先天的语言能力，提供了学习者对语言进行归纳和内部构建的基础。自动归纳理论还指出，普遍语法在语言习得机制中是隐性体现的，这意味着学习者并不需要直接意识到或理解普遍语法的具体规则，但他们的语言能力仍然受到这些规则的指导和制约。

3. 语言输入和语言输出

自动归纳理论认为，语言输入是语言习得产生的必要条件，但语言习得依赖对语言信息原始数据的加工，而不是对语言输入的加工。语言输出在二语习得理论研究中没有研究意义。同时，自动归纳理论还认为正式的语法教学并不能促进语言习得，因为正式语法教学不能改变原始语言数据加工方式，也不能改变学习者的内部语法。只有当语法加工或内部语法分析失败时，外部方法对输入的处理才有效。

（二）自动归纳理论核心观点

自动归纳理论提出了对语言输入处理和语言习得机制的独特见解，这些观点深刻地影响了人们对二语习得过程的理解。

1. 语言输入的三种类型

自动归纳理论将语言输入分为三种类型：原始语言数据、刺激和输入加工机制，以及输入语言习得机制。原始语言数据是指可以在语言环境中测量的客观属性，如实际的语言材料。这种数据是语言习得的直接来源，并为学习者提供了加工和分析的基础。刺激和输入加工机制则涉及学习者如何接收和处理这些原始数据。输入语言习得机制则是指学习者如何将加工过的信息转换为内部语法的一部分。这一区分强调了语言输入不仅包括简单的外部数据，还包括学习者对这些数据的内部处理过程。

2. 语言输入对语言习得的作用

自动归纳理论认为，学习者对原始语言材料的内部加工和解析才是语言习得过程的关键。在语言习得过程中，原始语言材料信息被转化为学习者内部语法的组成部分，进而帮助学习者掌握真正的语言能力，须知这种转化是通过学习者内部的认知机制完成的。自动归纳理论还强调了语言输入深度和质量对语言习得的重要作用，指出如果不考虑语言输入的质量，那么语言输入的频率就不能影响语言习得的效果。

3. 显性语法教学的作用

自动归纳理论指出，正式的语法教学和语法练习在语言习得过程中的作用是有限的，学习者不能完全依赖语法教学和语法练习，除非这种教学能够引发个体内部对原始语言数据的加工变化，否则学习者内部语法不会发生实质性改变。这种观点也意味着在语言习得的过程中显性教学发挥的作用是有限的。只有当学习者在语言处理或分析上遇到困难时，外部的教学方法和练习才可能有效。这也间接表明了语言习得更多地依赖学习者内部的加工机制，而非外部教学的直接指导。

三、安德森的思维适应性控制模型

安德森（J. Anderson）的思维适应性控制（adaptive control of thought, ACT）理论模型提出了一种全面的框架来理解人类认知过程，特别是语言能力的发展和运作。该模型的核心在于分析和解释人类大脑如何处理和生成语言。

（一）产生规则的核心概念

ACT 模型的中心是产生规则系统，这些规则遵循一种 if-then（如果-那么）的格式。这种格式指的是，如果满足某个特定条件（X），那么就会触发一个特定的行为或反应（Y）。这些产生规则体现了大脑如何对信息做出反应和处理，它们是大脑处理复杂信息和任务的基础。在语言能力方面，这些规则指导着个体如何理解和产生语言结构，包括语法、句法和语义等方面。这些规则的灵活运用使得人类能够适应不同的语言环境和沟通需求。

（二）记忆形式的区分和相互作用

安德森区分了三种记忆形式：工作记忆、程序性记忆和陈述性记忆。工作记忆是人们在短期内处理和维持信息的能力，程序性记忆涉及执行任务和处理信息的技能，而陈述性记忆则涉及事实和事件的知识。在语言能力的发展中，这三种记忆形式相互作用至关重要。例如，当学习新语言时，陈述性记忆提供了关于语言规则的知识，程序性记忆则转化这些知识为具体的语言使用技能。

（三）记忆运动的阶段性

安德森提出，大脑在从陈述性记忆向程序性记忆转换的过程中经历了三个阶段：陈述性阶段、知识编译阶段和转折性产生阶段。在陈述性阶段，大脑依赖对事实的明确认知。随着学习的深入，这些认知在知识编译阶段被转化为更具体、更自动化的程序，以便更有效地应用于实际任务。最后，在转折性产生阶段，这些程序被进一步微调和适应，以满足更复杂或变化的情境。这一过程反映了语言能力从初步认知到熟练运用的动态发展过程。

安德森的 ACT 模型为人们理解语言学习过程提供了一个有力的框架，它阐述了陈述性知识转变为程序性知识的方法。ACT 模型认为语言习得就像人们习得其他技能一样，涉及从对语言规则的明确认识（陈述性知识）到能够自然而然地使用这些规则（程序性知识）的转变。这一过程包括了语言知识的内部化和自动化，而正是这两道程序使得学习者能够在各种交流中流畅地应用语言。尽管语言习得在某些方面与其他技能的习得有相似之处，但不可否认的是它仍具有独特之处。

（1）语言习得不仅仅是学习词汇和语法规则那样简单，它是掌握一个高度复杂的认知系统，包含语言的实际应用、语境理解，以及非言语交流等方面。这表明，语言的掌握远超过记忆规则和其应用，还需要深入理解并适应复杂的语言环境。

（2）语言习得深深植根于社会化过程之中。不同于仅学习一个技能或使用一种工具，语言的学习与特定的文化背景和社会交往紧密相关。这意味着，学习者除了要学会语言本身，还需掌握在给定的社会及文化背景下的语言使用规范。这不仅包括在不同社会情境中适当地使用语言，还涵盖理解交流中的非直白暗示、适应多样的交流风格和习惯等方面。

（3）语言习得这一行为具有长期性、动态性。任何语言的习得都不是一朝一夕能完成的任务，个体要想习得一门甚至多门语言，就要长期暴露在目标语言环境下并参与大量的语言实践。随着时间的增长和实践行为的增加，学习者的语言能力才会不断发展、逐渐成熟。语言习得的动态性主要体现在两个方面。一方面，语言习得本身不是静止不变的，而是变化的、发展的；另一方面，学习者的语言能力会随着学习需求和语言环境的变化而出现适应性的发展。

四、德凯泽的技能习得理论

德凯泽（R. DeKeyser）的技能习得理论为理解语言学习提供了一个全面的框架，它特别强调了技能习得的阶段性和程序化的过程。

（一）技能习得的阶段性

德凯泽认为技能习得，包括语言学习，遵循着一个从陈述性知识到程序性知识再到自动化的发展路径。在这个过程中，学习者首先通过观察和分析获得陈述性知识，即对技能的基本理解和知识。其次，学习者开始发展程序性知识，这一阶段是关键的，因为它涉及将静态的命题知识转化为实际操作中的程序性知识。这个转化过程是通过编码和实践实现的，学习者在这个过程中将所学知识与实际行为相结合。最后，学习者通过大量的练习达到自动化阶段。在这个阶段，程序性知识变得自然而然，无须刻意思考即可应用。

（二）显性教学和练习的作用

技能习得理论与自动归纳理论的观点恰恰相反。技能习得理论承认显性教学和练习在语言习得中的重要性。德凯泽认为尽管语言输入是语言习得的必要条件，但它并不是语言习得的关键因素。语言习得的关键因素在于如何将学习者接收到的陈述性知识转化为程序性知识，并最终实现自动化。要实现以上目的，就要依靠显性教学和语言练习。在第二语言学习的过程中，有针对性的教学活动和练习可以帮助学习者更好地理解和应用语言规则，从而促进程序性知识的发展和最终的自动化。

（三）语言产出活动的重要性

德凯泽还强调了语言产出活动在语言学习中的作用。他认为，通过练习，学习者能够应用和巩固他们的陈述性知识。这种练习不仅仅是重复和模仿，而是一种有意识的、有目的的活动，它使学习者能够将理论知识转化为实践中的技能。这个过程要求学习者的语言产出与现行的语言规则保持一致，从而有效地促进语言技能的习得和发展。

第三节　二语习得的研究内容

一、第二语言相关的研究

（一）第二语言的初始状态

在第二语言习得研究领域，探讨第二语言的起始阶段是一个核心议题，该议题催生了两种主流观点，这些观点对理解第二语言学习过程的本质具有重要意义。

1. 第一语言作为初始状态

有一种理论认为，学习者在开始学习第二语言时，其出发点主要受到第一语言的影响。这表明学习者的母语在很大程度上决定了他们学习第二语言的方法和进程。依据这个理论的研究显示，在第二语言的学习过程中，学习者倾向于将他们的第一语言的规则、结构和使用习惯迁移到第二语言上，这个过程被称作语言迁移。以汉语为母语的学习者在英语学习中，他们的句子结构和语法使用可能会受到汉语的影响。在这种理论视角下，第二语言学习被认为受到学习者母语特性的显著影响，因此在学习第二语言初期，学习者的语言表现常明显带有第一语言的特征。

2. 普遍语法作为初始状态

另一种理论认为，第二语言的学习起始于所谓的普遍语法。普遍语法是乔姆斯基的一个理论构想，描述的是人们生而具有的、内置的语言结构和规则集。拥护这一理念的学者认为，无论是学习第一语言还是第二语言，人们都依赖这种固有的、普遍的语言机制。从这个角度看，当学习者开始接触第二语言时，他们的起点并非基于他们的第一语言，而是基于这种与生俱来的普遍语言能力。第二语言的习得过程本质上与第一语言的习得无异，即学习者在学习第二语言过程中，利用普遍语法的规则和结构理解和构造新的语言体系。学习第二语言时，学习者并不是从头开始，而是站在普遍语法的基础之上。

这两个关于第二语言起始状态的理论视角，都有着坚实的理论依据和实证支持，对于揭示第二语言习得的机制和指导教学策略具有重要价值。第一个视角突出了母语对第二语言学习过程的重要作用，而第二个视角则着重于人类与生俱来的语言学习能力。在具体的第二语言教学实践中，了解并整合这两种理论，能够帮助教师更深入地理解学习者的具体需求，并据此设计出更为有效的教学方案，从而促进学习者在第二语言习得上的进步。

（二）第二语言发展的特点

第二语言学习呈现分阶段的特征和规律，尤其在语法掌握上表现得非常明显。

1. 阶段性成长

在第二语言的学习过程中，学习者会经历不同的阶段，每个阶段都对应着特定的语言能力的掌握。例如，在早期阶段，学习者往往先学会基本的句子构造；随着学习的深入，复杂的语法结构，如否定句和疑问句，逐渐被掌握。这种分阶段的学习过程体现了语言能力的逐步深化，每一个新的学习阶段都建立在之前阶段的基础之上。在追求掌握目标语言的过程中，学习者不仅在语法上取得进步，词汇、发音及语用等方面也会同步提升。

2. 习得顺序

第二语言学习也遵循一定的内在习得序列，表明在语言学习过程中，特定的语言结构或规则往往会被优先习得，而其他语言结构或规则则随后学会。举个例子，在英语学习过程中，学习者通常会较早掌握第三人称单数现在时的变化，接着是规则动词的过去式，然后才是不规则动词的过去式。这一习得顺序可能受到学习者母语的影响，也可能反映了语言本身的普遍规律。习得顺序的存在说明语言学习是遵循规律的，不同的语言结构和规则按照一定的固有难度和学习顺序被习得。

3. 发展中的变异

在第二语言学习的过程中，学习者在掌握特定语言特征的不同阶段，会展现出变异性。这些变异主要分为两类：自由变异和系统性变异。自由变异指的是学习者在语言使用中交替运用功能上无明显区分的不同表达方式。例如，在学习英语否定句时，学习者可能会在无特定规则指导下交替使用"no"和"don't"。而系统性变异发生于这些不同的表达形式在学习者的中介语中形成具有明确功能分工的系统时。这类变异揭示了学习者对目标语言的理解深度及其复杂性，并展示了他们在语言学习过程中表现出的策略灵活性与适应力。

（三）第二语言能否达到母语者的水平

在是否能够达到母语者（native speaker）水平的第二语言学习讨论中，语言学界持有多样的看法，这些观点体现了对第二语言习得能力及其限制的不同见解。

1. 否定观点

许多学者认为，第二语言学习者往往难以达到母语者的水准，这一看法源自对学习者在诸如发音、语法、词汇、语用等方面的全面评估。根据这种观点，第二语言学习者在某些领域，特别是在发音和语调上，可能永远无法完全仿效母语者的表现，总会展现出一些第一语言的特征。这种现象可能是由于所谓的"关键期"限制，或者是因为成人学习者的大脑已形成了稳定的语言处理模式，不如儿童在适应新语言时那样灵活。成年学习者在学习第二语言时很难完全摆脱第一语言的影响，这种第一语言到第二语言的迁移效应会在他们的第二语言使用中留下明显的痕迹。

2. 肯定观点

另一群学者持有相反观点，认为第二语言学习者确实能够达到母语者的水平。他们认为，借助充足的语言输入、有意地练习和有效的学习策略，成年学习者有可能在第二语言的部分或全部领域实现与母语者同等的掌握程度。支持这种观点的例证包括那些能够流畅掌握第二语言并在使用上与母语者几无差异的个案。这一立场突出了学习者个人的努力、学习环境及教学方法的作用，认为在恰当的条件下，语言学习的潜在限制是可以克服的。

3. 中间观点

第三种观点居于前两种之间，认为第二语言学习者能够在特定的语言领域（如词汇和基础语法结构）达到与母语者相仿的水平，但在某些语言接口（如语法与语义的接口、语法与语用的接口）上则面临挑战。在掌握复杂语法结构或理解语言的隐喻和比喻功能时，学习者可能会遇到困难。这种看法指出，尽管第二语言学习者能够在很大程度上学会目标语言，但要完全达到母语者的水平，尤其是在那些需要对文化和语境有深入理解的高级语言功能上，难度仍然较高。

二、二语习得相关的研究

（一）二语习得是否存在关键期

二语习得是否存在关键期（critical period）是语言学领域长期以来的一个热门议题，学者们对此持有不同的观点。

1. 关键期的概念和支持观点

关键期的概念最初源自对第一语言习得的研究，指的是一个特定的时间段，在这个时间段内，语言习得的效率和效果最佳；超过这个时期，语言习得的能力会显著下降。将这个概念应用到二语习得上，意味着存在一个年龄阈值，超过这个年龄，学习者达到母语者水平的可能性大大降低。支持这一观点的研究通常指出，儿童相比于成人在语言学习上有更高的灵敏度，他们能更自然地习得语言的声音系统、语法结构等，而成年人在习得第二语言时往往更多地依赖显性学习和记忆策略，难以达到与母语者相似的流利度和准确度。此外，一些神经科学的研究也表明，随着年龄的增长，大脑对语言学习的适应性和可塑性会降低。

2. 反对关键期观点和替代解释

关键期理论并非为所有学者接受，反对者认为其对二语习得的限制过于绝对。研究表明，成人在学习第二语言时虽面临挑战，但他们成熟的认知能力、对世界的深入理解和高效的学习策略可能对学习产生积极作用。成年学习者能够系统学习语言规则，并利用第一语言的知识，通过对比分析加深对第二语言的理解。二语学习的效果不仅取决于学习者的年龄，还受到学习动机、语言输入的质量、学习环境和个人学习风格等多种因素的影响。因此，将二语习得的成功简单归因于是否在某个关键期内学习，被认为是对问题的简化，忽视了其他多个重要因素的作用。

（二）二语习得的制约条件

二语习得受到多种因素的影响，这些因素基于不同的理论视角，解释了语言学习者在第二语言学习过程中遭遇的挑战和约束。

1. 生成语法的普遍规则

根据生成语法理论，所有自然语言都遵循一套共通的普遍语法规则，构成了人类与生俱来的语言学能力的一部分，即所谓的普遍语法。这套普遍规则在第二语言学习中起到了决定性的作用。例如，某些语言结构在众多语言中普遍存在，而有的结构则仅见于特定语言。第二语言学习者需在母语和第二语言之间找到平衡，遵循这些共通规则。当第二语言中的特定结构与母语大相径庭时，学习者可能会面临挑战。普遍语法提供了语言学习的基础框架，也限定了学习的可能性。

2. 认知理论中的加工限制

从认知理论的角度来看,学习者的认知能力对二语习得有着显著的制约作用,这涵盖了工作记忆的容量、注意力的分配,以及信息处理的速度等多个方面。举例来说,工作记忆的容量限定了学习者在任何特定时刻能够处理和储存的信息量。学习者在尝试理解和生成复杂的语言结构时,可能会因为工作记忆的限制而遇到挑战。信息处理的速度也会影响学习者理解语言输入和做出反应的速度。在第二语言的学习过程中,学习者不仅需要吸收新的语言信息,还要在心理和认知层面适应这些新知识,这一过程受限于他们的认知处理能力。认知理论提供了另一种解释角度,阐明了学习者在二语习得过程中遭遇挑战的原因,并强调了学习过程中个体差异的重要作用。

(三) 二语习得与教学的关系

二语习得与教学的关系是语言教育领域中的一个核心议题,目前学术界对此持有不同的观点。

1. 教学无用论

一些学者认为,在二语习得过程中,传统的教学方法几乎没有什么作用。这一观点基于对自然语言习得过程的研究,特别是儿童如何在没有正式教学的情况下习得母语的观察。支持者认为,语言能力是通过大量的自然语言输入和实际交流,而非通过传统的课堂教学获得的。他们强调语言暴露和自然交流的重要性,并认为过分依赖语法教学和课堂练习可能会抑制学习者的自然语言习得过程。

2. 教学有用论

教学有用论强调了在第二语言学习过程中有组织的教学的重要性。许多学者认为,虽然自然语言的输入非常关键,但系统化的教学可以更有效地向学习者提供语言知识,特别是对于成人学习者来说,这种方式能够显著加快他们掌握复杂语言规则的速度。这一理论主张,有系统的教学方法不仅可以加速语言的学习过程,还能帮助学习者规避常见错误,增强对语言结构的理解,从而达到更深层次的语言掌握。

3. 教学作用有条件限制

第三种观点认为,虽然教学在第二语言学习中扮演着一定角色,这个角色却受到众多条件的制约。比如,教学的成效可能会受到学习者年龄、学习风格、先前的语言学习经历以及学习环境等多种因素的影响。基于这一观点,教学策略应当针对学习者的个别特点进行调整,以满足不同学习者的特定需求。

4. 教学是必要条件

教学对成人学习第二语言至关重要。专家们指出,成人在学习语言时,缺少儿童那种自然的学习优势,因此极需依赖有组织、有系统的教学策略。这种看法认为,教学不仅向学习者提供必要的语言输入,还有助于他们克服母语带来的干扰,从而大大提高学习效率。

(四)显性学习和隐性学习

1. 隐性学习在第二语言学习中的重要性

在第二语言学习领域,显性学习和隐性学习是两种关键的学习方式,它们在语言掌握过程中扮演了不同的角色。对于隐性学习,许多研究者强调了它在第二语言获取中的中心地位。这种学习方式是无意识进行的,学习者在不经意间通过日常的语言交流吸收语言结构,类似于儿童学习母语的方式。在这一过程中,学习者不需要刻意学习或理解语言规则,而是通过持续的接触和语言实践,潜移默化地掌握第二语言。隐性学习被认为更接近人类学习语言的自然机制,特别是在提高学习者的发音和语法流畅性方面显示出其独特优势。

2. 显性学习在二语习得中的角色

专家们认为显性学习对于第二语言的掌握至关重要。这是一个要求学习者主动理解和认识语言规则的过程,特别适用于成人学习者。通过课堂教学、语法练习和规则的直接学习,成人学习者能够更快地获取复杂的语言结构和规则。支持这种方式的研究者指出,当学习者的母语和第二语言存在较大差异时,显性学习特别有助于加速语言习得。

3.综合显性学习和隐性学习的观点

综合观点认为,第二语言学习同时涉及显性学习和隐性学习。这一观点指出,学习者在语言学习的不同阶段及各个领域中,可能会根据需要采用不同的学习方法。比如,在学习的早期阶段,通过显性学习,学习者能够迅速掌握语言的基础规则;而在后期的练习和实际应用中,隐性学习显得更为有效,帮助学习者在无意识中提升语言的流畅度和自然度。这一观点强调了将显性学习和隐性学习结合起来的重要性,主张在第二语言学习过程中灵活运用这两种学习方式,以达到最优的学习效果。

第四节 二语习得的研究方法

二语习得的研究方法,可以从实验性与非实验性、定量和定性这两个角度来看。

一、实验性方法与非实验性方法

二语习得研究通常可采用实验性方法和非实验性方法这两种方法,这两种方法构成了研究方法的两个末端。然而,研究方法的选择并非总是绝对地分为这两类。实际上,这两种方法之间存在一个方法学的连续统(continuum),其中也包括了位于两者之间的准实验性方法。

(一)实验性方法

实验性方法是通过系统的、在控制条件下进行的研究测试关于第二语言习得的具体假设或问题的一种方法。应用这种方法时,研究人员会设计一系列实验,旨在探究特定的教学方法、语言接触模式或其他与语言学习相关的变量对学习者造成的影响。这种研究方法的核心在于变量控制,确保除了所研究的关键因素之外,所有其他条件都尽量保持一致。

研究人员可将参与者分成两组,一组实施新型教学法,另一组维持常规教学,随后观察两组在语言技能提升上的差异。实验设计要求使用精确的测量工具评估教学方法的效果,并采用推论统计分析根据样本数据推断整体趋势。这种方法的优点是能够提供较为明确的因果关系证据,但其局限性来自实验设置的人工性和实验环境的非自然性。

(二)非实验性方法

非实验性方法侧重于在自然环境中进行观察和描述,而不对实验条件进行严格控制。这类方法主要用于搜集关于语言学习过程的细致和全面的信息。研究者会对一个语言班级、一组学习者进行观察,或开展长期的田野调查,利用录音、录像或笔记记录学习者的语言表现和互动情况。在此类研究活动中,研究者可完全保持观察者角色,或与学习者及教师进行互动,以深入理解正在发生的事件。非实验性方法的优点是能够捕获真实语言使用环境下丰富和动态的数据,但其面临的挑战在于如何对这些数据进行系统化的分析和解释。从非实验性研究中得到的结论通常是描述性的,并可能不像实验性研究那样明确揭示因果关系。

二、定量方法和定性方法

一般说来,实验性研究工作寻求预测和解释二语习得中的某种现象,并使用定量技术进行,而非实验性研究工作常常具有人种学性质并倾向于使用定性技术。不过,研究者常常在同一个研究项目中同时使用定量的和定性的方法。

(一)定量方法与定性方法的特点及区别

定量方法和定性方法是社会科学中两种主要的研究方法,它们在逻辑推理方式、研究过程控制、研究目标和结果类推方面有显著的不同。

1. 逻辑推理的演绎与归纳

定量研究倾向于采用演绎法,即从已有的理论或假设出发,通过数据的收集和分析对这些理论或假设进行验证。在这个过程中,"理论导向"扮演着关键角色,研究者依靠数据支持或反对既定的理论框架。在语言学习领域,研究人员基于已有的语言习得理论,设立实验来检验具体的预设假说。定性研究则采用归纳法,主要通过数据的搜集和观察形成理论。在这类研究中,数据和材料的搜集优先,研究者通过深入分析特定场景识别模式和构建理论框架。例如,通过对某个语言班级进行长期观察,研究者可揭示出关于语言学习过程的新规律。

2. 研究过程的控制与非控制

定量研究强调对研究过程的控制,研究者在设计研究时会设定并控制变量,以保证实验的严密性和结果的可靠性。这种控制通常通过实验设计实现,如随机分配参与者到实验组和对照组。相反,定性研究更注重对自然发生的行为的观察,不强加过多的控制和干预。定性研究者通常更像是参与者或观察者,他们不试图操控或改变研究环境,而是记录和分析自然发生的行为和事件。

3. 研究目标的终点与过程

定量研究关注预先选定的特定变量,并旨在检验这些变量之间的关系。这种方法的目标往往是达到明确的结论,如评估一个特定教学方法的有效性。与之相反,定性研究不预先设定研究的焦点,而是试图全面描述被观察的对象。定性研究更关注过程本身,如一个教室内发生的具体互动,而不是单纯地寻求对某个特定问题的答案。

4. 研究结果的类推与非类推

定量研究的结果通常被视为可以类推到更大人群的,因为它们依赖统计方法和大样本,这使得研究者能够从样本中得出关于总体的结论。相反,定性研究的结果通常不被用于类推。由于定性研究深入特定情境和个体经验,其结果通常是独特的,不一定适用于更广泛的人群。这种研究提供了深入的见解和理解,但通常不追求普遍性。

（二）定量研究方法的应用

定量研究方法在二语习得研究中发挥着至关重要的作用，尤其体现在以下几个方面。

1. 实验性研究

实验性研究是定量研究的核心手段之一，旨在通过设计严格的实验预测和阐释语言学习过程中出现的各种行为。这类研究至少涉及一个实验组和一个对照组，以保障研究结果的准确性。实验组会接受一种特定的干预措施，如采用一种新的教学方法，而对照组则不接受该干预或接受一种不同的干预措施。通过对比实验结束时两组的表现差异，如测试成绩，研究人员能够评估特定干预对学习效果的影响。实验性研究的关键在于控制变量，确保两组间不存在其他因素可能导致行为差异的干扰。应用推论统计学方法也是实验性研究不可或缺的一部分，它允许研究者将从样本中得出的结论推广到更广泛的群体。

2. 实验性数据的诱发

在实验性研究中，获取相关数据的过程被称为数据诱发。数据诱发的方法多种多样，包括为学习者设定特定的任务并收集由此产生的语言数据，设计特定的语法结构练习进行语法性判断任务，以及模仿、口头面谈、命题作文、交际性游戏等。目的是在控制的环境下激发学习者产出特定的语言数据，从而使研究者能够更有效地收集和分析与研究问题相关的信息。

3. 其他数据来源

除了实验性数据诱发外，定量研究还可利用其他数据来源，如概况调查和各种测试工具。这些工具包括标准化测试，如托福考试，以及完形填空测验、匹配熟悉图形测验等。这些数据来源提供了更广泛的视角来观察和分析语言学习过程，有助于研究者从不同角度理解和解释二语习得现象。

4. 定量数据分析

定量研究中的数据分析主要分为描述性统计和推论性统计两大类。描述性统计涉及数据的编码、计算和分类，用于描述和总结数据集的基本特征，如计算句子的平均长度或频率分布。推论性统计则用于从样本数据推导出对总体的一般性结论。这种分析方法在心理测量学研究中尤为常见，它使研究者能够根据样本数据对更广泛人群的特性进行推断和类推。

（三）定性研究方法的应用

定性研究方法在二语习得研究中扮演着重要的角色，主要涉及以下几个方面。

1. 人种学研究工作

人种学研究在二语习得研究中提供了对学习者语境的深入了解。这种研究方法强调对特定语境的详尽描绘和理解，尤其关注文化、社会和个人因素如何影响语言学习过程。不同于实验性研究的预测和解释目标，人种学研究更侧重于提供对行为的全面解释，帮助研究者和读者建立对研究现象的基础扎实的理解。由于每个语境都有其独特的文化特征，因此人种学研究往往不追求将发现类推到其他情境。这种研究方法认为，二语习得的过程在不同的文化和社会背景下有显著的差异，因此需要对每个具体情境进行个别研究。

2. 日记法

日记法结合了人类学和自省研究的方法，它使学习者能够从第一人称视角详细记录自己的语言学习经验。利用日记，学习者能够回顾并审视自己的学习行为，向研究人员开放一个独特的窗口，以深入了解其第二语言学习的过程。日记既是收集数据的手段，也是一种研究工具。通过对日记内容的分析，研究人员可以识别学习过程中的模式和面临的挑战。日记法强调学习者在研究中扮演的双重角色，即既是被研究的主体也是研究者本身。通过日常的记录和之后的反思分析，这种方法能够揭示学习者在不同时间节点的语言学习动态及其心理状态。

3. 个案研究

个案研究是深度探究单一或少量个体的研究方法，目的在于深入理解特定现象。在第二语言学习领域，个案研究尤为关键，因为它使研究人员能够详尽地研究个体在语言学习过程中出现的特有模式和问题。这类研究的数据搜集通常采取自然主义和纵向的方式，即数据多源于自然语言使用环境，且跨越较长时间段收集，从而能够追踪语言发展的连续过程。个案研究的一个主要优点是能够提供关于语言学习过程的丰富和个性化的信息，但由于样本数量的限制，其结果的泛化性可能会有所限制。

4. 话语分析

话语分析则关注整个语篇的分析，不仅仅局限于单独的句子。这种方法特别关注语言在真实交际情境中的使用，包括口头和书面语言。话语分析既可以基于自然发生的语言数据，也可以基于被诱发或虚构的语言数据。在话语分析中，研究者通常会制作互动的录音或录像，然后将这些材料转录成文本进行分析。分析过程包括定性测量和定量测量，如编码、计算和寻找重现模式。话语分析的优势在于它提供了一种研究语言在实际交际中如何运作的途径，有助于揭示语言使用中的模式、规范和功能。

第二章 英语教学概述

第一节 英语教学的理论支撑

英语教学工作，无论其教学目的、内容或采用的教学策略如何，都必须基于坚实的理论基础。作为一种语言教学，英语教学不可避免地与语言学理论紧密相关；同时，作为一门学科的教学，它也密切关联于教育学的理论知识。因此，本部分的讨论将围绕语言本质理论、语言学习理论以及教育学理论三个核心理论展开，旨在为接下来的实际教学活动提供理论支撑和指导。这种多维度的理论探讨不仅有助于深化对语言教学本质的理解，而且有助于提高教学方法的有效性。

一、语言本质理论

对于语言本质的探讨是一个多面向的研究主题，各个学者基于不同的视角进行了深入的研究与讨论，并提出了他们各自的见解和理论。本书主要介绍两种有深远影响的语言本质观点，分别是言语行为理论和交际理论。

（一）言语行为理论

言语行为理论的根源和演进与两位杰出学者紧密相关：英国哲学家奥斯汀（J.L. Austin）和美国学者塞尔（J.R. Searle）。奥斯汀于20世纪

50年代首次提出了这一理论，为解析语言使用和交流行为提供了基础。其理论随后被塞尔进一步扩充和细化，构建出一个更为系统化的言语行为理论架构。

奥斯汀的研究主要聚焦于探讨言语行为的实质，尤其关注日常语言交际中言语是如何实现为行动的机制。他对言语行为进行了基本的分类，并深入剖析了言语作为社会行为功能的内涵。基于奥斯汀的初步工作，塞尔对言语行为理论进行了进一步的拓展和深化，将其应用于更为广阔的语言和交际领域，尤其在理解及分析语言交际功能的层面做出了显著的贡献。

1. 奥斯汀

奥斯汀的言语行为理论成功地将语言研究从传统的语法分析领域拓展到了实际语言使用的领域。他着眼于语言的实际含义和作用，探讨语言如何被用来"行事"而非仅仅用来"指事"的问题，从而形成了"言语即行为"的观点。奥斯汀最初对话语进行了两种基本分类：表述句（描述事实的陈述）和施为句（言语作为行为）。随后，他意识到这种分类方法的局限性，认识到两者之间并没有明显的区分特征。为了更准确地描述言语的复杂性，奥斯汀提出了"言语行为三分说"。这一理论的提出不仅拓宽了人们对语言功能的认识，还强调了言语在日常交流中所承载的行动力和实际效用。

（1）表述句和施为句构成了言语行为理论中的两种基础类别。表述句主要用于描述、报告或陈述事件或对象，旨在传递一条可被视为真或假的信息。例如：

"桂林的风景超群绝伦。"

"他每个星期日都打篮球。"

在这两个例句中，第一句对一个对象（桂林的风景）进行了描述，表现出赞赏和肯定的态度；而第二句则报告了一个事件（某人周日的篮球活动）。这两句话都构成了一个命题：第一个命题讨论的是桂林风景的美，第二个命题涉及一个人的定期篮球活动。这些命题都可以依据实际情况判断其真实性。

在特定语境下，表述句也可能具有隐性的施为功能。例如，"桂林山水甲天下"这一表述，在某些语境中可能不仅仅是一种描述，也可能是在推荐或鼓励别人去桂林旅游，从而具有了一定的行动引导性。同样地，句子"He plays basketball every Sunday."在特定情境下，可能不仅仅是在报告事实，还可能暗示着邀请、建议或者对某人规律生活习惯的赞扬。

施为句是言语行为理论中的一个重要概念，它主要指通过言语实施某种行为的句子。施为句的核心特点在于，它不是为了表述事实或描述情况，而是为了通过言语直接执行某种行为。施为句可以分为显性施为句和隐性施为句。

显性施为句中包含明确的施为动词，它们直接指明了说话者的言语行为。例如，"I promise I'll pay you in five days."，这个句子中的"promise"是一个施为动词，明确表达了说话者的承诺行为。隐性施为句中不包含显性的施为动词，但说话者的言语行为仍然可以被推断出来。例如，"I'll pay you in five days."，尽管这个句子中没有直接使用施为动词如"promise"，但在特定的语境下，它依然可以被理解为一种承诺行为。

施为句的几个典型特征可以概括为：

第一，主语是发话者。

第二，谓语使用一般现在时第一人称单数。

第三，说话过程包含非言语行为的实施。

第四，句子为肯定句式。

隐性施为句虽然不具有这些特征的明显性，但通过添加显性施为动词可以将其转换为显性施为句。例如，句子"学院成立庆典现在正式开始！"可以通过添加显性施为动词变为"我宣布学院成立庆典现在正式开始！"。

（2）言语行为三分说。奥斯汀的言语行为三分说是对传统言语行为理论的重要扩展和深化，它基于对表述句与施为句之间界限不严格的认识，提出了一个更为细致的分类：以言指事行为、以言行事行为和以言成事行为。

以言指事行为指的是话语行为本身，即通过言语进行的描述、陈述或表达。这种行为的核心在于使用言语指向或描述某个事物或事件。以言行事行为涉及话语在实际中执行的行为，如发出承诺、命令、请求或建议等。在这种行为中，言语不是用来描述事物的，而是用来实施某种特定行动的。以言成事行为关注的是话语所产生的后果或效果。这种行为的特点在于，言语本身能够带来一定的变化或影响，如通过说话建立合约、造成误解或促进某种变化等。例如：

"我明天会给你打电话。"

这句话展示了言语行为的以下三个维度。

首先，陈述性言语行为：这句话描述了一个未来的动作，代表了对一个计划或意向的陈述，这属于陈述性言语行为。

其次，承诺性言语行为：当说出"会给你打电话"时，发话者实际上在做出一项承诺。这不单是一个未来动作的陈述，还表明发话者用言语向听话者保证将来要执行的具体动作。

最后，以言成事行为：这个承诺可能会影响听话者的期待和行为。例如，听话者可能因此而等待发话者的电话，或者安排其他事务以适应这个承诺。因此，这个言语行为在现实中可能产生具体的后果，改变听话者的期待和计划。

2. 塞尔

塞尔在奥斯汀的理论基础上进行了深入探究，提出了相应的间接言语行为理论。

（1）以言行事行为的分类。以言行事行为主要分为以下五类（图2-1）。

第二章 英语教学概述

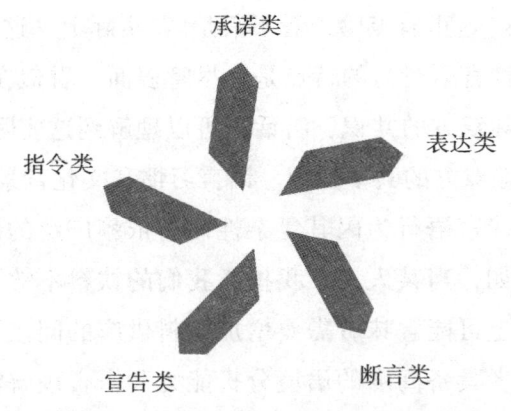

图 2-1 以言行事行为的分类

其一，承诺类。这一言语分类是指讲话者会对未来要发生的事情做出不同程度的保证或承诺，如动词 promise、commit、threaten 等。

其二，表达类。这一言语分类主要指讲话者暗含某种心理状态，如动词 apologize、welcome、regret、boast 等。

其三，断言类。这一言语分类主要指讲话者针对某件事所做出的判断或表明的态度，如动词 state、claim、remind、inform 等。

其四，宣告类。这一言语分类主要指讲话者所要表明的话题的内容与现实世界是一致的，如动词 resign、declare、nominate 等。

其五，指令类。这一言语分类主要指讲话者指使或者命令他人去做某些事情，如动词 order、advise、ask、want 等。

（2）间接言语行为理论。间接的言语行为就是指通过采用另一行为达到间接实施言语行为目的的一种行为。例如，"Can you take a photo for me?"这句话，从讲话者的言语行为角度出发分析，这句话表面上看是在询问对方能否为自己拍一张照片，但其实含有"请求"的含义，这就是说，在这句话中，"请求"这一言语行为是通过"询问"的方式间接实施的。

塞尔的间接言语行为理论将间接言语行为分为规约性间接言语行为和非规约性间接言语行为两大类，这两种言语行为在日常交际中发挥着重要作用，且具有不同的特点和应用场景。

规约性间接言语行为在特定语境下通过间接的方式传达含义或要求。

例如，一个人说："这里有点暗，看不清楚。"实际上，这可能是间接地要求别人开灯。这种言语行为的特点是，尽管表面上看似在陈述一个事实，但根据语境和交际双方的共识，听话人可以理解到这实际上是一个请求。这种推理通常依赖双方的共享知识、语言习惯和文化背景。

非规约性间接言语行为因其复杂性而需依赖广泛的语境和文化背景知识来解释。例如，当某人说"我担心我们的饮料不够了"时，在特定情境下，这实际上可能意味着需要增加饮料供应的间接请求。解读这类言语行为需要听者具备高度的语境分析能力和语言理解能力，考虑到交流双方的关系、具体语境、说话者的潜在意图以及相关的非语言线索。

（二）交际理论

1. 言语交际

（1）言语交际的内涵。言语交际在交际理论中占据重要地位，它不仅是语言学的研究对象，也是心理学、社会学等多个学科的重要研究领域，体现了其跨学科性质。言语交际的独特性在于，它是人类特有的、区别于其他动物的信息传递方式。

人类的语言能力是其本质特征的重要体现。与其他动物相比，人类不仅能够使用工具、直立行走，具有灵巧的双手，更重要的是，人类拥有复杂且规则化的语言系统。这种语言系统不仅包含丰富的词汇，还遵循复杂的语法和语用规则。虽然像海豚、蜜蜂这样的动物也能传递信息，但它们的信息传递相对简单，缺乏人类语言所具有的复杂性和多样性。在人类社会中，语言是理解和认识外部世界的重要工具。通过语言的分类功能，人们能够对事物进行清晰的划分和理解。词汇的丰富性直接影响了人们对世界的认知水平。语言不仅帮助人们描述和表达现实世界，还使他们能够分享思想、感情和经验，从而实现有效的沟通和交流。

（2）言语交际的过程。言语交际的过程是一个复杂且多层面的人类社会互动现象，涉及信息的产生、传递、接收和解释。在语言学、心理学和社会学等学科的视角下，这一过程可以从以下几个方面进行描述。

其一，信息的产生与编码：言语交际首先涉及信息或意图的产生，这通常发生在发话者（即信息的发送者）的心理层面。发话者根据其想要表达的内容、意图以及预期的交际效果，将这些心理表征转换为相应的语言符号，这一过程称为编码。编码过程不仅包括选择合适的词语和构建语法结构，还涉及调整语言风格和语用策略以适应特定的交际情境。

其二，信息传递：信息编码后需通过一定方式传递至接受者。这包含声音的产生及传播（如口语交流）或文字的编写与解读（如书面交流）。信息传递的效率与准确性直接影响交流成效。

其三，接收与解码信息：接受者收到信息时必须解码，也就是把语言符号转化为心理表达。此过程包括理解词语、语法和语用层面的信息。解码的准确性依赖接受者的语言技能、已有知识、文化背景及交流环境等因素。

其四，反馈与互动：言语交际往往是双向的，接受者在理解信息后会生成反馈，形成进一步的交际活动。反馈可以是明确的回应，也可以是非言语的表示，如面部表情或身体姿态。这一阶段的交际互动有助于调整和优化交际过程，确保信息的有效传递和理解。

（3）交际风格。在言语交际中，交际风格是非常重要的层面。学者威廉·古迪孔斯特（William Gudykunst）和斯特拉·廷图米（Stella Ting-Toomey）论述了四种不同的交际风格，即直接与间接的交际风格、详尽与简洁的交际风格、以个人为中心与以语境为中心的交际风格、情感型与工具型的交际风格。

直接交际风格的特点是清晰和坦率的信息交流。采用此风格，讲话者通常直接阐述自己的意图和情感，避免使用含糊或暗示性的语言。这种透明的沟通方式能够促进信息的迅速传达和理解，但在特定文化或场合中，可能会被认为太过直接，甚至无礼。与之相反，间接交际风格更偏好隐约、委婉及富含暗示的交流。在这个模式下讲话者更多地使用间接表达和非直白手段传递信息，通常需要听者做出更深层次的解析。间接风格在保护个人尊严和促进社交和谐方面更加高效，但有时候会引起误会，降低沟通效率。

详尽交际风格以信息的完整和详细为特点，使用此风格的讲话者会尽量多地提供信息和背景，目的是确保传达的信息完整无误。这有助于避免误会，但可能会使交流显得啰唆，降低效率。另一方面，简洁交际风格突出信息的精练和直接性。在这种风格中讲话者偏好使用简短语句和直白表达，尽量减少不必要的细节。简洁风格使沟通更高效和直接，但有时可能遗漏关键的背景信息，从而引发误解。

以个人为中心的交际风格强调个体的自我表达和展现。在此风格下，交流的焦点是个人的思想、情绪和看法。发言者更倾向于明确地表达自己的观点和需求，往往不太考虑交流环境或听众的情感需求。这种风格在西方文化里较为普遍，特别是在那些重视个人主义和坦率的文化环境中。与此相对，以语境为中心的交际风格则更加重视交流的环境和双方关系的流动性。采取这种风格时，发言者不仅会表达个人意见，也会考虑交流的背景、听众的可能反应以及双方的关系。这种风格通常在东方文化中更常见，交流者倾向于使用非言语提示和含蓄的话语来交流，目的是保持关系的和谐和尊重面子。

情感型和工具型交际风格各自在人际交流中发挥着独特的作用。情感型交际风格深入人心，着重于情感交流和深化人际关系。具体来说，采用这种风格的人倾向于分享个人情感，努力在交流中建立情感纽带，并频繁利用非言语的交流手段，如表情和肢体语言，以增加交流的温度。这种风格在培养密切及个性化关系的过程中显得尤为关键，特别是在那些强调团体凝聚力和亲密关系的文化背景下更是如此。相对地，工具型交际风格则以其高效性和目标导向性为特点，主要关注信息的准确传达和实际目标的达成。采用这种风格的交际者更加重视话语的直接性和明确性，确保信息传递的无误。在这一风格指导下的交流，情感的表达和人际关系的维护通常被放在次要位置，核心在于如何利用言语达成目标。这种直接且以任务为中心的交际风格，在那些注重效率和实用性的文化环境中尤其常见。

2. 非言语交际

（1）体态语。体态语作为非言语交际的一个重要组成部分，由美国心理学家伯德惠斯特尔（R. Birdwhistell）提出，它涵盖了人们在交际过程中所使用的各种身体动作和表情。这些非言语的元素在沟通中扮演着关键角色，有时甚至超过了言语本身的重要性。

体态语的基本构成包括人的身体姿势、手势和面部表情等。身体姿势和手势，如站立、坐姿、手臂的摆动和握手等，可以传达一个人的自信、紧张、开放或封闭等心理状态。面部表情则更直接地表现了一个人的情绪和态度，如微笑、皱眉和目光交流等。伯德惠斯特尔指出，这些身体器官的运动和动作不仅可以传达言语无法表达的细微情感，而且在很多情况下，它们提供的信息更加直接和真实。体态语在人际交往中的作用不容忽视。人们在日常交流中，往往会无意识地通过体态语表达自己的情感和态度，或者解读他人的非言语信号。例如，一个人在谈话时频繁避免眼神接触可能表明其不自信或不诚实，而坐立不安可能表现出焦虑或不耐烦。因此，体态语成为理解交际背后深层含义的重要途径。

文化差异对体态语的理解和使用产生影响，不同的文化对同一身体语言的解释可能不同。比如，在一些文化里，直接的眼神接触被看作自信和真诚的表现，但在其他文化中，这可能被认为是失礼或侵犯性的。因此，在跨文化交流中，准确把握并恰当运用体态语至关重要，这要求人们在交流时充分考虑文化的多样性。

（2）副语言。副语言，也被称为副词语行为或副声音语言，是非言语交际中的一个重要方面，主要涉及声音的非文字特征，如语调、音量、语速和停顿等。这些特征在沟通中起到关键作用，因为它们不仅传达了言语的内容，还表达了言语背后的情感和意图。例如，语调的变化可以影响句子的情感色彩，如提高语调可能表示疑问或惊讶；音量的不同可以表达说话者的情绪状态，大声可能意味着激动或愤怒，而小声可能表明谨慎或不自信；语速的快慢能反映出说话者的心理状态，快速可能暗示紧张，而慢速则可能表示深思；此外，停顿可以在组织思维、强调信息或创造悬念方面发挥作用。

副语言作为交流过程中不可缺少的一环,对于加深言语交流的层次具有重要作用。通过细致调节副语言的多种成分,讲话者可以更生动地展现自身的情绪和看法,从而提升交流的表达力度。相应地,听者依据这些副语言的提示,能够更敏锐地理解讲话者的真实意图与情绪。然而,副语言的解释及其运用会受到文化差异的显著影响,各种文化对于副语言元素的诠释可能存在巨大差异,特别是在跨文化交流的场景下更是如此。因此,在不同文化间正确识别和适应各自的副语言习惯,是通往有效沟通之路的关键。

二、语言学习理论

英语教学法和策略的选择受到对语言学习理论认识和理解的影响,因而掌握和理解相关的语言学习理论变得至关重要。这里重点讲述两个主要的语言学习理论:行为主义和认知主义。

(一)行为主义学习理论

行为主义的学习理论将学习视为外部刺激与反应之间联系的建立过程。按照这一理论,语言学习,尤其是在儿童中,被理解为一系列行为的习得。换言之,当儿童面对某一刺激(如听到一个新词)并给出相应的反应(如理解或重复这个词)时,这种互动即视为学习的表现。随着刺激与反应之间的交互不断重复,二者之间的联系得以加强,促进了学习的实现。这种理论强调重复与强化在学习过程中的重要性,指出学习本质上是通过外部环境的影响形成对特定刺激的稳定反应。因此,理解行为主义学习理论有助于人们认识环境因素在促进学习过程中的作用,特别是在儿童语言发展的背景下。

行为主义学习理论专注于观察到的行为变化,而不是内部的心理状态。在语言学习的范畴中,它强调利用重复和强化来发展语言能力,而不考虑学习者的思维过程。这一理论在教育和心理治疗等多个领域有着广泛的应用，在形成习惯和调整行为方面显得尤为有效。华生（J.B. Watson）和斯金纳（B.F. Skinner）是这一理论的主要代表人物。

1. 华生

华生在20世纪初期提出的行为主义学习理论是心理学史上的一个重要里程碑，它将心理学的研究焦点从内心体验转向可观察的行为。华生强调通过客观方法来直接观察行为，反对使用内省等主观方法研究心理状态。

华生行为主义学习理论的核心成果是"刺激-反应"（S-R）公式。这一理论认为，无论是人类还是动物，所有的行为都是对外部环境刺激的回应，这些行为可以是有意识的，也可以是无意识的。在这个框架下，学习被视为一系列刺激和反应之间关系的形成和加强。例如，当一个刺激（如听到一个命令）导致一个特定的反应（如执行一个动作）时，这种关系随着时间的推移和重复的刺激而强化。

2. 斯金纳

斯金纳作为行为主义心理学的重要代表人物，对华生的行为主义学习理论进行了重要的继承和发展。斯金纳认为，人类的言语行为是由特定的刺激引发的，这些刺激可以分为三类：言语刺激、内部刺激和外部刺激。言语刺激指的是通过听到他人的言语而引发的言语反应。内部刺激涉及个体的内部感觉或状态，如饥饿或情绪变化，可能引发特定的言语表达。外部刺激来自个体外部环境的因素，如视觉或听觉刺激，也能激发言语回应。

斯金纳强调重复性刺激在学习过程中的核心作用。他提出，通过学习材料的预习、练习、复习等重复性刺激，可以明显提升学习成效。这种方法不仅提高了学习者对材料的理解和记忆，也促进了他们使用恰当的语言表达的能力。斯金纳的观点对教育心理学和行为疗法领域产生了广泛的影响，尤其在加强学习和习惯建立的应用上。他的贡献为行为主义心理学的进步奠定了基础，尤其是在分析和实施学习过程中的行为模式上。

行为主义学习理论在美国教育学界曾流行了五十多年，并且在当前的教育机制中仍占有重要地位。行为主义学习理论的主要表现在于教师能够实施一些干预活动指导学习者的行为，从而帮助学生掌握相关的语言知识和技能。

（二）认知主义学习理论

尽管行为主义理论在早期语言学界占据主导地位，但它将所有思维行为简化为"刺激-反应"的模式，忽略了人类主观意识在语言学习中的作用。这一缺陷激发了对新理论的探索，最终促成了认知主义学习理论的崛起。认知主义学习理论的崛起，可以追溯到20世纪50年代中期。认知主义学习理论的核心观点是，学习不仅是对外部刺激的反应，还是一种复杂的内部认知过程。这一理论强调学习者对情境的领悟、理解和认知，学习者的顿悟在学习过程中扮演着至关重要的角色。认知主义学习理论的代表性观点有皮亚杰（J. Piaget）的认知结构理论、布鲁纳（J.S. Bruner）的认知学习理论以及奥苏贝尔（D.P. Ausubel）的认知同化学习理论。

1. 皮亚杰的认知结构理论

皮亚杰的认知结构理论是20世纪发展心理学的一个核心理论，它深入探讨了个体自出生以来如何在适应环境的过程中发展认知能力。皮亚杰视儿童的认知发展为生物学与认识论的交会点，认为通过研究儿童的认知发展过程可以理解人类认知的普遍规律。这种方法被他称为"发生认识论"。

认知结构理论的核心概念"图式"是皮亚杰理论的基石。图式可以理解为心智中的一种组织模式或框架，是个体理解和响应环境的方式。随着年龄的增长，儿童通过互动与外界环境不断发展和调整他们的图式。例如，一个婴儿最初通过抓握反射了解物体，而随着成长，这种图式会发展成更复杂的理解方式，如分类物体或了解物体的功能。"同化"是另一个关键概念，指的是个体如何将新的信息或经验融入已有的图式中。例如，当一个孩子学会抓握一个新的玩具时，他是在将这个新的经验同化到他已经形成的"抓握"图式中。

"顺应"定义为个体为了适配新的信息或体验而对现有认知图式进行调整或改变的过程，它与"同化"形成对比。这一过程包含了对认知结构的变革与调整，目的是更有效地与外部环境相适应。例如，当一个孩子发现并非所有四脚行走的生物都可称为"狗"时，他们就需要对"狗"的概念进行重新定义和理解。进一步地，"平衡"被视为认知发展的终极目标，即同化与顺应之间达到的一种均衡状态。当儿童能够通过同化和顺应有效处理新信息时，他们便实现了认知上的平衡。这样的平衡状态对于促进儿童持续的认知成长和学习至关重要。

2. 布鲁纳的认知学习理论

布鲁纳的认知学习理论，作为20世纪心理学和教育学领域的一个重要发展，对学习的认知过程提出了新的理解。布鲁纳的理论受到完形说、托尔曼（E.C. Tolman）的认知理论以及皮亚杰的发生认识论的影响，但与它们有着明显的区别。布鲁纳的理论着重于人类学习，特别是在抽象思维水平上的认知过程，而不仅仅是知觉水平上的认知，这与完形说和托尔曼的动物学习研究有所不同。

布鲁纳视学习为一种积极参与的过程，其中学习者建构自己的认知框架。这一理论强调学习者的积极参与和创新能力，主张学习不是简单地吸收信息，而是需要对信息进行处理、理解与应用。布鲁纳特别提倡学习学科的基础结构，他认为掌握一个学科的基本概念和规律是深入掌握该学科的关键。这样的理解帮助学习者更有效地将新信息与既有知识相连接，促进了更高效的学习过程。

布鲁纳提倡的发现学习法重视通过主动探索构建认知结构。这个方法激励学习者自行探索和寻找知识，而非仅仅依赖教师或教科书提供的解答。布鲁纳认为，通过发现学习，学习者的智力潜能得到提升，外部激励转变为内在动力，促使学习者掌握发现新知的方法，并对学习内容有更深刻的记忆。这种学习策略不仅促进了学习者认知的成长，还培养了他们的独立思考能力，这对于培育具有创新精神的人才至关重要。

3. 奥苏贝尔的认知同化学习理论

奥苏贝尔的认知同化学习理论又称认知同化论，其核心观点是学生能否获得新信息主要取决于他们认知结构中已有的观念，也就是新旧知识能否达到意义的同化。有意义学习是其学习理论中一项很重要的研究，也是奥苏贝尔对教育心理学的重大贡献。所谓"有意义学习"是指学生不仅能记住符号和词句，而且能理解这些符号和词句所代表的实质性内容（包括事实、概念、原理或规则等），必要时还能应用它们。

（1）有意义学习的两条标准。有意义学习的核心标准之一是新获得的知识必须与学习者现有的知识框架形成有效连接。这种连接远超过表层的联系，它指的是在更深层次的认知结构中实现的融合。举个例子，当学习者掌握了昆虫的基础特征，并能够把这些特征与他们已知的昆虫实例（比如苍蝇）相结合，他们便能认识到苍蝇属于昆虫这一大家族。这样的关联确保了新知识不是孤立无关的信息，而是融入学习者的认知结构中，从而深化理解并加强记忆。通过强调新知识与既有知识之间的深层次结合，有意义学习不仅仅是关于信息的积累，更关乎知识间相互作用和整合的过程。这种深入的联系和融合是实现深刻理解和长期记忆的关键。

第二条标准则强调新知识与原有认知结构之间的联系必须是自然的、逻辑上合理的。这意味着学习过程中的认知联系不应是人为强加的，而应是基于逻辑和理解的自然发展。例如，儿童在学习四边形的概念时，会发现它与已知的正方形概念有逻辑上的联系，正方形是四边形的一种特殊形式。这种逻辑上的关系使得新知识的学习成为对已有知识体系的拓展和深化，而不是简单的知识积累。

（2）奥苏贝尔的有意义学习理论确立了有意义学习发生的两个关键条件，涵盖了学习者的心理状态和学习内容的属性。具体而言，这两个条件分别关注学习者内在的心理准备和学习材料本身的特质，它们共同奠定了有意义学习的根基。

内部条件专注于学习者本身的心态和行为习惯，要求学习者持有一种主动的学习姿态——积极地将新获得的知识与自己现有的认知框架结合起来。这种姿态体现了学习者对于知识深度理解和吸纳的渴望，而非仅仅是被动地吸收信息。这一过程需要学习者拥有足够的认知成熟度和自我引导的能力，使他们能够识别并整合与已有知识结构相连的新信息。当学习者面对一个新的概念时，他们会超越简单记忆其定义，而是努力掌握其背后的逻辑和与既知概念的联系。这样积极主动的探索精神，是实现有意义学习的核心。

外部条件关注学习材料的本质属性。根据奥苏贝尔的观点，为了促使有意义的学习发生，提供的教学材料需要具备逻辑性，并且要与学习者既有的认知框架相协调。这意味着教学内容应当组织得当、结构明晰，并且须与学习者的认知水平及能力相适应。如果教学材料过于复杂或与学习者现有的知识基础相差甚远，建立有效的认知连接将受到阻碍。教学内容的精心设计与挑选对实现有意义学习来说是极其关键的。这不仅涉及合适的教学主题和材料的选择，也涉及这些材料的呈现方式，以确保学习者能够有效地将新知识融入他们的认知结构之中。

（3）有意义学习的三种类型。奥苏贝尔在有意义学习理论中划分了三种不同类型的学习方式，每种方式都在认知发展的不同阶段扮演着独特的角色。

其一，表征学习主要涉及词汇的学习，即理解单个符号或符号组合的具体含义。这种学习类型是最基础的，通常是语言学习的起点。以"apple"为例，对于初学英语的孩子来说，这个单词最初可能没有意义。但当老师反复指着苹果并称其为"apple"时，孩子逐渐学会将这个单词与苹果这个具体对象联系起来。这个过程体现了从无意义到有意义的转变，孩子开始理解单词"apple"的具体指代，从而使得这个符号对他们而言变得有意义。表征学习的关键在于建立符号与其代表的对象或概念之间的直接联系。

其二，概念学习则是一个更为高级的认知过程，涉及识别并理解一类事物的共有特征。例如，在学习"鸟"这个概念时，学习者不仅要认识不同种类的鸟，还要理解它们共有的关键特征，如体温恒定和全身覆盖羽毛。这种学习类型使学习者能够将单一事物归类到更广泛的概念中，如将鸡识别为鸟类的一部分。概念学习要求学习者能够进行归纳思维，提取不同事物间的共同点，这是认知发展的重要里程碑。

其三，命题学习是建立在概念学习之上的更高级的学习类型，涉及理解概念之间的关系或多个特定事物之间的联系。命题学习是对学习者认知能力的高级挑战，要求他们不仅能理解单独的概念，还要能够把握这些概念之间的逻辑关系。例如，理解"所有的鸟都有羽毛"这一命题，不仅需要理解"鸟"和"羽毛"这两个概念，还要理解它们之间的因果关系。命题学习体现了学习者对复杂关系的理解和把握，是认知能力高级阶段的体现。

三、教育学理论

教育学作为一个历史悠久的学科领域，主要涵盖教育知识、教育现象、教育规律以及教育方法等关键方面，旨在深入探究教育活动的本质和运作机制。这个领域不仅关注普遍性的教育理论，还特别关注特定学科的教学实践，如英语教学。英语教学作为教育学的一个重要分支，深刻体现了教育学理论在具体教学活动中的应用和实践。

在教育学领域内，教学论是基础且全面的理论体系，涉及教学过程的各个方面。这一理论为各类学科教学，包括英语教学，提供了理论指导和方法论支持。英语教学作为教学论的具体应用领域，不仅继承了教学论的基本原则和理念，还在此基础上进行了适应性的调整和发展，以适应外语教学的特殊性。

教育学中的一些通用教学原则和方法在英语教学中同样适用。例如，科学性原则要求教学内容和方法应基于科学的认识，确保教学活动的正确性和有效性；启发性原则鼓励教师引导学生主动探索和思考，而非单向灌输知识；直观性原则强调通过具体、形象的教学手段来促进学生的理解和记忆；在教学方法方面，讲授法、演示法、讨论法、参观教学法、自主学习法和任务驱动教学法等都是常见的教学方法，这些方法可以根据英语教学的具体需求灵活运用。下面本书选择了教育学中与外语教学关系十分密切的三个分支学科来对教育学的相关理论进行详细论述，它们分别是教育经济学、教育心理学和外语教育技术学。

（一）教育经济学

教育经济学作为一门交叉性学科，处于教育学与经济学交会之处。其研究重点是教育领域内的经济问题，诸如教育的经济价值、教育投资的效益，以及教育资源的配置与使用效率等。教育经济学的研究范畴广泛，涉及众多领域。

1. 教育投资与回报

在教育经济学范畴内，对教育投资及其回报的研究聚焦于评价教育对于个体及社会的经济收益。就个体而言，教育投资主要涉及时间与财务的支出，以获得知识与技能，其效益则反映在个人收入增加、职业发展机会增多以及生活品质的提升等方面。通过持续的长期研究，学者们探讨了教育水平对个人经济状况的具体影响。例如，高等教育是否能促成更高的薪资和更佳的职业机遇。这个研究领域也考察了教育对个体非经济福利的贡献，包括健康状况、社会参与程度及个人的满意度提高等方面。

社会层面上的教育投资回报主要体现在教育对经济和社会发展的促进作用。教育被认为是推动经济增长的核心动力之一，因为它能培育出具有高素质的劳动者队伍，推动技术革新，并提升工作效率。教育经济学家利用宏观经济理论和实证研究方法，研究教育如何对一个国家的经济增长做出贡献，以及教育如何影响社会结构的变迁和增进社会正义。教育在社会层面的回报还涵盖降低犯罪率、增强公民意识、促进社会稳定等间接效益。

2. 教育资源配置与利用

教育资源配置与利用的研究关键在于探究如何有效、公平地分配和利用教育资源，以提升教育体系的整体效率和质量。教育资源包括资金、设施、人力资源等多种要素，这些资源的合理配置直接影响教育服务的质量和可及性。研究内容涵盖教育预算的合理编制、资金的有效分配和使用，以及教育设施和人力资源的合理配置。研究者们分析不同教育资源配置策略的效果，探讨如何在有限的资源条件下使教育投入的效益最大化。例如，分析不同类型的教育投资（如基础设施建设、教师培训、学生奖励机制等）对教育质量和学生学习成果的影响。

教育资源的优化利用也是该领域关键的研究议题之一，以探索教育资源在各个教学阶段及不同地区的分配是否达到最佳状态，以及如何通过政策和管理手段提高资源使用效率。具体研究包括评价政府在教育领域的投资优先级，探究不同地理位置或不同人群之间教育资源分配的公正性，以及考察利用技术革新和管理优化提高教育服务品质与效率的方法。这些研究成果对于设计更加公正高效的教育政策具有重要意义，从而确保教育资源的有效配置，并促进教育公平及社会整体福利的增进。

3. 教育政策的经济分析

经济分析在教育政策的研究中扮演着核心角色，这一领域的研究旨在评价各类教育政策对教学体系及社会经济结构的综合影响。研究内容包括探讨不同政策对教育可获取性、品质以及效率的作用，进而分析这些政策如何影响教育公正和平等机会。例如，研究审视学校财政分配方案、教师培训项目、学生评价和考试体系等对教育成效的影响。研究者可以辨识哪些政策较为高效，哪些需要调整，以协助构建更加高效公正的教育政策。教育政策的经济分析也关注政策实施的成本效益，评定不同政策选项的经济可行性及其持续性。

教育政策的经济分析也深入探讨这些政策对经济增长的长远影响。研究人员会研究教育政策如何促进国家经济的发展、改变劳动力市场的构成，以及增强国际竞争力。分析不限于教育直接成果（比如提升识字率和教育层次），还涵盖对劳动效率的提升、技术革新的促进，以及社会稳定性的增强等间接效应。这类研究揭示了教育投资在推动社会经济全面发展中的关键作用，向政策制定者提供宝贵的建议。

4. 教育与经济发展

探索教育与经济发展之间的联系构成了教育经济学研究的重要分支。这个领域的研究集中于如何通过提高劳动力的质量促进经济增长。教育作为人力资本的关键要素，优质的教育能够造就技能更高的劳动者，进而提升整体劳动效率与经济产出。教育对于推动科技进步和技术革新亦扮演着至关重要的角色。教育通过培育创新人才和搭建科研平台，加快了新技术的研发及其在经济中的应用，促使经济朝更高效率和科技化方向的转变。

教育在减少社会不平等和促进社会公正方面扮演了极其重要的角色。它为不同社会背景的人群开辟了向上流动的通道，使他们通过获取知识和技能有机会改变自己的经济状况。普及教育能够帮助减轻贫困，提高社会的整体生活水平。教育在培养民主意识、增强公民责任感以及鼓励社会参与等方面也发挥着至关重要的作用。通过教育，人们能更深刻地理解社会问题并积极投身于公共事务，从而有助于社会和谐和稳定。因此，教育对经济和社会发展具有深远的影响，是实现可持续发展目标的关键。

（二）教育心理学

教育心理学专注于探究学习和教学过程中的心理学原则和规律，它与教育学不同，后者更广泛地研究教育现象。教育心理学的重点在于分析教育活动中的心理组成部分，探讨这些心理要素的本质和运作规律。它也与普通心理学有所区别，因为普通心理学关注更广泛的心理现象，而教育心理学则是在特定领域，即教育环境中对心理现象进行研究。教育心理学拥有独特的研究领域，包括学习的心理本质、学习动机、学习过程及其条件，以及如何设计符合学习本质和过程要求的教学情境。

教育心理学关注受教育者在教育过程中的心理现象及其变化和发展规律，以及教育者如何利用这些规律对受教育者进行有效的教育。教育心理学的研究内容主要包括以下几个方面。

1. 学生学习心理

教育心理学作为教育领域的一个重要分支，集中研究学生在学习过程中表现出的心理特征，包括认知过程、情感体验和动机因素。这一学科领域关注学生如何理解、加工、记忆和运用新获得的信息与知识。研究的核心内容涵盖学生的注意力分配机制、记忆的储存和提取机制，以及思维过程的逻辑性和有效性。

教育心理学的发现对教学实践产生了深刻的影响，赋予了教师和教育从业者更深入地了解学生学习的特征与需求的能力，从而使他们能在教学设计与实施过程中更有效地迎合这些需求。通过教育心理学的研究，教师可以确定哪些教学策略更能激发学生的兴趣，或选择最匹配学生认知发展水平的教学内容和方法。教育心理学不只为理解学习过程提供了理论依据，也指导了如何提高教学的品质与成效。

2. 教师教育心理

教师教育心理学构成了教育心理学领域的一个关键分支，该分支致力于探究影响教师在教学过程中心理层面的各种因素，包括教师的教学信仰、动机、情绪状态等，以及这些心理因素如何作用于教师的行为和教学成果上。

（1）教师的教学信仰对其选择的教学方式和态度产生决定性影响。教师根据自身的教育理念，会采纳不同的教学策略和班级管理风格。举例来说，一位坚持以学生为中心理念的教师，可能更偏好于采用交互和探究型的教学方法；而那些倾向于传统教育模式的教师，则可能更频繁地使用直接讲解和基于记忆的学习方式。

（2）教师的动机在其教学热情和教学成效上起着直接的作用。具有高动机的教师往往能够更有效地引发学生的兴趣，更加乐于尝试创新的教学策略，进而提升教学的效果。因此，深入了解和增强教师的动机成为提升教育品质的关键环节。

（3）教师的情绪状态对其教学表现具有重要影响。教师管理情绪的能力，如应对压力和挑战的方法，直接关系他们的教学效率及与学生之间的交流。有效的情绪管理不仅对教师个人的心理健康有益,也有助于创造一个积极且支持性的教学环境。

（4）在教师教育心理学领域,研究的范围还扩展到了培育教师的自我效能感,即教师对其教学能力的自信。这一点对于提高教学品质和教师的职业满意度极为关键。研究也聚焦教师的职业成长和持续学习,激励教师不断刷新自己的知识库和提高教学技巧,以满足教育行业持续演进的需求。

3. 教学中的人际交往

教学中的人际交往是教育心理学的核心研究领域,重点研究的是学生之间、学生与教师之间的互动及其对心理的影响。这种交往的质量和性质对教育成效和学生学习成绩产生重要影响。例如,良好的师生互动能显著增强学生的学习动力和成就感,而健康的同学关系有助于学生社交技能和团队协作的发展。教师通过营造一个基于支持与尊重的学习氛围,激励学生更加主动地参与课堂活动,从而增强其自信和对学习的热情。采用合作学习的小组活动能促进学生间的积极互动,提升解决问题的能力和创新思维。

教育心理学的研究不仅有助于教师优化与学生的互动方式,还有助于有效组织学生间的合作学习。研究表明,互动和合作学习对促进学生的认知发展、情感成长和提高社交技能极为重要。因此,教师需要掌握如何有效组织课堂讨论、小组合作等活动,同时解决可能出现的冲突和沟通挑战。通过这些努力,教育工作者可以创建一个更积极、合作和包容的学习环境。

4. 教育评估与反馈

教育评估和反馈是教学过程中不可分割的环节,对学生的学习激情、自评能力和学习方法有着深刻影响。评估应当公平、全方位且恰当,不应只着眼于学生的学业成绩,还需评价他们的个人发展、努力及创新能力。适当的评估方式能鼓励学生更主动地投入学习中,提高他们的学习自信和责任感。同时,及时且富有建设性的反馈对学生的进步极为关键。

有效的反馈应明确、积极并能启发思考，助力学生明确自己的优势与待提高之处，进一步优化他们的学习路径和技巧。

对教师和教育从业者而言，教育心理学的研究成果极其珍贵。这些研究不只深化了对学生心理及学习需求的理解，也提供了具体的方法来改善教学过程和优化学习环境。利用这些研究成果，教育工作者能够更加高效地促进每位学生的学习与发展，进而提升教育的整体品质与成效。

5. 教育环境与心理适应

学习环境在形成学生的心态和学习成果上扮演着关键角色。教育心理学专注于探讨学生在不同教育背景下如何进行心理调适，涵盖了家庭教育、学校环境和课堂气氛等多个方面。这些环境的属性，包括压力程度、支持系统的存在以及集体气氛的特性，对学生的心理健康和学业成就产生显著影响。教育心理学在此领域的研究成果不仅帮助教师和教育从业者深入理解教育环境对学生心理调适的作用，还提供了优化教学环境的有效策略。改善家庭学习环境、促进学校文化建设和优化课堂氛围，可以有效提升学生的学习效能和心理福祉。

（三）外语教育技术学

外语教育技术学是一门融合了外语教学和当代信息技术的新兴学科，产生于信息技术迅猛发展的现代社会和对传统教育模式更新换代的需求之中。这个学科的主旨在于整合外语教学的基本理论与实践，并借助尖端信息技术提升外语教学的效率与创新性。随着互联网及数字技术在教学领域的普遍运用，外语教育技术学已经发展成为教育科学中的一个关键分支。它不仅覆盖语言教学法和技巧，也涉及教育心理学、课程设计、评价方法等众多方面，注重利用现代信息技术工具，如在线教学平台、多媒体应用、交互式软件，增加教学活动的互动性、趣味性和实际成效。

1. 外语教育技术学的研究意义

外语教育技术学的重要价值主要在于其对传统外语教学方法和工具的丰富与革新。在传统课堂设置中，学习者常常被教室空间和固定的学习时间所限制，但信息技术地融入则突破了这些界限。通过在线课程和多媒体资源，学生能够按照个人的时间表灵活学习，从而极大地提升了学习自主性和效率。信息技术还促进了在线交流和协作学习的实现，加强了学生间的相互帮助和沟通，不仅促进了知识的交流与扩散，还有助于提升学生的社交和团队合作技能。

将信息技术整合到外语教学中，为学生提供了一个丰富而多样的语言学习环境及实践场景，这对于增强学生的实际语言应用能力至关重要。举例来说，通过使用虚拟现实技术创建的学习场景，学生可以在一个接近现实的环境中练习常用对话，模拟商务交流等实际语言使用情景。这种模拟环境不仅能够激发学生学习语言的兴趣，而且使语言教学更加紧贴实际需要。学生能够更快地适应真实的语言使用环境，进而显著提高他们的语言运用能力。

信息技术运用于外语教学领域促进了教育内容的个性化，更加精准地满足了学生不同的学习需求。鉴于学生们在学习能力、偏好和兴趣方面的差异，设计个性化的学习路线能显著提升各个学生的学习效果和品质。例如，借助智能学习系统，教师能够依据学生的具体学习情况和掌握程度，定制化地提供学习资料和练习题，这样的方法能更精确地回应学生的具体需求。信息技术还使得对学习进程进行实时监控与反馈成为可能，让教师能够适时地调整教学方法，保障教学效果的持续提高。

2. 外语教育技术学的研究内容

（1）将信息技术整合进外语教育的过程是该研究领域的核心关注点，旨在探讨如何有效地将信息技术融合于外语学习之中。这包含了在线课程的设计与执行、多媒体教学资源的开发与应用，以及在网络环境下进行语言测评的利用。例如，研究会考察使用视频、音频和互动式应用丰富学习体验的方法，或者探索通过虚拟现实技术创建沉浸式语言学习场景的方式。此外，研究也包括如何通过在线平台进行高效的语言练习和评测，以及如何运用这些技术工具进行学习数据的收集与分析，从而优化教学策略和提高学习效果。

（2）在这个领域内，研究的焦点在于探索如何运用技术工具提高学生学习英语的效率与成效，重点包括支持学生的自主学习、合作学习及移动学习。研究专注于开发适用于智能手机或平板电脑的学习应用，旨在促使学生能够利用碎片时间进行英语学习。此外，技术工具还能促进学生通过在线合作平台与全球其他学习者进行交流与协作，从而增强交流能力和对不同文化的理解。研究还可能探讨如何应用数据分析和人工智能技术，为学生提供定制化的学习建议和反馈，以适应每位学生的独特学习需求。

（3）这一领域的研究集中于探讨信息技术是如何重新塑造外语教学模式以及教师角色的。随着技术进步，教师的身份已从单纯的知识传授者转变为学习的促进者、技术的应用者及创新的先锋。研究内容围绕如何提升教师的技术能力，确保他们能够高效使用各类教学技术工具和资源，以及如何增强教师运用技术进行教学的能力，让他们能设计和执行更加高效的教学方案。研究也考察信息技术对教学内容、方法及评估方式的影响，以及如何借助技术手段提升教学成效和学生的参与度。

第二节　英语教学的影响因素

英语教学工作的开展需要政府政策的支持和引导，也需要学校提供教学场地、教学设备等教学条件，更离不开英语教师的付出和学生的配合。英语教学的影响因素如图 2-2 所示。

第二章　英语教学概述

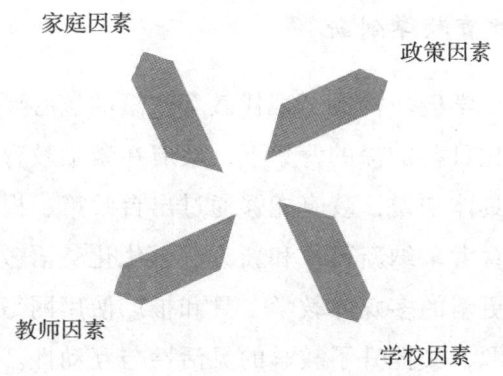

图 2-2　英语教学的影响因素

一、政策因素

英语教学工作的有效开展，在很大程度上依赖政策层面的支持和引导。政策因素在塑造教育环境、确定教育方向、提供资源支持和确保教育公平等方面发挥着关键作用。

（一）决定教学的基本框架和方向

教育政策由政府或教育管理机构设定，涵盖课程准则、教学目标以及评价标准，为英语教育界定了基础的导向和框架。这些政策设定不仅界定了教学内容的广度与深度，也对教学方法的选取与执行产生了影响。例如，当政策更倾向于强调交流技能的培育时，英语教学便倾向于采纳更多互动性和应用性的教学策略。

（二）决定教学资源的分配

政府对教育的资金投入、教师培训、教学设施建设等方面的支持，直接影响英语教学的质量和效果。足够的资金支持可以使学校购买更先进的教学设备，引进优质的教学资源，为教师提供专业发展的机会。此外，政策对于平衡不同地区、不同学校之间教育资源的分配起到重要作用，有助于减少教育不平等现象。

(三)推动教育教学创新

促进教育和教学创新构成了现代教育政策的核心要素之一。在科技迅速发展和全球化日益加深的背景下，政府在激励教育创新的过程中扮演着关键角色。具体来说，政府能够通过出台政策、提供资金援助及建立平台，激励教育者采纳新科技和新方法以优化英语教育。例如，政府可资助学校采购更新的多媒体教学工具和推广使用网络教学平台，这样既丰富了教学资源，又提升了教学的灵活性与互动性。政府也可以通过对教师的培训，提升他们对新技术的了解和使用能力，确保这些新技术和教学法能够被高效地整合进常规教学活动。政府还可以通过组织教育创新竞赛、研讨会等形式，提高教育者的创新思维和能力，为教育创新开辟更广阔的舞台。

(四)确保教育公平和普及

保障教育的公平性和普及性是政府在教育领域承担的关键职责之一。教育的公平性不仅反映了社会正义的实现，也是国家持续发展的根基。通过实施包容性教育政策，政府致力于解决教育资源分配的不均问题，确保所有学生，不论他们的社会经济背景，都能接受高质量的英语教育。这涵盖了为经济不发达地区的学校提供额外的财政援助、优秀教育资源和资格齐全的教师，以及为社会弱势群体提供特别的教育支持和学习辅助。政府可以通过设置奖学金和资助计划，支持经济条件较差的学生完成其学业。推动远程教育和在线学习资源的普及，有助于缩小城乡教育差异。这些政策不仅提升了教育品质，也促进了社会整体的发展和公平。

二、学校因素

英语教学作为一项复杂的教育活动，其效果不仅取决于教师和学生，还受到学校环境和条件的显著影响。学校因素对英语教学的影响主要体现在教学场地、教学设备、学校文化和教学管理等方面。

（一）教学场地影响教学效果

教学场地的质量直接影响英语教学的效果。一个舒适、宽敞、照明良好的教室能够为学生提供一个更佳的学习环境。教室的布局应当支持不同的教学活动，如小组讨论、角色扮演等互动式学习。此外，减少外部噪声的干扰，保持适宜的温度和通风，也是营造良好学习环境的重要因素。一些研究表明，学习环境的舒适度可以显著影响学生的注意力和学习效率。

（二）教学设备影响教学开展

教学设备的现代化水平对英语教学尤为关键。随着科技的发展，多媒体和网络资源已成为现代英语教学中不可或缺的一部分。例如，互联网可以提供海量的英语学习资源，如在线课程、音视频材料、互动软件等，这些资源丰富了教学内容，增加了教学方法的多样性。智能板、投影仪和其他现代化教学设备的使用，不仅可以激发学生的兴趣，还可以提高教学效率。例如，通过智能板展示互动练习，教师可以即时反馈学生的表现，提高课堂互动性。

（三）教学管理影响学习态度和行为

学校文化和教学管理在英语教学中扮演着至关重要的角色，不应被忽视。学校文化包含学校的价值理念、教育信条以及学习环境，会对学生的学习态度和行为模式产生深刻影响。比如，当学校倡导开放思维、创新精神和自我表达时，学生在英语学习上往往会展现出更多的热情和创造力。教学管理的效率，如课程安排、教学质量监控以及教师专业成长，对维护高质量的教学水平至关重要。高效的教学管理能够确保教学计划的适宜性、教学流程的有序性以及教学品质的持续提升。

三、教师因素

（一）英语教师专业素质

英语教师的专业素质包括职业道德素质、学科专业素质和科学研究素质，如图2-3所示。

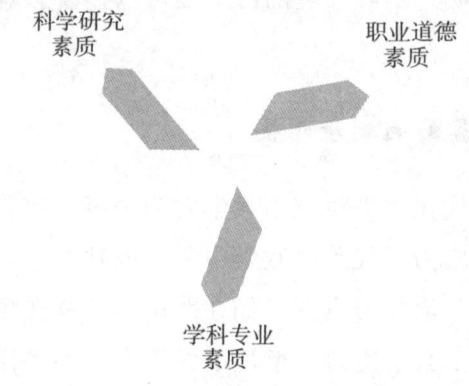

图2-3 英语教师的专业素质

1. 职业道德素质

（1）教师的职业责任感是维护教学品质的关键。这不仅反映在掌握教学材料的深度上，也体现在持续地对教学手法进行创新和优化上。举例来说，有责任心的英语教师将不断关注教育领域的最新发展，寻求并采纳新颖的教学方法和技巧，以满足学生多元化的需求和适应教育环境的变化。他们会定期更新课程内容，融合多媒体及网络资源，让课堂教学更加生动，交互性更强。教师的这些努力将提升课堂吸引力，激发学生学习的热情，提高他们的参与度和学习成效。

（2）尊重学生是创建高效教学环境的核心。这意味着教师认识到每位学生都是具有独特性、不同学习风格和能力的个体。通过聆听学生的观点，鼓励他们提出问题并分享自己的思考，教师可以激励学生自我学习和发展批评性思维。在这种氛围下，学生感受到自己的价值和被理解，这有助于他们建立自信和责任感，从而促进学习和提升成绩。

（3）教师的道德榜样作用对学生的态度和行为产生深远影响。教师的专业行为、言谈举止和对待学生的方式，都直接塑造了学生对学习的态度和价值观。教师如果能展现出积极的学习态度、热情的教学风格和对学生的关怀，就能够激励学生模仿这些积极行为，形成良好的学习习惯和道德观念。相反，缺乏职业道德的教师的行为，如不公正、冷漠或不尊重学生，会对学生的学习动机和行为产生消极影响。

（4）教师的道德品质对学生的全面成长具有决定性影响。这不仅反映在对学术成就的重视上，还反映在对学生个人发展、情感健康和社交技能的综合关怀上。特别是在英语教育中，这意味着教师的角色不限于语言知识的传授，还包括指导学生如何在多元文化和社交场合中有效应用这些知识。例如，优秀的英语教师能够识别每位学生独特的学习方式和需求，关注他们在学习语言时遇到的具体问题，如发音难题、语法理解或词汇记忆等，并提供相应的个性化指导和支持，包括为口语存在问题的学生安排更多的发音训练，或为写作能力需提升的学生提供一对一辅导。

2. 学科专业素质

（1）教师精通语言知识对英语教学的成功至关重要。掌握英语知识的教师能够精确而深入地讲授语法规则、词义及语言的文化底蕴。这样的知识背景让教师能够自信应对学生的疑问，并设计出更富挑战性和吸引力的课程内容。语言知识的深度掌握也意味着教师可以引领学生深化对语言深层意义的理解，而不仅仅是表层的记忆和应用。此外，深入的语言知识让教师能够把教学内容与学生的日常生活紧密相连，增强教学的实际应用性和相关性。比如，教师可以结合时下社会热议话题或学生的个人兴趣，挑选教学材料和主题，使得教学更加生动且符合学生实际情况。

（2）教师在语言技能，如听力、口语、阅读和写作方面的熟练程度，对英语教学的成功有重要影响。具备高级语言技能的教师可以作为学生学习的典范，激励他们进行模仿和学习。例如，一个口语流利、表达准确并且地道的教师可以通过课堂上的示范，展现语言的魅力，从而激发学生对口语技能提升的兴趣和动力。教师的高水平语言技能也能提高他们的教学说服力，增强学生的认同感，促使学生更积极地学习英语。教师可以运用自己的语言技能，创造多样的口语和写作练习机会，通过真实或模拟场景让学生实践，以进一步提高他们的语言实用技能。

3. 科学研究素质

一名出色的英语教师，不仅是课堂上的教学执行者，更是英语教学与学习规律的深度研究者。中国作为世界上英语学习者最多的国家，同样拥有庞大的英语教学和研究团队。尽管如此，我国的英语教学理论研究仍然比较落后，仍有大量工作等待教育工作者完成。

长期以来，中国英语教育界普遍倾向于借鉴和模仿西方的英语教学理论和方法，虽然这些理论和方法在西方国家取得了成功，但其理论和方法不一定完全符合中国实际。因为中国学生的英语习得与西方国家作为母语的英语习得不同，如不同的母语背景、不同的学习习惯和文化差异，中国学生在英语学习过程中面临着特有的挑战，因此这些教学理论和方法应用到中国独特的教育环境时，教师需要进行调整，需要考虑本土的文化和学生的具体需要，这样才能创造出更适合中国学生的教学策略。这时，英语教师的研究能力就显得尤为重要。在教育理念本土化改造中，教师不仅要有能力在课堂教学中灵活运用各种教学策略，更需要通过科学研究深入理解教学理论的本质，探索适合中国学生的教学方法。此过程不仅要求教师掌握坚实的理论知识，还要具备创新教育实践和进行研究的能力。例如，教师能够通过课堂实验、反思教学或对学习成果的评估等手段，不断改进教学策略以满足中国学生的具体需求。目前，不少中国英语教师在科学研究方面仍需加强。为了更有效地支持教学活动，英语教师应努力提高研究技能，首先需要熟悉最新的教育理论和研究方法，主动参加专业培训、学术交流，并开展与教学密切相关的研究项目。只有通过这种方式，英语教师才能提升专业能力，为推动中国英语教育的进步做出更大贡献。

（二）创新教育理念

在强调以学生为中心、全人教育和个性化学习的大环境下，创新教育理念对英语教学具有重要的促进作用，理念的变革不仅会推动教学方法和教育策略的更新，还会促进教育目标和价值观的转变。

在教学方法上，创新教育理念倡导的"学生中心教学法"和"人文教学法"会促使英语教师更加关注学生的实际需求和兴趣。传统的英语教学往往侧重于语法规则和词汇的机械记忆，现代教学方法则更强调语言运用能力的培养和学生主动参与。例如，现代教学方法中的项目式学习、角色扮演和小组讨论等互动型教学活动能够让学生在真实或模拟的语境中练习英语，从而提高他们的语言实际应用能力，这种教学方法不仅会提高学生的学习积极性，还有助于培养他们的批判性思维和创造力。

创新教育理念强调全面发展和个性化的教育方法，这意味着英语教学远超过单纯的语言知识传递，它还关照学生的个人成长、情感进展及价值观形成。教师在教学活动中应更细致地考虑学生的情感需求和个性差异，尊重他们的看法与兴趣，鼓励学生分享自己的思想和情感。这样平等互动的教学方法有利于培养学生的自信和积极的学习态度。教师应依据学生的实际能力和兴趣安排不同层次和主题的课程内容，以适应各类学生的需求，这一策略能显著增强教学效果和学生的成就感。

创新教育理念主张将教育内容与学生的日常生活以及社会背景密切联系起来，意味着英语教育应该深入学生的实际生活和社会环境。教师能够通过结合当下的社会热点、文化活动和国际交流，设计教学活动和项目，使得学生在学习英语的同时能增加对不同文化和社会现象的了解。这种教学方法不仅可以使英语学习过程更加生动有趣，还能促进学生的跨文化交流能力和全球视野的形成。

（三）专业教学能力

专业教学能力包括沟通与互动技巧、课堂管理和教学监控、创新教学策略与规划、职业发展指导与支持4个方面，如图2-4所示。

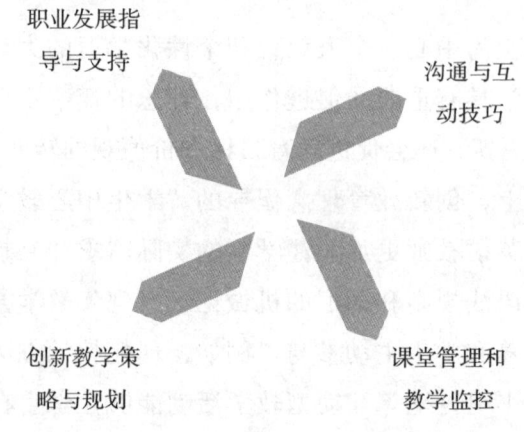

图 2-4　专业教学能力

1. 沟通与互动技巧

英语教师的沟通与互动技巧是提升教学效果的关键，涵盖了教师的语言表达技巧和与学生进行有效交流的能力。拥有高级沟通技巧的教师能够清晰、精确地讲授教学内容，让复杂的理念更容易理解和记忆。比如，在解释语法规则时，他们可以采用简洁明了的方法进行讲解，并通过例证来加深学生的理解。除此之外，有效的交流还需要倾听学生的意见，洞察他们的需要和面临的挑战，并给予恰当的引导与鼓励。这样的双向交流不仅能够提升学生的参与度和兴趣，还能促进正向的教师与学生关系，进一步增强教学的成效。

2. 课堂管理和教学监控

成功的课堂管理和有效的教学监控是英语教师专业能力的另一个重要组成部分。如林崇德教授所言，这种能力是教师的核心技能，特别是在拥有多样化学生背景的大班教学中尤为重要，只有具备良好的组织能力和灵活应变能力的教师才能够确保课堂上的各种教学活动高效进行。具体而言，这种能力包括有效地推进教学活动、确保所有学生都能在他们的学习起点上取得进步以及保证小组合作学习的有效性等方面的能力。此外，成功的课堂管理不仅需要教师具备专业的教学知识，还需要他们准确判断学生的学习状态并及时调整教学策略，这种能力的培养需要教师长期的实践经验和不断的自我反思，这个过程也是教师专业成长过程中最重要的组成部分。

3. 创新教学策略与规划

在英语教学领域，采用创新的教学策略与规划对激发学生学习兴趣和提升学习效率具有至关重要的作用。这不仅关系到教学材料的有效安排和教学流程的规划，也涉及选择和应用恰当的教学方法及技巧。教师需依据学生的个性和需求，设计多元化且具有创造性的教学活动，以使课堂环境更为生动有趣。例如，采用故事讲述、角色扮演、互动游戏等形式介绍新的语言内容，不仅能提高课堂趣味性，还有助于学生在真实或模拟场景下练习语言，深化对其的理解。利用现代化教学工具，如多媒体和在线互动平台，能为学生提供更加丰富多样的学习资源和环境。在教学设计中，教师还应考虑学生的不同学习风格和能力水平，设计适应不同层次学生的活动和材料，以确保每位学生都能从中获益。通过持续观察课堂表现和收集学生反馈，教师需不断调整教学策略，以满足学生需求和达成教学目标。

4. 职业发展指导与支持

在激烈的就业市场环境中，英语教师在职业发展指导与支持方面扮演着关键角色。这包括提供就业市场的最新动态和趋势，以及教授学生求职必备技能，如撰写简历、面试策略和职场交流技巧。为了增强学生的就业能力，教师可通过安排模拟面试、职业规划讨论会和案例研究等活动，帮助学生了解求职中可能遇到的挑战及有效应对方法。这些实际操作不仅能加深学生对求职流程的理解，也有助于提升他们的应聘技巧和自信。除了职业技能培训，教师还应指导学生认识到英语学习对职业发展的价值。通过邀请行业专家开展讲座或组织实地考察，学生能直接观察到英语在不同职业领域的实际应用与重要性。这类活动不仅可以拓展学生的视野，也能促使他们将英语学习与个人职业规划相融合，明确学习目标和方向。

四、家庭因素

（一）家长教育背景

1. 家长的外语教育背景对子女学习的积极作用

拥有外语教育背景的家长对语言学习的重要性和语言学习规律往往有深刻理解，他们能在家庭中提供包括英文书籍、电影和音乐以及技术工具、教育软件等在内的各种英语学习辅助材料，这种支持性和激励性的语言学习环境的营造不仅会丰富孩子的学习内容，也会激发他们对英语学习的兴趣，从而对英语学习产生正面的积极作用。拥有外语教育背景的家长也能够更好地理解英语学习过程中的挑战，他们能在孩子遇到困难时提供及时的帮助和指导。具有外语教育背景的家长也更加有可能在日常生活中与孩子用英语进行交流，这种为孩子提供实际的沉浸式语言使用场景的意识和行动会帮助孩子在将语言知识应用于实际情境的过程中提高孩子的语言能力。

2. 缺乏外语教育背景的家长的替代支持策略

没有外语教育背景的家长尽管可能在直接辅助英语学习方面存在局限，但他们仍然可以鼓励孩子学习英语、报名参加外语课程或语言夏令营等活动，为孩子创造学习外语的机会来支持孩子的英语学习。他们也可以在与英语教师积极沟通了解孩子的学习进展等过程中参与孩子的学校生活，从而更好地支持孩子。家长还可以利用公共图书馆、在线教育平台或社区活动等可用资源为孩子提供学习英语的额外机会，家长即使在自己不擅长英语的情况下也可以通过鼓励孩子观看英语节目、阅读英文书籍或与以英语为母语的人交流等方式增强孩子对英语的兴趣。

（二）家长重视程度

1. 家长对英语学习的积极态度

家长积极参与并支持子女的英语学习过程对于激发孩子的学习兴趣

至关重要。家长通过定期了解孩子的学习进度,鼓励参与或一同参加语言夏令营、辩论和写作比赛等英语活动,表达的关心和支持能够显著提升孩子学习英语的积极性。此外,重视英语教育的家长也会通过看英文电影、阅读英文书籍等方式给孩子更多接触英语的机会,这不仅丰富了孩子的语言环境,也增强了他们对英语学习的热情。通过精选优秀的学习资源和平台,这些家长为孩子营造了更好的学习氛围,并通过对孩子学习成绩的认可和奖励,进一步增强了孩子的学习动力和自信心。

2. 家长对英语学习的消极态度

家长如果在孩子的英语学习过程中较少进行沟通,未能提供必要的学习资源或鼓励,就会表现出不够关心和支持孩子的英语学习。这样的消极态度有可能会让孩子对英语学习缺少兴趣和动力,从而减少他们投入英语学习中的时间和努力,对学习效果产生不利影响。家长可以通过参与学校的家长会、与英语教师沟通或寻找适合孩子的学习策略逐渐提高对孩子英语学习的关注度,以改善这种情况。

(三)家庭文化背景

1. 单一的家庭文化环境

在一个单一文化的家庭环境中,孩子遇到的语言和文化多样性通常较少,这会限制他们学习外语的可能性。当家庭成员主要交流的是同一种语言时,孩子在家学习外语的机会非常有限,可能会因为缺少沉浸式学习环境而对外语学习不感兴趣或缺乏动力,难以完全理解学习外语的实际价值和重要性。这样,英语学习可能仅被视为学校教育的一环,而不是生活的一部分,学习动机更多的是基于学校要求,而非个人兴趣或文化探索。这样的家庭可以采取措施改善。例如,鼓励孩子参与更多英语活动、提供多样化的英语学习资源,或者通过看电影、阅读等途径增加对不同文化的了解和接触。

2. 多元的家庭文化环境

家庭拥有多元文化背景能够为孩子创造一个丰富且多样的语言与文

化学习环境。在这样的环境中成长的孩子，往往能自然而然地学习到包括英语在内的多种语言，这不仅激发了他们对新语言和文化的好奇心，也提高了他们在语言学习上的主动性和积极态度。多元文化家庭不仅有利于促进孩子对英语的学习兴趣和提高他们的语言能力，还有助于增强孩子对不同文化背景下交流习俗和行为模式的理解与适应，这对英语学习尤为重要。这种家庭环境鼓励孩子进行国际交流和旅行，不仅进一步提升了孩子的语言技能和全球视野，也帮助他们培养了对世界的开放心态和对多元文化的深刻理解。

第三节　英语教学的目标

英语教学的目标包括传递英语语言知识、引导学生掌握英语、培养学生对英语的深层理解、培养学生的思想政治素质、培养学生的多种思维能力、培养学生的跨文化交际能力，如图2-5所示。

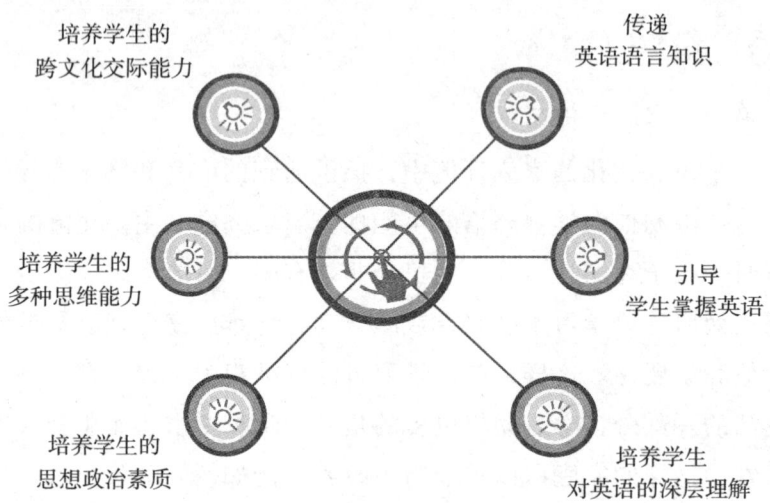

图 2-5　英语教学的目标

一、传递英语语言知识

英语教学的一个主要目标是传递英语语言知识。在这个过程中,教师扮演着知识的传递者或给予者的角色,而学生则是知识的接受者。教师的任务是将英语的语法、词汇、发音以及语言使用的规则和文化背景传授给学生。这种传递过程就是教师提供语言知识,学生接受并吸收这些知识。这一教学目标强调了教师在教学过程中的主导地位和学生在学习过程中的被动性。

传统的英语教学模式强调教师单方对教学过程的控制和指导并且突出教师在其中担任的核心角色。例如,教师如果选择某个语法规则作为教学目标,在进行教学设计时教师会在教学活动中单方负责挑选符合语法目标要求的阅读材料,并且决定如何使用包括提供标准的例句等在内的多种教学方法解释该语法的使用规则,然后通过单方设定练习题来巩固学生的理解,这种方法便于教师控制以及确保教学内容的正确与标准,以便学生能够在一个结构化和系统化的环境中学习英语。但对于学生而言,他们的角色活动主要集中在听教师讲课、记下重点并且完成布置的作业等被动接收教师传授的知识过程,学生在课堂上虽然有一定的参与,但是教学的参与更多的是通过完成教师设定的任务和活动实现的而不太可能主动决策或者探索、质疑所学的内容。

二、引导学生掌握英语

现代英语教学的核心目标转向了引导学生掌握英语,强调学生在学习过程中的主体角色与地位,并且教师只是作为辅助和引导者的角色。

这种教学模式将学生的需求和学习目标置于中心位置,要求教师识别和满足不同学生的不同学习需求和能力,而不再仅仅是教师单向传授知识,教师的角色从传统的"知识传递者"转变为"学习引导者"和"能力激发者"。这种以学生为中心的教学模式鼓励学生积极参与和实践学习过程,而教师则通过指导、支持促进学生学习并且互动。这种参与式的学习环境有助于学生更深入地理解和掌握英语,而不仅仅是表面的记忆和重复。

三、培养学生对英语的深层理解

培养学生对英语的深层理解是英语教学的关键目标,这个目标并非仅仅停留在简单的语言知识掌握的基础层面,而是着眼于让学生认识到英语不仅是一种交流工具还是一个连接不同文化和社会的桥梁,理解学习英语背后更深层次的意义和价值,理解和参与一个更广泛的多元文化世界。培养对英语的深层理解也意味着让学生意识到英语学习对于个人发展方面的重要性,即英语不仅是全球化时代的一项重要技能,也是个人职业和学术发展的关键。掌握英语能为学生开启更多的学习和职业机会,未来能更好地适应和参与国际化的工作环境。深层理解英语不仅仅是对于单词和语法规则等语言知识的学习过程,而是一个涉及思维、认知和文化理解的综合过程,这种认识让学生不再将英语看作一项单一的学习任务,而且可以更加积极地学习英语,将其视为一个开放思维、探索世界和自我提升的过程。

四、培养学生的思想政治素质

我国的思想政治素质教育是教育体系中非常重要的一个组成部分,在学校开展学科思想政治素质教育,培养学生的思想政治素质是很有必要的。对于英语这一学科教学而言,教师在教学过程中培养学生的思想政治素质具有独特的优势。

(一)深化学生的国家认同与价值观

英语教学不仅关注语言技能的提升,也是强化学生国家认同感的有效途径。通过英语学习,学生不仅能掌握语言知识,而且能通过了解不同国家的文化和历史背景,加深对自己国家文化和社会制度的认识与理解。这种认识使学生在成长为具备社会主义核心价值观的社会主义建设者和接班人的过程中,能更坚定地维护和传承国家的价值观念和理念。英语教学因此成为一个桥梁,连接学生的个人发展与国家的未来,使学生在全球化背景下更深切地理解自身国家的立场和角色。

(二)拓宽学生国际视野,构建全面世界观

在全球化时代,使用和精通英语会为学生打开了解世界的窗口,为学生提供接触英语语言国家文化、习俗、思维方式、社会及政治的机会。学生可以在面对文化多样性和价值观多重性的过程中,不断尝试接受和理解不同文化背景下人们的生活方式、思维模式,在不同认知的碰撞中尝试宽容和理解不同的文化与价值,在多样的价值观来源中学着辨别、汲取、参考,从而促进个人全面和客观的世界观的形成。

(三)提升学生在全球背景下的政治素养

在当前的全球化背景下,政治素养不仅包括对国内政策的理解和把握,还包括对于国际政治动态的了解和解读。学习、使用和精通英语让学生有机会接触更广泛的国际新闻和信息,从而更全面地了解世界政治格局和重大国际事件,这个过程不仅会提升学生的政治敏锐性和分析能力,还会加强他们在全球化时代的政治参与感和责任感,为他们在全球政治变迁中更加坚定正确立场提供基础。英语教学因此也成为引导学生在国际交往中保持理智、坚守正确方向的重要途径。

五、培养学生的多种思维能力

(一)批判性思维

在现代英语教学中,促进学生批判性思维的发展成了一个核心教学目标。这一目标的实现不仅提高了学生的语言能力,还培养了他们分析和评估信息的能力。

1. 批判性思维在英语学习中的重要性

批判性思维在英语教学中的应用远超语言知识的传授。它要求学生不只是被动地吸收信息，而是要能够对所接收的信息进行独立的思考、分析和评价。这种思维方式使学生在学习英语的过程中能够深入理解文本内容，而不仅仅停留在表面的理解上。例如，在阅读英语文章时，学生不仅要理解文章的字面意思，还要探究作者的意图、论证方法和文章的深层含义。这不仅提升了他们的阅读理解能力，还培养了他们分析和批判信息的能力。

2. 批判性思维在促进独立判断方面的作用

英语教学的另一个目标是帮助学生建立面对复杂和多样化的信息时利用批判性思维做出独立判断的能力，这种能力特别是在信息爆炸的时代对于学生的个人发展至关重要。批判性思维训练的目的不仅是让学生学会如何分析和评估信息，还旨在让他们学会如何根据自己的理解形成独立的观点。例如，学生在参与英语辩论或讨论时不仅需要理解来自对方的不同的观点，还要学会提出自己的观点并进行有效的论证，这个过程不仅会锻炼他们的英语表达能力，更重要的是培养他们独立思考和独立判断的能力。

（二）创新性思维

在现代教育背景下，英语教学的一个核心目标是培养和发展学生的创新思维能力，这是学生未来学术和职业生涯中极其重要的基本技能。

1. 英语学习与创新思维

英语教学不只是英语语言知识的传递，还要激发和培育学生的创新思维。在英语学习过程中，学生应超越单纯的学习和模仿，从全新的角度进行探索和创新。比如，在解析文本或进行语言应用时，学生应跳出传统理解的框架，提出新颖的见解和解读，探究不同的文化视角和思维模式。这一过程鼓励学生利用广泛的资源展开创造性思维和想象，形成独到的观点，进而促进创新思维能力的发展。这样的学习经历不仅增加了学生的知识库并扩展了他们的思维范围,也为创新思维的孕育奠定了坚实的基础。具备了这样的创新能力之后,学生在面对新概念、跨文化视角和多元表达时,能够激发出更多创造性的思考。

2.创新思维在英语教学中的重要性

在英语教学领域内,培育创新思维的价值远超传统的语言学习目标。学生们在学习英语的过程中,除了需要掌握语言的正确和流畅使用外,还应学会如何用英语阐述自己的创意思维,独立地解决问题。比如,在讨论或作文环节,教师应鼓励学生提出创新性的见解或采用新颖的方法进行信息的解释和分析,这样的训练不仅能够增强学生的语言应用能力,更关键的是能够促进他们创新思考和解决问题技巧的发展。拥有创新思维的学生能在未来的工作中成为创新者,为社会进步贡献力量。

六、培养学生的跨文化交际能力

(一)跨文化交际能力的定义

在针对跨文化交际能力的研究中,中外学者根据本国国情和研究情况,赋予了跨文化交际能力不同的含义。

西方学者以斯皮茨伯格(B. Spitzberg)为代表,从广义角度对跨文化交际能力进行了定义,认为跨文化交际能力是在某一特定语境下恰当而又有效的交际行为。[①] 这一定义的前提是某一特定语境,然后从恰当和有效两个方面对交际者的跨文化交际能力进行评价。

与之类似的,佩里(L.B. Perry)和索思韦尔(L. Southwell)认为跨文化交际能力是指不同文化背景下人们有效、恰当地交往的能力。[②]

怀斯曼(R.L. Wiseman)则认为跨文化交际能力指的是与来自其他

---

① SPITZBERG B. A model of intercultural communication competence[M]//SAMOVAR L A, PORTER R E. Intercultural communication: a reader. Belmont: Wadsworth, 2000: 375.
② PERRY L B, SOUTHWELL L. Developing intercultural understanding and skills: models and approaches[J]. Intercultural education, 2011,22(6): 453-466.

文化的成员进行得体、有效交际所需具备的知识、动机与技能。[1]

从以上内容来看，西方学者多从社会学和心理学等角度对跨文化交际能力进行研究，定义内容在研究过程中形成，且符合现实具体情况。

中国学者对跨文化交际能力的定义与其研究成果具有一定的关系，如贾玉新将跨文化交际能力定义为四大系统，即基本交际能力系统、情节能力系统、情感和关系能力系统以及交际方略能力系统。[2] 陈国明等则从三个层面对跨文化交际能力进行了具体化定义，首先是认知层面即跨文化交际意识，其次是情感层面和行为层面，即跨文化交际技巧的实践性应用。[3] 文秋芳则从能力角度对跨文化交际能力进行了具体分析，将跨文化交际能力分为交际能力和跨文化能力，前者包含语用能力、语言能力和策略能力，而后者具体指的是对文化差异的敏感性、宽容度和处理文化差异的灵活性等。[4]

不同领域和不同国家的学者对跨文化交际能力的定义有所不同，因而本书综合考虑多方面因素，最终将跨文化交际能力定义为处理跨文化交际实践过程中出现的各种文化问题，如文化差异、文化意识、文化态度、文化情感等问题的能力。在实际的跨文化交际活动中，跨文化交际能力表现在交际的得体性和有效性方面。

（二）跨文化交际能力的构成

学者舍伊察（Scheitza）从各种理论中总结了跨文化交际能力的构成要素，包括个人态度、跨文化知识、交际技巧、自我展现，如图2-6所示。

---

[1] WISEMAN R L. Intercultural communication competence[M]//Gudykunst W B. Cross-cultural and intercultural communication. Thousand Oaks: Sage, 2003: 195.
[2] 贾玉新. 跨文化交际学[M]. 上海：上海外语教育出版社，1997: 480.
[3] CHEN G, STAROSTA W J. The Development and validation of the intercultural communication sensitivity scale[J]. Human communication, 2000(3): 1-15.
[4] WEN Q. Globalization and intercultural competence [M]//TAM K, WEISS T. English and globalization: perspectives from Hong Kong and Mainland China. Hong Kong: The Chinese University Press, 2004: 175.

第二章 英语教学概述

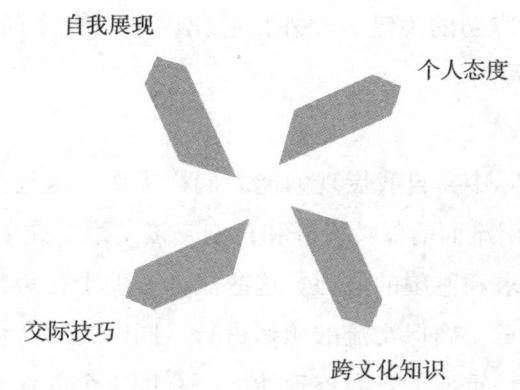

图 2-6 跨文化交际能力的构成

1. 个人态度

个人态度在跨文化交际中起着至关重要的作用。因为个人对跨文化交际的兴趣和动机是基础，它激发个人了解和接触不同的文化。同时，对不同文化保持开放和积极的态度，能够帮助个人更好地接受和理解文化差异。现实的期待、对其他文化的尊重以及友好礼貌的态度是有效跨文化交际的关键。此外，能够灵活地处理不同的观点、展现耐心和容忍度，以及在面对文化冲突时保持积极的态度，都是跨文化交际中不可或缺的个人品质。社会认知的综合能力，即理解和解释外国人行为的能力，也是跨文化交际成功的重要因素。

2. 跨文化知识

知识是跨文化交际的另一个重要支柱。具备对文化差异的基本了解和敏感性是建立有效跨文化交际的前提。了解不同国家和文化的社会组织、规则、模式和习俗，能够帮助个人更好地理解和适应不同的文化环境。这种知识不仅包括理论上的了解，也包括对不同文化背景下的实际生活和行为模式的深入理解。

3. 交际技巧

有效的交际技巧是跨文化交际的核心。良好的语言能力是基础，但更重要的是理解和适应不同的言语和非言语交际模式。能够辨别并使用不同的交际风格，适应不同的谈话方式，以及开始并维持有效的对话，都是跨文化交际成功的关键。此外，避免误解并能够有效地获取信息，也是重要的交际技巧。

4. 自我展现

在跨文化交际中，自我展现的能力同样重要。这包括建立双方都能接受的身份、在困难面前保持冷静和自制、接受第三种文化角度的能力，以及承认他人需求和愿望的能力。这些能力有助于在跨文化交际中有效地相互理解和尊重，确保交流的顺畅进行。同时，对文化定式思考的灵活性和适应性也是重要的自我展现能力，有助于个人在不同文化背景下保持有效的自我表达和进行行为调整。

第四节 英语教学的原则

英语教学应遵循一定的原则，具体如图 2-7 所示。

图 2-7 英语教学的原则

一、主体性原则

在英语教学中遵循主体性原则对于确保教学质量和促进学生个人发展都至关重要。这一原则不仅强调了教师与学生之间互动和协作的必要性，还强调教学必须围绕学生的需求和发展进行，以激发学生的主体性和积极参与。教学在这一原则的指导下不再是单向的知识传递，而成为一个双向的、互动的过程，教师和学生共同努力实现知识的深度理解和应用。具体而言，主体性原则要求教师不仅是知识的传递者，更重要的是成为学生学习的引导者和促进者，这种多重的角色要求教师不仅需要具备扎实的专业知识和丰富的教学经验，还需要具备有效的沟通技巧以及敏锐的洞察力，以体察并理解学生的需求，支持学生个性化的学习需求，从而有针对性地对教学策略进行灵活调整，确保教学活动及时响应学生的具体需求，进而促进学生学习的有效性和积极性。这不仅涉及对学习态度积极的学生的鼓励和挑战，也包括对那些学习态度消极的学生采取的提供正面反馈、鼓励和支持等有效的激励措施，以提高不同层次学生的学习兴趣和参与度，使得每一位学生都能在学习中感受到成长和进步。此外，建立一个充满互动和协作的学习环境也是实现主体性原则的关键一环。学生在这样的环境中可以分享自己的想法和观点，学习倾听和尊重他人，从而促进对知识的深度理解，增强社交技能和团队合作能力。教师在这一过程中发挥着协调者的角色，确保每位学生都有机会参与课堂讨论和活动，使他们都能在这个充满活力和创造性的学习空间中找到属于自己的位置，实现自我价值。

二、系统性原则

系统性原则强调英语教学中教学内容和教学方法的相互联系性与整体性，要求英语教学应为一个综合体系，即语法、词汇、语音等各个教学元素不是孤立的，而是相互关联、相互作用的。在这个体系中每一个知识点都不是独立的信息单位，而是与其他知识点相互关联的部分。例如，学习一个新词不仅要知道其意义，还需理解其在句子中的语法功能和实际语境中的用法，这种系统性的学习和理解能帮助学生更全面地掌握英语并能在实际交际中更有效地应用所学知识。

此外，系统性原则还强调教师在教学中的策略应以学生的整体学习进程为基础，确保教学方法与学生的学习需求和进度相协调。这意味着教师在规划课程时，需要综合考虑学生的当前水平、学习能力和需求，以及课程内容的难易程度和逻辑顺序，从而制订既系统又符合学生实际情况的教学计划。具体分析如下。

（一）全方位的课程结构

系统性原则要求英语课程的设计不仅需要考虑语法、词汇和发音等传统的语言元素，还需涉及听、说、读、写四项基本语言技能的综合培养，涵盖所有关键的语言技能和元素，进行全面而均衡的设计。并且课程设计应围绕学生的实际需求进行，确保每个部分、每个学生都能得到适当的重视和练习，获得全面的语言知识以及在不同语境中实际运用的能力。

（二）教学内容的内在联系

在系统化的英语教学中，教学内容之间的内在联系扮演着关键角色，这要求教师在设计和实施教学计划时，重视教学单元和知识点间的逻辑联系与相互影响。比如，在引入一篇新的阅读材料时，教师应将其与相关语法和词汇紧密结合，帮助学生更好地掌握材料中的单词，加深对某些语法结构和词汇的理解。将这些语法和词汇与学生日常生活的经验相连，能提升学习的相关性和应用性。为了增强教学内容的内在联系，教师可采用各种方法，如情景教学法，将抽象的语法和词汇放入具体情境中，让学生在真实或模拟的环境里学习。采用跨学科方法，结合历史、地理或文化学科的英语教学，也是一种有效加强内在联系的方式，能使学生在更广泛的背景中理解语言。

（三）多元化教学方法的应用

在遵守系统性原则的英语教学过程中，运用多元化的教学策略满足学生不同的学习方式和需求显得格外关键。这既包括传统的教学方法，如讲授和示范，也涵盖更多互动式的方式，如讨论、模仿和实际操作，目的是全方位改善学生的学习经验。通过讲授，教师可以向学生传达必要的理论知识；示范可以让学生直观地看到语言知识如何被实际运用；讨论和模仿可以让学生有机会直接参与学习过程，加深他们的理解和记忆。教师可以通过设计新颖且吸引人的活动，如角色扮演、小组讨论、案例研究和项目作业等，激发学生的参与兴趣。这类活动不仅能让学生把学到的知识应用到实际情境中，还能增强他们的交流和协作技能，同时促进批判性和创新性思维的发展，确保学生在一个充满活力且高度参与的学习环境中获得宝贵的学习体验。

（四）评估与反馈的重要性

系统性原则指导下的英语教学还强调评估和反馈的重要性。教师需要定期对学生的语言技能和知识、学习态度和进步等方面进行全面评估，帮助学生了解自己的优势和不足，从而指导他们调整学习策略。这种反馈机制不仅会激发学生的学习动力，也有助于整体教学效果的提高。

三、持续性原则

持续性原则在英语教学中的应用，首先强调教学内容应具有连续性，这意味着教学活动和学习材料应该是互相衔接、逐步深入的，确保学生能够在稳固已有知识的基础上，不断探索和学习新的语言点和文化知识。这种连续性的教学内容设计，有助于形成一个有逻辑、有条理的学习路径，引导学生顺利过渡到更高级的学习阶段，避免学习过程中出现断层或重复，从而提高学习效率。其次，持续性原则还强调学生知识积累的连续性，这不仅关乎学习内容的连贯性，更重要的是强调学生在学习过程中应不断地积累和应用所学知识,形成稳固的知识网络。通过持续不断的复习和实践,学生能够将新学的知识与既有知识相结合,促进深层次的学习和理解。这种知识的连续积累过程,不仅能够加深学生对英语语言的掌握,还能够激发他们对语言深入学习的兴趣,帮助他们构建起更为丰富和系统的语言应用能力。

(一)知识的积累与深化

持续性原则要求教师在教学设计中注意知识的积累和深化,以确保学生所学的每一个知识点都能够被有效地理解、记忆,并在后续的学习中得到进一步的扩展和应用。教师需要设计项目作业、主题讨论等相应的教学活动,让学生不仅在进入中高级阶段时能将初级阶段学习的基础语法和词汇在更复杂的语境中得到应用和拓展,还能够在实际的语言使用中加深对之前学习内容的理解和应用。

(二)知识迁移与实践应用

持续性原则强调知识迁移的重要性,鼓励学生将所学知识应用于新的语境中。这不仅包括从课本到现实生活的迁移,也包括从一个语言技能到另一个技能的迁移。教师应鼓励学生将所学的英语知识运用到真实生活中,如通过模拟对话、写作练习或参与社交活动等方式,让学生理解如何在不同情境下使用英语进行有效交流。通过这样的实践活动,学生不仅能够巩固和发展他们的语言知识,还能够更好地理解语言的实际应用。

(三)教学方法的适应性与创新

持续性原则也要求教师在教学方法上保持适应性和创新性。教师需要随着学生英语水平的提升不断调整和更新教学方法,引入更高级的语言材料、更复杂的语言任务和更富有挑战性的项目以满足学生不断变化的学习需求。同时,教师需要采取运用技术工具、参与国际交流或组织跨学科项目等创新的教学方法，以激发学生的学习兴趣和创造力。

四、灵活性原则

灵活性原则在英语教学中的实施是激发学生兴趣和提高教学效果的重要途径，它要求教师在教学设计和实施中考虑到语言本身的活力和学生的多样性、差异性，从而调整教学使其更加贴近学生的实际需求和特点。

（一）课堂教学的灵活运用

灵活性原则要求教师不仅在传授知识时使用英语，而且在提问、指导讨论和反馈时也应尽可能使用英语。在课堂教学中灵活运用英语，创造一个沉浸式的学习环境可以帮助学生更好地适应英语环境，增强他们的语言实际运用能力。教师还应当根据学生的反应等课堂的实际情况灵活调整讲解的深度和速度，调整包括小组讨论、角色扮演、互动游戏等在内的教学策略，采用不同的教学活动以增加课堂的趣味性和互动性。教师还应通过提问、分享和展示等方式鼓励学生参与课堂活动，让学生积极融入学习过程中，从而提高他们的学习积极性和自信心。

（二）引导学生灵活选择学习方法

灵活性原则强调教师应依据学生各自的学习风格和偏好，指导他们选择符合个人特征的学习方式。教师需识别并尊重学生间的差异，提供多元化的学习材料和活动。例如，对于偏好听觉学习的学生，教师可以推荐英文歌曲、播客或英语广播作为辅助学习资源；对于偏好视觉学习者，则可以介绍英文电影、视频或图片等资源。教师应鼓励学生积极尝试独立阅读、在线课程以及语言交换等多样的学习方法，以促进其自学能力和创新思维的发展。教师还应提供充分的空间和机会，让学生在学习过程中进行自我探索和反思，帮助他们发现适合自己的学习途径。

五、兴趣性原则

兴趣是激发学习热情的关键因素。在英语学习中，学生对于这门语言的兴趣对他们的学习效果有着显著的影响。英语作为一种外国语言和文化的载体，自然地激发了许多学生对新奇事物的好奇心。因此，当学生的学习兴趣被充分激发时，他们的学习动力会大幅增强，进而能够更高效地达到教学目标。为了实现这一点，教师需要关注以下几个重要方面。

（一）精准识别学生的兴趣领域

精准识别并利用学生的兴趣是提高其学习动力的重要手段。教师通过细致观察和有效交流可以深入了解学生的个人喜好。举例来说，如果学生对音乐或电影感兴趣，教师可以把英文歌曲或电影片段融入教学，使课程内容与学生的兴趣紧密相关。对于那些热爱特定体育运动的学生，组织用英语指导的体育活动，可以让学生在活动中自然地练习英语。这类教学策略不仅让学习过程更富生动性和趣味性，还能大大提升学生的参与度和学习兴趣。

（二）及时肯定学生的学习成果

在教学过程中，教师对学生学习成果的及时肯定和赞赏也是至关重要的。在学习英语的道路上，学生会经历各种挑战和困难，他们的努力和进步，无论大小，都值得被认可和赞扬。教师应密切关注学生的学习进程，对于任何形式的进步，如词汇量的增长、发音的进步或写作技巧的提高，都应给予及时的表扬和激励。这样的认可不仅能激发学生的学习兴趣，还能增强他们的自我效能感，使他们更有信心应对学习过程中的挑战和困难。通过这种方法，教师不仅可以提高学生的学习动力，还可以培育他们的自尊心和自信心。

（三）促进教师与学生之间的互动

在英语教学中，激发学生学习兴趣需要教师与学生之间的有效沟通与互动。具备良好沟通技巧并能营造互动学习环境的教师，更能够激发学生的学习热情。因此，教师应积极与学生沟通，定期了解他们的学习状况和遇到的难题，提供必要的指导与支持。通过在课堂上实施小组讨论、角色扮演等多种互动形式的活动，教师可以让学生在轻松愉悦的学习氛围中参与合作，进而提升他们的语言应用和实际操作能力。

（四）实施形成性评估

传统的成绩评定方式通常只着眼于最终成果而忽略了学习过程的价值，这种做法很容易让学生只把目光聚焦在分数上而忽略了学习本身的意义和乐趣。教师为了改变这一现状应当采用形成性评估，更多地关注学生在学习过程中的表现以及重视观察和评价学生的学习态度、方法和在学习过程中取得的进步。形成性评估使得学生能够意识到学习过程的重要性，理解自己在学习中付出的努力是被看见和被认可的。这样的评估不仅能够使得学生更加积极地投入学习过程中，享受学习带来的乐趣，还能够显著提升他们的学习积极性和自我激励能力，从而在学习的道路上走得更远、更好。

六、循序渐进原则

遵循循序渐进原则在英语教学的开展过程中是至关重要的，因为新语言的学习是一个由简单到复杂的逐步深入的过程，教学内容的安排和教学活动的实施都需要遵循一定的顺序，从基础的语言知识开始逐渐过渡到更高级和更复杂的概念，教学节奏需要与学生的认知发展规律相契合，以确保学生能够在每一步都能够稳固地掌握知识，这样才能有效提高他们的学习兴趣和自主学习的动力，帮助他们在整个学习过程中建立起连贯和坚实的语言能力基础。

（一）由基础到深入的知识掌握

具体而言，在英语教学中循序渐进原则首先体现在学生由基本知识逐渐过渡到深入复杂内容的学习过程中。学生在学习英语的早期阶段接触的是最基础、直接的英语语法规则、词汇和日常表达方式，这一阶段的教学内容通常比较简单，以帮助学生初步理解和掌握英语基础知识。教师需要随着学习的深入逐渐引入更多的高级语法结构、专业词汇以及复杂的语言表达形式，这样学生才能够在已有的知识基础上进一步扩展自己的语言能力，并且理解和使用更加复杂的英语表达方式。例如，学生在掌握了基础时态之后，可以开始学习完成时态或虚拟语气等更为复杂的表达方式。

（二）从理论学习到实际应用的过渡

体现英语教学循序渐进原则的另一个方面是从理论知识的学习到实际应用能力的培养的逐步过渡。学生在学习初期主要集中于语法规则、基本词汇等英语的基础知识，教师需要随着学习的深入逐步引导学生将这些理论知识应用于实际的语言使用中。教师在这一过程中可以通过角色扮演、情景对话和项目作业等各种实践活动，帮助学生将理论知识转化为实际的语言使用能力。

七、输入输出原则

输入输出原则是指学生通过接收（输入）和表达（输出）英语语言材料的过程来掌握英语。这一原则强调"听"和"读"等输入技能在语言学习初期的重要性以及"说"和"写"等输出技能在后期语言表达和应用中的关键作用。

第二章　英语教学概述

（一）输入原则

1. 遵循输入原则的必要性

遵循输入原则可以使学生有效学习新知识以及掌握英语语言的结构，因此在英语教学过程中是非常重要的。语言输入的途径主要有听力和阅读两种方式。听力作为一种直接接触语言的方式能够让学生在实际语言环境中感受和理解语音、语调和语速等元素，不仅可以有效提高学生的语言理解能力和听说反应速度，还能帮助他们更好地模仿和掌握英语发音，为日后的口语交流打下坚实基础。在日常的英语教学活动中，教师能够通过展示英语新闻、电影片段以及日常对话这样的原声英语材料，让学生在多样的语境下亲自练习英语。这种方法既增加了学生接触英语的频率，也提升了学习效率。同时，阅读作为另一种关键的学习方式，不仅能扩展学生的词汇量，还能深化他们对语法和句型的理解。通过阅读短篇故事、报刊文章、学术论文等多样化的英文材料，学生能够在实际语境中掌握新词汇、语法规则及表达方式，进而提升阅读理解和语言应用能力。阅读还能激发学生的想象力与创造力，增加其对英语文化的认知，并提高学习兴趣。在英语教学中，语言输入至关重要。教师应当依据学生的学习需求和兴趣仔细挑选教学材料，设计多元化的听力和阅读练习，并鼓励学生积极参与。这样，学生就能在一个真实且多元的语言环境中不断吸收和处理新知识，逐步积累语言经验，并优化他们的语言知识体系。通过这种方式，学生的语言技能将得到显著提高，最终能够流畅且有效地进行英语交流。

2. 实践中的语言输入

在英语学习过程中，充分的实践输入是学生掌握语言的关键。这要求学生通过广泛的听力和阅读活动，不断积累和巩固所学的语言知识。为了保证学生有足够的机会进行语言实践，教师不仅应该在课内还要在课外提供丰富的语言学习材料和情景，使学生有足够的时间和适宜的环境进行语言练习。实践活动可以是定期进行的听力练习、不同类型英文材料的阅读，也可以参与讨论和写作活动，以确保学生能将所学语言知识应用于真实场景中，通过实际操作加深理解并提高语言使用能力。

教师还应鼓励学生在课堂外进行阅读英语新闻、观看英语电影和电视节目、参与英语交流活动等自主学习，这些活动不仅能够提供更多样化的语言输入，还能够激发学生的学习兴趣和动力。教师也应关注学生的输入质量，确保提供的材料既具有挑战性又适合学生的水平，从而能够支持学生在实际应用中逐渐掌握和熟练运用英语，并提高整体语言能力。

（二）输出原则

1. 提高语言表达和运用能力

输出原则在英语教学中特别是在提高学生的语言表达和运用能力方面具有重要的指导意义。教师在此阶段需要通过口语和写作练习引导学生将学到的语言知识转化为实际的语言技能。例如，在课堂上组织的小组讨论、角色扮演和即兴演讲等活动不仅能增强学生的口语表达能力，还能提高他们在真实场景中使用英语的自信和流利度。写作练习，如写日记、撰写报告或构思作文，也是学生巩固和扩展其语言知识的有效途径。学生能够通过这些活动在不断的练习中加深对语言知识的理解，提高语言运用的灵活性和创造性，从而在实际沟通中更加得心应手。

2. 促进语言知识的内化

遵循和践行输出原则对于促进学生语言知识的内化和长期记忆也有着不可替代的作用。学生在输出活动中将所学的知识应用于实际的语言表达，这一过程不仅会加深学生对语言知识的理解，也帮助他们将这些知识内化为自己的语言技能。这种实践活动也鼓励学生在语言使用中进行自我纠正和反思，进一步提高了他们的语言准确性和流利度。教师在教学设计中应充分认识输出活动的重要性，并提供充足的机会让学生在实际语境中运用所学知识，以促进其语言技能的全面发展。

第五节 英语教学的方法

一、语法翻译法

（一）语法翻译法概述

1. 历史背景与学习目的

语法翻译法深受 18 世纪末至 19 世纪中期欧洲教育环境的影响。在这一时期，古希腊语和拉丁语作为学术研究和知识传播的重要工具被广泛学习。学习外语的主要目的是深入理解古典文学、哲学和历史文献，而非满足日常交流的需求。这一时期的教育观念普遍将精通这些古老语言视为受过良好教育的标志，反映出当时社会对于知识和文化修养的重视。这种观念对外语教学方法的发展产生了重要影响，特别是在强调对古典文本的研究和理解方面，从而形成了语法翻译法这一教学方法。在这种教学模式下，学习外语更多的是出于对文化和知识的追求，而不是实际交际的需要，这种学习目的的设定直接影响了语言教学的方式和内容。

2. 核心内容

语法翻译法强调对语言结构的分析和对句子的精确翻译，以培养学生的阅读和写作能力。教师在教学过程中的角色是讲授语法规则和词汇并且组织课堂活动传授知识的权威者，从而确保学生能够准确地理解和使用语言。学生在这一过程中更多地被要求记忆大量的语法规则和词汇，通过课后练习来巩固所学内容，因而扮演着接受者的角色。该方法的一个显著特点是它的教学重点都放在书面语言的学习上，而几乎不涉及口语交际技能的训练，因此与实际生活中的语言使用场景脱节。这一方法虽然在以前的社会环境下或许适用，但在现代语言教学中逐渐被认为是不全面的，因为它忽视了语言的实际交际功能和口语交流的重要性。

3. 优点与不足之处

语法翻译法作为历史上存在时间最长的外语教学法，在之前外语教学条件差、外语教师工作压力大的教学情况下曾发挥了巨大的作用。

语法翻译法的主要优点在于它能系统地传授目的语词汇和语法知识，为学生建立坚实的外语学习基础。这种方法通过分析书面语的结构和表达方式，帮助学生深入理解和掌握目的语。同时，它能促进学生内化语言结构，提高正确表达的能力，并帮助他们辨别对目的语的有意识或无意识的假设，通过对比目的语与母语的异同来加深理解。语法翻译法不需要过多教具和条件，有助于简化教学流程并减轻教师的教学压力。此外，由于教学目标明确，它也便于对学生进行统一管理和测试，使得这种方法在一些教学环境中依然有效。

语法翻译法是基于人们对语言的传统理解而发展起来的，但在实际应用中，这种方法存在一些明显的局限性。它过度依赖翻译作为主要的教学工具，这种做法容易导致学生在使用外语时，过分依靠母语的思维方式和语法结构，难以在外语环境下自由思考和表达，影响了他们真正掌握和运用目标语言的能力，也不利于形成流利的外语表达习惯。语法翻译法过于注重语法规则的教学，而忽视了语音和语调的学习，这会导致学生虽然在语法知识方面有所了解，但在口语交流和听力理解上存在明显不足，这与语言学习的交流目的相悖。

语法翻译法另一个明显的缺点是教学过程中教师的主导性太强，而忽视了学生的主体性。这种模式下，学生往往被动地接受知识，缺乏主动探索和实践的机会，这不仅阻碍了他们语言能力的全面发展，也削弱了他们对语言学习的兴趣和积极性。教学方式往往以教师的单向讲解为主，注重死记硬背，而师生之间以及生生之间的互动不足，这种模式不利于激发学生的主观能动性，也不利于培养他们的实际语言运用能力。同时，语法翻译法在教学中忽视了文化因素和语言在实际交际中的使用，使得学生学到的语言知识往往脱离了实际语境，缺乏交际实践中的应用价值。

（二）语法翻译法的特点

语法翻译法具有鲜明的教学特点，具体可分为以下四点（图2-8）。

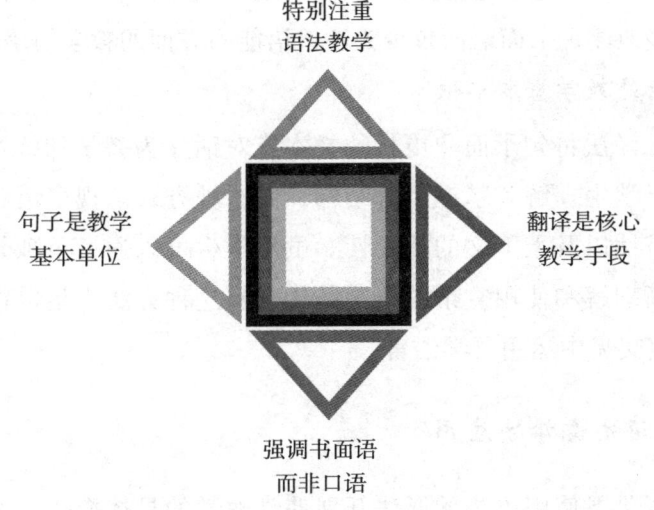

图 2-8　语法翻译法的教学特点

1. 特别注重语法教学

语法翻译法把语法教学置于外语教学的核心位置，强调通过掌握语法规则来理解和使用外语。这种方法在教学上表现为对语法规则的系统讲解和重复练习，旨在使学生能够准确地使用语法结构。在教材的设计上，语法翻译法也体现出对语法的重视，通常会有大量关注语法点的解释和练习。这种做法使学生能够在理解语法的基础上进一步学习外语，尽管这可能会牺牲口语交流能力的培养。

2. 翻译是核心教学手段

语法翻译法通过对目标语言和母语之间的相互翻译将翻译作为主要的教学手段来促进学生对外语的理解。这种方法虽然使学生能够在两种语言的对比过程中学习外语，从而增强对语言差异的理解，然而这种以翻译为中心的教学方法可能导致学生在实际语言使用中过度依赖母语思维。

3. 强调书面语而非口语

由于当时外语学习的主要目的是阅读和理解书面文献而非口头交流，因此语法翻译法将教学重点放在了阅读理解和写作练习上，并且在教学过程中更多地注重书面语而较少关注口语能力方面的教学与培养。

4. 句子是教学基本单位

语法翻译法将句子而非更长的文本或对话作为教学和练习的基本单位，以便于学生理解和掌握语言结构，但这种方式忽视了语言在实际交流中的连贯性以及上下文的重要性。虽然学生可以通过单独句子的学习和翻译逐渐理解和使用复杂的语法结构，但这种方法不足以帮助他们有效地在真实交流中运用所学语言。

（三）语法翻译法应用

通常情况下使用语法翻译法开展课堂教学的具体操作是教师先用母语翻译并叙述整篇文章的大致意思，然后对文章中涉及的语法规则进行详细的分析和讲解，随后引导学生通过多次阅读加深对文章的理解。具体而言，以某一篇文章的讲授为例，语法翻译法的课堂设计可分为以下几个步骤。

1. 文章背景的详细介绍

在教学活动开始时，教师通常会使用学生的第一语言详细介绍文章的作者背景、创作环境、文化和历史背景，以及作者的写作风格和特色等。目的是让学生在深入阅读文章之前，对其内容和结构有一个全面的理解，从而为领会文章的中心意旨打下坚实的基础。采用这种方法可以使学生在接触文章正文之前就对作品有一个初步的了解，帮助他们在随后的学习中更有效地把握和理解文章的主要内容。

2. 新词汇的学习和理解

文章中新词汇的学习是语法翻译法教学的关键环节。教师通过发音训练、同义词或反义词举例、上下文猜词以及在实际语境中的例句应用等多种教学策略帮助学生学习和理解新单词，增强学生对单词的记忆并且提高他们的理解和应用能力。

3. 文章讲解与翻译指导

在文章讲解与翻译阶段,教师应转变为指导者和解释者,并且逐句地朗读文本,进而为学生提供准确的翻译。教师在这一过程中不仅应将注意力集中在文本的字面意思上,还应带着学生深入分析句子结构、时态、语态以及语法规则等,并通过比较目的语与母语的差异帮助学生掌握语法结构,同时让他们理解语言表达的多样性。

4. 自主参与阅读和翻译

教师随后应引导学生自主参与阅读和翻译活动,学生在这一阶段不仅要朗读并尝试翻译文本,还要参与完成相关的选择题和回答问题等一系列的理解练习,以提高理解能力和分析能力,对文章的内容有更深刻的领悟。此外,教师还应根据课堂内容布置适量的翻译作业,进一步巩固学生对语言知识的掌握并检验学生的理解水平。

二、情境教学法

(一)基本定义

情境教学法是借助真实或模拟情境的创设唤醒学生的学习热情和情感,并以此增强他们语言实际应用能力的现代教学策略。这种方法重在将语言知识放入特定的语言环境中进行语言的学习与应用,以达到让学生在接近现实生活的交流场景中练习并习得语言知识的目的。学生通过这样的学习方式不仅可以更加深刻地理解语言的结构和用法,还能有效提升他们利用语言进行沟通的技巧。情境教学法的有效实施极大地依赖教师对学习环境的巧妙设计与周密组织,教师需要结合课本内容,综合运用图像、实物模型、视频资料等各类教学资源,营造出贴近学生学习需求的情境,并调动学生的积极性,鼓励学生积极参与模拟活动、角色扮演等学习活动,让学生在实践中锻炼和提升他们的交际能力以及语言表达技能,增强他们在实际生活中运用语言的自信和能力。教师在情境教学法中扮演的是组织者和引导者的角色,不仅要用英语组织和引导教学活动,以确保自己的表达准确无误,也要在必要时刻适度使用学生的母语帮助他们理解一些复杂的语言规则或概念。情境教学法的应用可以让学生在一个更自然、更轻松的学习氛围中掌握英语,进而显著提高他们的学习效率和习得成效。

(二)教学原则

情境教学法的教学原则包括自主性原则和体验性原则(图2-9)。

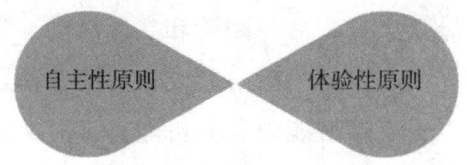

图2-9 情境教学法的教学原则

1.自主性原则

情境教学法的自主性原则强调教师与学生之间要相互尊重与合作,在教学过程中学生应处于主体地位。具体而言,自主性原则要求教师在与学生建立平等、互动的关系的基础上,倾听学生的想法和需求并理解他们的学习目标和动机,然后在此基础上设计适合学生的教学活动。这种相互理解和尊重的关系能够为创造真实的学习情境提供良好的基础,使教学活动更贴近学生的实际需求。教师在接下来的教学实践中应该鼓励学生表达自己的观点和想法,充分发挥他们在学习过程中的主动性和创造性。自主性原则强调赋予学生在学习过程中的主导权。学生不仅是语言知识的接受者,还是学习过程的主动参与者,应该有机会在情境中实际使用语言,体验语言的交际功能,从而提高自己的语言实际应用能力。教师是帮助学生在学习过程中发现问题、解决问题的支持者和引导者,要退居其次,辅助他们在实际的语言应用中学习和成长,从而提高他们的自主学习能力和语言交际能力,切莫"喧宾夺主"。

2. 体验性原则

体验性原则的核心在于创设真实或模拟的语言使用环境，让学生在具体的语境中体验语言学习以提高其语言应用能力，它要求教师关注学生在学习中的感受和体验以及通过这些体验促进学生对语言的理解和掌握。

体验性原则要求教师在课堂上创造真实或近似真实的交际情境，以便学生能够在实际语言环境中学习和运用所学知识。教师可以通过角色扮演、情景模拟、互动游戏等活动使学习过程更加生动有趣，从而激发学生的学习兴趣，吸引学生在特定情境中使用和理解语言知识，提高其语言实际应用能力。教师还要注意情境的设计与学生的生活经验和文化背景相契合，只有这样才能吸引学生参与并完全投入学习中，体验到学习的快乐。体验性原则还强调在教学过程中让学生主动参与和探索，教师不再是知识的唯一传递者，而是指导者和协助者。教师应鼓励学生在教学情境中提出问题、寻找答案并通过小组讨论、合作学习等方式与同伴共同学习。学生在这样的互动过程中能够更深入地理解和运用语言，也能培养其批判性思维和解决问题的能力。教师还应引导学生对自己的学习过程进行反思，帮助他们认识到学习中的不足，进而进行修正以提高学习效率。

（三）教学设计

语言的产生和发展离不开特定的文化背景，人们的日常交际行为和社会发展离不开语言的使用，因此语言的学习应放在一定的社会文化情境中开展。根据现实交际情境提供的场景，学生可以激活原有的认知经验，并将新的知识与之前的认知经验联系起来，从而理解新的知识，将新知识加入原来的认知体系。因此，在英语教学活动中，教师要设计出能引导学生激活旧的认知经验，并积极参与新的交际对话的真实情境。要设计出这样的真实情境，教师可以从以下几个方面入手。

1. 范例的引入与应用

在情境教学法中,教师提供的范例恰当与否对于学生理解和解决问题至关重要,这些范例要能够填补学生对某一特定情境或问题的认知空白,帮助他们建构解决问题的心理模型,更重要的是这些范例应当能够引起学生共鸣,与学生的生活经验相关联,且能多样化地展示问题解决的多种可能性和途径,从而提高学生的学习兴趣和参与度,激发学生的思维活动。教师还需要在范例教学过程中指导学生如何从这些范例中提取关键信息,学会在类似情境中运用这些信息解决问题。

2. 任务的呈现与激发兴趣

教师在情境教学法中呈现的任务应当具有吸引力和挑战性,并且应当用生动、吸引人的方式描述问题以及介绍任务的社会文化背景,以激发学生的兴趣,帮助学生更快地融入教学情境。教师同时应确保任务设置的开放性,要留给学生一定的操作空间和自主性,并鼓励他们从不同角度思考和尝试解决问题,从而培养学生的创造性思维和解决问题的能力。

3. 教师的引导与支持

在情境教学法中,教师转变为指导者和支持者的角色,其核心任务是通过创设吸引人的学习活动唤起学生的学习兴趣,并在其学习过程中协助他们构建知识框架和加深理解。教师需要密切跟踪学生的学习进展,提供及时的指导和反馈,以帮助学生克服学习障碍。同时,学生参与小组讨论和协作学习等互助交流的方式,有利于知识的深化和领悟。在教学实施中展现出的灵活性和创造性也十分关键,这有助于适应学生的个性化需求和不同的学习方式,确保教学活动能够有效促进学生语言学习的进步。

4. 信息资源的有效利用

教师需要精心挑选和整合包括文本、图片、视频、音频、实物等在内的各类与教学目标紧密相关的信息资源,以丰富教学内容,激发学生的学习兴趣,刺激学生的好奇心和探索欲。教师还可以检索包括在线数据库和学习平台在内的网络资源，使用相关领域的实际案例、新闻报道或文化背景介绍等材料作为教学内容，让学生更好地理解语言在实际情境中的应用，在更加丰富、宽广的知识领域内进行学习和探索。

5.认知工具的合理应用

运用诸如思维导图及信息库和专家系统等可视化软件作为认知工具，能显著提升学生的信息组织与处理能力，进而支持他们更高效的学习与理解过程。比如，思维导图可以帮助学生清楚地看出学习材料之间的关联，而专家系统所提供的深入分析和解答则可以助力深化对复杂议题的理解。在使用这些认知工具时，教师应当根据教学内容和学生的具体需要选择恰当的工具，并引导学生有效利用这些工具来提升他们的学习效率和理解程度，从而促进知识结构的构建和认知能力的提高。

三、交际教学法

（一）概念内涵

1.产生背景与目标

交际教学法源于20世纪70年代的欧洲，主要是为了满足经济全球化和文化交流日益增多的背景下语言交流的实际需求。这种教学法的出现解决了传统语言教学方法重视语法、词汇等形式而忽视实际交际能力培养的问题。其核心目标是提高学习者的实际交际能力，即不仅仅学习语言本身，更注重学习如何在不同社会情境中有效使用语言进行交流和沟通。

2.理论基础

交际教学法的理论基础是社会语言学和心理语言学，强调语言的社会功能和心理认知过程，认为语言的主要功能是进行社会交际，因此教学应该围绕如何使用语言在实际情境中有效交流展开。这种方法不仅涉及语言知识的学习，还包括文化背景、语用规则、交际策略等的学习，旨在培养学生的全面语言交际能力。

3. 教学实践重点

在交际教学法中，设计的教学内容和活动着眼于营造接近现实生活的交流环境，旨在鼓励学生将学到的语言知识应用于与生活相似的情境中。此时，教师扮演的是活动组织者和引导者的角色，关键在于唤起学生参与交流的热情，并为他们提供充足的实践机会。通过实施角色扮演、情境模拟对话、小组讨论等互动形式，学生得以在真实或仿真的语言使用环境中进行语言练习和应用。这种教学策略不仅促进了学生的语言实际运用能力，也加强了他们的跨文化交际技巧。

（二）教学原则

交际教学法有三项基本的教学原则，如图 2-10 所示。

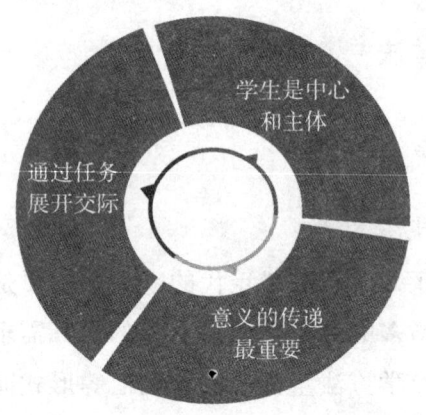

图 2-10　交际教学法的基本教学原则

1. 学生是中心和主体

（1）促进学生自主学习与参与。交际教学法是鼓励学生自主学习并积极参与的以学生中心的教学方法。在这一教学法下，教师激励学生主动寻找适合自己的学习途径，并通过学生参与各种互动式教学活动增强自己的语言技能。在此环境中，学生不再仅仅是被动地接受知识，而是需要通过积极探索和实践使用语言来构建自己的知识体系。教师通过安排角色扮演、情景模拟对话等任务，促使学生在接近真实的语言使用场景中实践所学，这样不仅能提升他们的交际技能，还能帮助他们理解不同文化之间的差异，加强他们的跨文化交流能力。

（2）强化学生的主动探索与批判性思维。在交际教学法框架内，激发学生的主动探索精神和批判性思维是教学的关键。为此教师应设计教学活动，鼓励学生独立探究语言在各种情境下的应用，并分析其使用效果，以深化对语言功能及其含义的理解。通过鼓励学生就教学内容提出疑问、参与讨论和进行深思，这种方法旨在培养他们的批判性思维。例如，教师将实际的新闻报道、社会事件或文化背景信息纳入课程，使学生通过分析讨论这些内容，加深对语言在不同文化和社会背景下应用的洞察力。学生不仅能够学习到语言知识，还能够掌握在多元文化和社会环境中有效运用语言的技巧。

2. 意义的传递最重要

意义传递的重要性在交际教学法中占据核心地位，这一原则的实施有别于传统的结构主义教学方法。在交际教学法中，教师不再过分强调语言的形式和结构上的完美，而是更加关注语言在实际交流中的功能和效果。这种教学方法认为，语言的首要目的是意义的传达和情感的交流，而非仅仅作为形式规则的展示。

（1）强调交际能力的培养。在以交际为中心的教学法中，培养学生的沟通技巧被视为教学的核心。教师激励学生学习如何有效利用语言来表达自己的思想并理解别人的意见。这种方法强调学生应在实际交流过程中灵活运用语言，而不是单纯追求语法正确性。通过这种教学方式，学生得以在真实或模拟的交际环境中练习语言，从而增强他们的语言运用能力，确保他们能够适应不同的沟通场景和文化背景。

（2）容忍语言错误，鼓励流畅表达。在交际教学法中，鼓励流畅表达并容忍语言上的错误是一项基本原则。鉴于语言学习伴随着不断的尝试和改正，教师应采取宽容的态度对待学生的语言错误。当学生能够流畅地分享自己的想法时，即便表达中存在语法错误，教师也会给予鼓励。他们会选择在学生表达完毕后，适时给出反馈和指导，避免频繁打断，以保护学生的思维连贯性和自信。

3. 通过任务展开交际

在使用交际教学法设计教学活动的过程中，教师需要为学生提供一定的交际话题或分配一些交际任务，这样他们就能有目的地参与更真实的交际练习活动。事实上，完成任务和开展交际二者不仅不相互冲突，还能相互影响、相互促进。带着任务去交际，就相当于把语言的学习和练习与其他学科的学习融合到一起，把语言当作一个工具或媒介来学习其他学科的知识。这样一来，学生会更真切地感受到语言的生命力，学生与学生之间会有更多、更真实的交流。

（三）教学应用

1. 设计交际活动

交际教学法致力于通过各种具体的活动增强学生的实际语言应用技能。设计的活动旨在激励学生使用目标语言进行有效交流，包括信息交换、解决问题和表达情感等。下面介绍在交际教学法中几种有效促进交流的活动设计。

（1）故事重述活动。在此类活动中，教师挑选与课程主题紧密相关或对学生具有吸引力的故事资源，包括文学作品、历史事件、科学发现等。学生需要首先深入理解所选故事，随后使用目标语言进行重述，在这个过程中将调动他们的词汇、语法及句式知识。故事重述的核心目的是激励学生将语言学习与实际经历相结合，进而提升他们对语言的理解及表达技巧。教师还可通过提出问题、开展讨论等方式，促使学生探讨故事背后的深层意义，从而激发学生的批判性与创造性思维能力。

（2）角色扮演活动。角色扮演活动为学生提供了一个模拟真实世界情境的机会，使他们能够在课堂这个安全的环境中练习使用目标语言。以模拟餐厅点餐为例，教师可以为不同角色设计具体的背景信息，如顾客的独特饮食偏好或服务员的工作背景，这样做可以提高活动的真实感和挑战性。在角色扮演中，学生需要利用目标语言进行交流和解决问题。

教师还可以设置意外情景,如菜品售完或订单出错等,测试学生的即兴应对能力。通过参与这类活动,学生不仅能够增强语言沟通技能,还能学习在不同的文化环境中如何恰当地运用语言。

(3)情感分享活动。情感分享活动不仅是对语言表达练习的补充,还深入地探讨了理解与尊重多元文化的价值。通过分享关于社会话题、文化差异或个人经历的感受与观点,学生不仅可以练习表达自己的想法和情绪,也能学会聆听并理解他人的视角。在此过程中,教师鼓励学生使用目标语言进行情感表达,并提供必要的语言支持,如引入描述情感的词汇和句型。教师应促使学生尊重多元的意见和文化背景,以帮助他们在学习语言的同时培养全球化视野和跨文化交流的技巧。情感分享活动不仅有助于提高学生的语言能力,还能增进他们的同理心和批判性思维。

2.评估交际能力

在英语教学中,评估学生的交际能力时,三个相互关联的方面不可或缺。全面掌握这些方面是提高学生文化适应力和促进其有效参与跨文化交流活动的关键。

(1)对文化差异的理解。在交际教学法框架下,透彻了解并评估目标语言文化中的差异显得尤为关键。这包含对目标语言国家的传统、习俗和文化价值的认知与尊重。例如,教师能通过比较不同文化背景下的餐桌礼节、打招呼的习惯,乃至对个人空间的理解,帮助学生认识跨文化交流的复杂性。这样的对比使学生能深入理解在不同文化环境下语言使用的适当性。此外,通过创建模拟的交流情境,如商务洽谈、导游讲解或家庭宴请,教师让学生有机会在仿真的环境中练习和体验跨文化的交流技巧。

(2)对不同语境的理解。教师可以指导学生区分并适应不同语境中所需的表达方式,即使学生了解在正式与非正式场合下语言使用的差异。例如,通过创建工作面试的模拟情境,学生可以练习在这种正式环境中的语言使用。同样,通过模拟朋友间的聚会等非正式场合,学生能学习在轻松氛围中的交流方式。参加这样的模拟活动不仅有助于学生精通语言本身,更关键的是能够帮助他们理解并适应语言在不同语境下的变化,进而增强他们的语境适应能力。

（3）对非语言交际的理解。非语言交际的重要性在沟通中不应被忽略。教师需要教导学生理解和应用诸如肢体动作、面部表情、姿态等非语言元素。这些非语言信号在交流过程中起着至关重要的作用,尤其是在面临不同的文化环境时尤为明显。例如,教师可以通过示范不同文化中手势的意义差异,以及如何使用身体语言表示尊重或友好。通过掌握非语言交际的技巧,学生能更完整地参与并有效地进行跨文化交流,从而降低误解和冲突的风险。此外,通过分析视频案例,学生能观察并讨论不同文化背景下的非语言交际方式及其对沟通效果的影响。

四、任务型教学法

（一）概念内涵

任务型教学法,作为交际教学法的进一步演进,强调教学活动的开展要围绕"任务"展开。这种教学方法的核心思想在于通过实践活动中的学习达成教学目标。这一教学方法的本质体现在以下几个层面。

1. 实践驱动的学习过程

任务型教学法的核心思想是将语言学习与实际任务紧密结合,从而形成一种实践驱动的学习过程。这种教学方法旨在将学习者从传统的课堂知识传授环境中解放出来,将他们置于真实或模拟的交际情景中。例如,教师可以设计一个任务,让学生准备一次假想的旅游规划,涉及行程安排、住宿选择、文化景点介绍等内容。在执行这一任务时,学生不仅需要学习相关的旅游词汇和表达方式,还需实际应用这些知识完成规划。这种方法强调在真实或模拟的社交互动中学习语言,使学习过程既具实践性又富有趣味性,提高了学生的参与度和学习动力。

第二章 英语教学概述

2. 以任务为核心的教学结构

在任务型教学法里，教学活动是以完成实际和具体任务为中心构建的。这些任务设计得既具体又有实践性，目的是让学生通过完成任务来掌握和应用语言。比如，教师可以布置一个"组织校园活动"的任务，其中学生需要用目标语言进行团队内的讨论、计划的制订以及执行过程中的交流。此过程不仅促使学生学习到组织活动所需的专业词汇和表达方法，还有助于他们在真实的语言环境中提升沟通能力和团队合作技能。这样以任务为核心的教学模式，有效地将语言的实际使用情境带入课堂，帮助学生在完成任务的同时，全面提升语言的实践应用水平。

3. 以综合语言能力培养为目标

任务型教学法旨在全面提升学生的语言能力，特别是在准确性、流利性和复杂度这三个维度上。准确性涉及学生在语言使用中对语法规则和词语选择的正确应用。比如，通过完成编写邀请函或进行日常对话的任务，学生需要关注他们语言的语法和词语使用是否准确。流利性强调的是学生在实际交流中能否做到表达的自然和流畅，如在模拟旅游咨询或面试等任务型学习活动中，学生要自然表达思想，而不必过度追求语法细节的完美。复杂度则关注学生是否能在需表达更为复杂的情感或描述更复杂的事件的语境下，有效地运用语言。通过对这三方面的系统培养，学生能够在各类交流场合中更加有效地利用语言。

4. 系统化结构助力活动开展

任务型教学法以其系统化的结构特色，将各个任务编织成一个连贯的教学体系。这不仅使每项任务相互衔接，而且其共同目标是提高学生在各个方面的语言技能。起初教师可能会布置一个基础的任务，如进行简单的自我介绍，然后逐渐过渡到更具挑战性的任务，如组织团队项目展示或参与辩论。这种由浅入深的任务布置方式可以帮助学生逐步培养和加强他们的语言技能，同时确保学习过程的条理性和连贯性。通过参与这一系列精心策划的任务，学生得以在真实的语境中练习语言，并在实践中增强自己的沟通技巧。这样系统化的任务规划可以帮助学生在实践中持续提升，有效提高了语言学习水平和应用能力。

（二）教学原则

教师在开展英语教学活动的过程中采用任务型教学法，就要遵循以下教学原则（图2-11）。

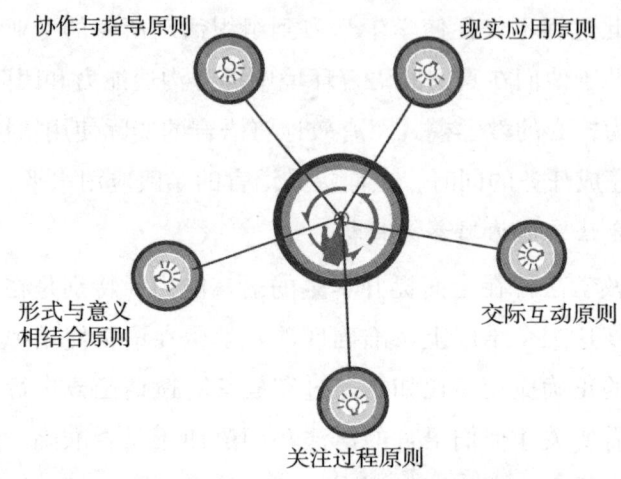

图 2-11　任务型教学法的教学原则

1. 现实应用原则

任务型教学法的一个核心教学原则是现实应用原则，即将教学内容与学生的现实生活紧密结合，以提高学习的实用性和相关性。例如，教师可以设计一个"规划周末旅行"的任务，让学生围绕预算、目的地选择、活动安排等方面展开讨论和规划。这样的任务不仅能够让学生在实际的生活情境中应用语言，还能够增强他们的实际生活规划能力。此外，现实应用原则还意味着教材的选择应与学生的生活背景和兴趣相关。举例来说，如果教学对象是都市青少年，那么与城市生活、现代科技或流行文化相关的教学内容会更加贴近他们的生活实际，从而提高学生的学习兴趣和参与度。例如，通过设计一个"制订健康饮食计划"的任务，教师可以引导学生基于不同的健康需求来创建饮食计划，并鼓励他们就此进行讨论和评价。这不仅增进了学生对健康饮食概念的理解，也提供了一个实践语言技能的真实场景。现实应用原则突出了将语言学习与日常生活场景紧密结合的重要性，通过这种模拟现实生活的教学任务，学生能够在执行具体任务的过程中，同时加强他们的语言应用和沟通技巧。这种教学策略重视语言的实践使用，而不只是停留在对语言知识的理论学习上。

2. 交际互动原则

任务型教学法的交际互动原则强调利用互动活动提高学生的语言应用技能。比如，通过组织一个"策划家庭旅游"的任务，教师可以让学生分小组讨论旅行地点、预算编排及活动计划等。在此过程中，学生需要用英语进行有效的交流，也要学习团队合作与协商技巧。这样的互动教学法促使学生在接近真实的环境中积极运用语言，从而增强语言的实际使用能力。此外，这一原则也将课堂变为一个自由表达思想与观点的空间。例如，通过安排一个关于环保的小组讨论，教师可以鼓励学生分享自己对环境保护的看法并进行辩论。这不仅激发了学生对现实世界问题的兴趣，也加强了他们使用英语进行论述和表达观点的技能。

在交际互动原则的框架下，引入课堂之外资源进入学习流程显得尤为重要。举例来说，鼓励学生投身于社区活动或参与志愿服务，并在这些场合中应用英语进行沟通，不仅有助于学生在实际的社交环境中练习语言技能，还能深化他们对语言在人际交往中的作用的理解。通过这种实践，学生不仅能够掌握语言知识，还能积累宝贵的社会经历。

3. 关注过程原则

任务型教学法重视的过程关注原则突出了教育的一个关键理念：教学的焦点应当既包括学习成果，也广泛覆盖学生学习的过程。此原则将语言的习得和交流技巧的提高看作一个连续不断的过程，其中学生需通过实践活动逐渐积累经验与知识。

（1）学习探索的重要性。任务型教学法的关注过程原则强调学生在学习过程中积极探索与独立发现的价值。以设计一个项目为例，学生被要求探究当地文化活动并以英语报告其所得。此过程要求学生不仅采集信息，还需独立进行分析与整合，之后用英语呈现结果。这样的任务鼓励学生由接受知识的被动状态转向主动探求的角色，促使他们学习自行搜寻资料、组织信息，并有效地运用英语进行交流。此种探索经历不仅增强了他们的语言技能，也促进了其研究与批判性思维能力的发展。

（2）自我发现与反思。关注过程原则在任务型教学法中还包含对学生自我发现和反思的重视。例如，设想一个任务，让学生创建一段关于健康生活方式的英文演讲视频。在这项活动中，学生被要求搜集与健康生活方式相关的信息，并用英文阐述他们的见解及建议。任务完成之后，学生互相评估对方的表现，并对自身进行反思，确认改进空间。这样的做法既能促使学生在执行任务期间进行深入学习，也能通过自我反思的过程促进他们在语言能力和表达技巧上的持续进步。通过这种实践，学生可以更清楚地了解自己的优势与弱点，并据此有针对性地提高自己的语言应用能力。

4. 形式与意义相结合原则

（1）语言形式与实际应用的融合。任务型教学法的形式与意义相结合原则，强调在教学活动中同时传授语言规则和促进其在真实场景下的应用。例如，在规划教学活动时，教师需同时关注语言的语法和词汇，并思考如何将这些元素融入实际的交流情境。采用情景剧的方式，可以构建一个模拟环境，如一个旅行社或者机场服务台，学生在此扮演各种角色，如游客、旅游顾问或航空公司职员等。在这一模拟环境中，学生被要求应用他们所学的语言技能来处理现实问题，如查询旅行信息或应对旅途中的紧急事件。这类互动性强的任务不仅能促进学生的语言实践，也能深化他们对语言和文化背景的理解。

语言形式与实际应用的融合进一步促进了学生批判性思维和创新能力的发展。面对模拟情境的挑战，学生需灵活地应用语言技能，同时借助个人的经验和知识寻找解决问题的策略。这类教学活动不仅为学生提供了一个轻松且愉悦的语言学习环境，还激发了他们解决现实问题的热情和技巧。通过这种方法，学生不只是学习语言本身，更重要的是学会了如何将语言应用于实际生活场景，使得学习既生动又具有实际意义。

（2）语言意义的深层理解。在任务型教学法中，深入掌握语言的意义及其在特定社会文化环境下的应用被特别强调。这意味着，如果学生仅仅关注语言形式而忽略其深层意义，他们可能难以准确理解和运用语言。例如，通过一个探究不同文化节日庆典习俗的项目，教师不仅可以引导学生学习与节日相关的词汇，还可以鼓励他们深入理解这些节日的文化和情感价值。这样的学习任务展示了语言不只作为交流的媒介，更是承载文化和情感的重要工具。通过参与这类活动，学生能够更全面地理解目标语言和其背后的文化，从而提升他们的跨文化交流技能。

5. 协作与指导原则

在任务型教学法框架下，协作与指导原则强调创建一个促进学习的支持性环境，其中教师与学生之间以及学生彼此之间的合作，成为学习进程的核心驱动力。

（1）教师成为协作伙伴和指导者。在任务型教学法中，教师转化为学生的合作者和引导者，这一转变超越了传统的知识传递者角色。这意味着教师通过提供指导和支持将更深入地融入学生的学习过程中，而非仅仅传授知识。例如，面对一项讨论活动，教师不仅能够提出激发学生思维的问题，还可以积极参与小组讨论，给予反馈和建议。在这种互动中，教师作为一名合作伙伴，通过促进思考、分享资源和提供建议，协助学生在完成任务过程中取得更优的学习成果。

（2）学生间的协作学习。任务型教学法推崇学生之间的互助合作。通过小组协作完成既定任务的过程，不仅可以促成知识的互相交流，还可以极大提升学生的交流和团队协作技能。在此过程中，学生能够互相探讨，交换意见和学习心得，共同面对并解决挑战。例如，通过组织一项要求学生团队合作策划的文化交流项目，学生在分工协作的同时，还需共同考虑活动的内容、形式及执行计划。这种合作学习不仅可以令学生掌握必要的语言技能，也可以教会他们如何在团队环境中进行有效的沟通与合作。

（3）个人探索与群体学习的结合。任务型教学法可以融合个人的自主探索与小组合作学习。学生在进行团队协作的同时，可以依据自己的优势和兴趣进行个性化的深入研究，并将所获的知识和见解回馈至团队之中。例如，教师可以布置一个以特定主题为中心的项目，要求学生单独进行探索研究，随后在小组讨论中分享其研究成果和观点。此方法不仅可以提高学生的主动性和创新能力，还可以通过集体讨论增强知识的互动交流和整合。

（三）教学应用

1. 任务前阶段

任务型教学法在应用过程中的任务前阶段对于整个教学活动的成功至关重要，主要包括任务的准备和任务难度的设定两个部分。

（1）任务的准备。这一部分的重点在于为学生提供必要的知识和技能，以便他们能成功完成即将到来的任务。首先，教师需清晰地向学生介绍任务的目标和预期结果，确保学生对任务有全面的理解。这通常涉及与任务相关的信息内容的解释以及所需的语言知识（如词汇、语法和语用规则）的提供。教师要确保所提供的材料接近真实的语言使用环境，以增加学习的真实性和相关性。例如，使用实际的新闻报道或真实对话作为教学内容，而非过于简化或人造的教学材料。此外，教师需在这时考虑语言输入的真实性，确保学生接触的是真实、生动的语言材料。

（2）任务难度的设定。在任务型教学法中，恰当地设定任务难度至关重要，因为这直接影响学生的学习热情和参与程度。教师在设定任务难度时需考虑多个因素，如学习材料的复杂性、活动类型的特征、学生的语言程度以及学习风格。选择教学内容时，教师应依据学生的语言技能和知识背景，挑选合适的词汇和语法结构。与选择题和填空题相比，辩论和项目研究等活动形式可能提出更高的要求。学生的个人属性，如语言水平、学习动机和兴趣，同样会影响他们对任务难度的感受。设计任务时，教师需要平衡上述各方面，以确保任务既有挑战性也适应学生的能力水平。

2. 任务中阶段

任务中阶段是整个教学过程的关键部分。在这一阶段，学生会将准备阶段掌握的知识与技能进行实践。

（1）任务的实际执行。教师在此阶段应保证学生能够有效地完成任务，这往往会涉及个人项目以及小组之间的合作。教师可以给学生布置一个设计调查报告的任务，该报告应围绕一个社会问题展开，如环保意识、健康饮食习惯等。在设计的过程中，学生要收集数据，再根据所整理的数据编写报告。在此过程中，学生不仅可以锻炼应用语言的技能，还能锻炼实际研究的能力。

（2）学生间的互动和协作。在任务中阶段，教师应积极促成学生之间的团队合作，以增进彼此之间的学习体验。教师可组织一个团队辩论活动，将学生分成两组，每组各持一个观点进行辩论。在活动准备阶段，学生需要就他们所持的论点进行相关资料的查找和研究，并在辩论中有效地表达自己的观点，从而锻炼学生的语言表达能力和思考能力。

（3）教师的角色和支持。在任务型学习环境中，教师的角色变得更加关键。作为监督者和顾问，教师要确保学生的学习进展顺利。教师的主要职责包括跟踪学生的进度，并在必要时提供指导和支持。例如，面对学生准备演讲时遇到的问题，教师应提供及时的指导，帮助他们改进演讲稿的结构和表达。同时，鼓励学生进行自我评估也是教师的重要职责，这不仅可以加深学生对所学内容的理解，还可以培养他们未来学习知识时的灵活应用能力。

3. 任务后阶段

在任务型教学法框架内，任务后阶段标志着教学过程的结束，它的重要性不言而喻，主要涉及学生任务成果汇报与评估这两个关键步骤。

（1）学生任务成果汇报。在这一步骤，学生有机会向班级展示他们在完成任务中获得的学习成就和经验。以设计旅游广告为例，各小组将向同学展示他们的创意广告成果。这不仅是学生展现创造力和语言应用能力的场合，也是一个互评和学习不同观点的平台。教师在这个过程中扮演观察者和辅导者的角色，关注学生的信息呈现方式和语言技能的应用，必要时给予指导和支持。学生之间的交流亦极为关键，通过提问与讨论，他们不仅能够加深对项目的理解，还能从同伴的作品中获得新的灵感和学习策略。

（2）任务评估。任务评估环节是任务后阶段的另一核心部分，这一环节以反思和深化学习为主旨。在这一环节，教师与学生共同回顾各小组的工作成果，分析其亮点和待改进之处。以设计旅游广告的任务为例，教师会指出哪些作品成功地展现了目的地的吸引力，以及哪些在视觉效果或文案创作上尚存不足。同时，教师还会要求学生自我反省，识别个人学习的短板，并鼓励他们探索提升的途径。通过这一过程的反思和评估，学生将能够对自己的学习经历有更深刻的理解，明确自己的优势和提升空间，为未来的学习奠定坚实基础。

第六节 二语习得研究对英语教学的启示

一、英语学习必须有足够的可理解性输入

二语习得研究为英语教学提供了许多宝贵的启示，其中对学习者可理解性输入的重视最为关键。这一概念源于克拉申的理论，该理论强调的是英语学习的内容应该比学习者当前的认知水平高一些，也就是"i+1"模型。该模型强调在英语教学中，所设计的教材和教学内容要和学生的能力以及认知水平进行精准匹配，不要过于简单也不能过于复杂，如果过于简单可能难以促进学习者的进步，过于复杂有可能使学习者难以理解和吸收。因此，教师在制订教学计划以及选择教学材料的时候，要对学生的语言水平和发展阶段有充分了解，这样才能做出合理的计划，如在设计初级英语课程时，教师可以选用简单的日常对话和基本的语法结构作为教学内容，而对于中级或高级课程，就可以引入更加复杂的语言结构和抽象概念。这样的差异化教学有助于学生在适合自己的水平上进

行学习，并取得进步。

克拉申的语言学习理论强调教学内容安排应顺应语言技能的自然发展序列。教师应首先教授学生基础的听说技能，随后逐步引入阅读和写作技能的培养，确保学生的语言能力得到全面发展。此理论同时重视教学资源的质量，建议采用多样化的教学材料，如模拟真实语境的活动、互动式学习等，以促进学生在具有真实性和挑战性的环境中提升语言技能。

二、语言能力的发展必须以语言使用为前提

二语习得领域的研究突出了语言输出在语言能力发展中的核心作用。语言输出过程涉及学习者积极地运用目标语言进行交流，是语言学习不可或缺的一个环节，而非仅是学习成果的体现。因此，在英语教学中，仅依赖语言输入是不足够的，教师还需创设条件，促使学生主动参与语言输出的活动。例如，通过举办辩论比赛、角色扮演、话题讨论等活动，学生可以在这类活动中实践语言运用，从而提高口语能力和语言自信。日常课堂上安排模拟旅行计划的任务也是一个较好的实践活动，学生通过用英语讨论旅行计划、预算等，以此加深对英语的实际应用和掌握。

由斯温（M. Swain）提出的"可理解性输出"理论也为英语教学提供了重要的指导。该理论强调，语言学习除要接受语言输入以外，还要求学生能够产出可被他人理解的语言。因此，在英语教学中，教师应该设计任务或活动，促使学生进行有目的的语言输出，从而提高他们的语言表达能力。

三、英语教学必须基于交际培养目标

二语学习的研究强调，英语教学应关注交际能力的培养，注重意义的传递。这样的教学观点认为，学习语言不仅仅是学习词汇和语法，更重要的是通过实际使用语言，把语言的形态、意义和用途结合起来，以此全面提升语言技能。这种以交际为主的教学方法，要求教师在制订课

程和活动计划时，更加注重如何提高学生的实际语言运用能力和交际技巧。在英语教学过程中，教师应该激励学生参与各种实际交流情景，如组织小组讨论、模拟角色扮演、情境模拟等。这类活动不仅为学生提供了使用语言的场合，还帮助他们在交流中进行意义的理解和共建，通过实际交流来深化对语言的认知。

在英语教学中，通过参与互动交流活动，学生能够识别自己的语言能力与目标语言之间的差距，并设定明确的学习目标。这不仅有助于提升他们的语言技巧，也提高了思维和认知水平。例如，安排主题性的讨论会促使学生用英语阐述个人观点，同时理解并回应他人的意见，这样的互动加深了对语言多样性与复杂性的认识。此外，对语言形式的关注同样关键，即在传递意义的同时，学生需注意语言结构和词汇的使用。在活动中，教师应指导学生注意语法和词汇的选择问题，确保语言的正确运用。比如，讨论活动结束后，教师指正学生的语法或发音问题，可以帮助他们在实际的语言交流中提高语言的准确性。

四、语言能力的发展需要大量的负面证据

在二语习得领域，对负面证据和反馈的重视在英语学习中占有关键地位。这种观点认为，在学习语言的过程中，学习者通过纠正错误来构建和调整其语言知识结构。换言之，有效的反馈不仅能够让学生认识到自己的错误，还能引导他们注意自己的语言使用与目标语言标准之间的差别，从而有助于语言知识的深化和内化。

在英语教学实践中，教师可以运用多样的策略来实施反馈。例如，在进行口语活动时，通过使用重构、要求重述等技巧，教师能够纠正学生的发音或语法错误，指导他们正确表达。这种即时的反馈机制不仅能够实时纠错，还提供了准确的语言范例，帮助学生理解并掌握目标语言的正确使用方式。

虽然在书面语方面不同学者对书面反馈作用有着不同的理解，但大多数学者都坚信适当的书面反馈是有效的。在进行书面语反馈时，教师

可采用"间接标示错误+适当解释"的形式,从而帮助学生及时发现错误,并为其提供改正错误的方法。比如,教师在批改作文时可以标注出错误的地方,并标注改正的建议或解释,这样学生就可以知道自己错在哪里并积极改正。

第三章　中介语理论与英语教学策略

第一节　中介语理论的产生与发展

一、产生基础

中介语理论的产生和发展是二语习得研究的重要里程碑。20世纪中期，应用语言学和第二语言教学界主要由对比分析法主导。这种方法以结构主义语言学和行为主义心理学为基础，以学习者母语和目标语言之间结构的对比作为重点，从而预测学习者在第二语言习得过程中可能遇到的困难。对比分析法以识别母语和目标语言之间的差异作为出发点，从而预防和减少学习者在语言学习中的错误。但是这样的方法也存在着一定的局限性，即它过度强调母语的负面影响，却没有充分认识到母语在第二语言习得中的正面作用。而且对比分析法忽略了学习者个体之间的差异和目标语言本身的复杂性，无法做到对所有类型的学习错误的准确预测。

进入20世纪70年代，错误分析理论开始取代对比分析法。错误分析理论基于认知心理学，关注学习者在第二语言学习过程中所犯的具体错误。与对比分析法不同，错误分析理论认为第二语言学习困难不仅仅由母语的影响所造成，而更多的是由于目标语言内部的结构和系统的复杂性。这一理论的核心在于分析学习者的错误，以揭示其在目标语言习得过程中的具体问题，从而为教师提供更具针对性的教学策略。错误分析理论强调学习者在语言习得过程中的个体差异，认为每个学习者都有其独特的语言学习路径。这种方法的优势在于，它允许教师根据学习者的具体需求和能力制订教学计划，而非依赖标准化的教学方法。

二、正式出现

1972年，应用语言学家塞林格（L. Selinker）在《国际应用语言学评论》（*International Review of Applied Linguistics in Language Teaching*）上发表了题为《中介语》（"Interlanguage"）的论文，这篇论文详细阐述了中介语理论，标志着该理论的正式创立。

中介语理论的提出，则是在对比分析法和错误分析理论的基础上，结合20世纪70年代后期的语言习得研究进展而形成的。中介语理论认为，第二语言学习者在其母语和目标语言之间形成了一种独特的语言系统——中介语。这一理论的创新之处在于，它承认母语对第二语言习得的影响是双重的，即既有积极的一面，也有消极的一面。中介语理论强调学习者在两种语言间的动态过渡过程，认为学习者在习得目标语言的过程中会形成一种非静态的、处于不断发展变化中的独特语言体系。

三、进一步发展

20世纪80年代，在社会语言学和心理语言学的影响下，中介语理论得到了进一步的发展。其主要体现是对学习者在第二语言使用中的变异性和文化适应性的深入探讨。

基于中介语理论，埃利斯（R. Ellis）和泰荣（E. Tarone）提出了中介语可变模式，该模式理论强调学习者在使用第二语言时的表现会因不同的社会情境、交际对象、语言任务等因素的影响而发生变化。他们认为，第二语言学习者的语言表现在不同环境和情境下具有多样性和可变性，而不是固定不变的。就好比一个学习者可能在课堂上说得很流利，但是到了社交场合中却显得紧张和拘谨。从这样的变异性中教师可以获得启示,就是在设计教学活动时教师应考虑不同学习环境对学生的影响,然后再采取相应的教学策略应对,以提高他们的语言适应能力。

舒曼(J.H. Schumann)提出的文化适应模式突出了学习者文化背景与第二语言习得间的密切联系,指出学习者的文化背景、价值观和态度在其语言学习过程中扮演着至关重要的角色。例如,一名来自东亚的学生可能因为文化差异而难以适应目标语言环境中的某些交流方式,这会对他们学习语言的速度和效果产生负面影响。在教学中,教师需考虑学生的文化属性,并设计富有文化敏感度的教学策略,如通过融入多元文化背景的材料,促使学生理解并接纳不同文化,为学习者营造一个舒适的学习氛围,帮助他们更好地适应并融入目标语言文化,从而提高语言学习效率。

第二节　中介语理论系统相关研究

一、中介语理论研究概述

(一)中介语的概念

中介语理论提供了对第二语言学习过程的深入理解。根据该理论,当学习者在学习一种新的语言(目的语,L2)时,他们并不是简单地从自己的母语(L1)直接过渡到目的语,而是经历了一个复杂的学习过程。在这个过程中,他们不可避免地会受到母语的影响,同时在尝试掌握和理解目的语的规则。这种双重影响导致了中介语(ML)的形成。

中介语代表着一种特殊而暂时的语言系统,既不同于学习者的第一语言,也未完全达到目标语言的标准。它显现了学习者在某一学习阶段对第二语言的理解和掌握。这个语言系统是动态的,随着学习者对目标语言认识的不断深化,中介语亦会相应地演变。

（二）中介语的特点

据相关研究表明，中介语的特点体现在以下几个方面（图 3-1）。

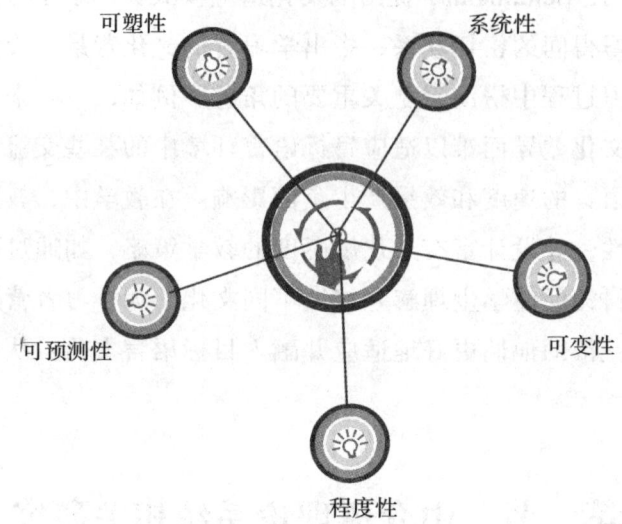

图 3-1　中介语的特点

1. 系统性

中介语被视为一个独立的语言系统，它介于母语（L1）和目的语（L2）之间。这个系统的重要特征在于，学习者在语言学习过程中产生的错误通常并不是随机或孤立的，而是系统性的。这意味着这些错误反映了学习者对目的语语言结构的特定理解或误解。例如，学习者可能会一致地应用错误的语法规则，而不是偶尔犯错。

系统性还表现在学习者对目的语逐渐靠近的过程中。随着学习的深入，学习者会随着学习的深入而一步一步舍弃错误的语言结构，从而转变成更符合目的语的表达方式。这种系统性的进化是学习过程的一个关键特征。当然，中介语系统性还有另一个关键特征，那就是当同一母语背景的学习者共同学习同一目的语时，他们的中介语通常也会展现出相似的特征。这些相似的特征可能是特定的错误类型、语法结构的偏好等，这些特征的出现恰恰反映了母语对第二语言学习的影响。

2. 可变性

中介语特有的可变性是其核心属性之一，表明它并非固定不变的体系，而是随着学习者对目标语言认识的加深而持续演进。这种演变体现在语言技能的成长上，即学习者将逐步习得目标语言中更为复杂的结构与用法。然而，这种进步并非总是线性向好，有时中介语的发展可能会经历退步或停滞。退步是指学习者的语言技能暂时回退，这可能因缺乏足够的练习、不利的学习环境或其他外部因素引起。停滞即僵化现象。停滞发生时学习者在其语言发展的某一阶段难以进一步接近目标语言的完整掌握，这通常是由于学习者已形成的特定语言习惯牢固，难以打破旧有模式而实现语言能力的提升。

中介语的可变性是理解第二语言学习过程中极为关键的一个概念，显示出语言学习既不是直线也不是单向的，而是一个充满挑战和不确定性的过程。学习者在这个过程中会经历不同的阶段，有时进步，有时受挫，但总体上，他们正向更高的语言水平发展。

3. 程度性

中介语的程度性反映了学习者及其学习阶段的多样性，这种多样性是由学习者的语言背景、学习动机和语言接触频率等多个因素共同决定的。例如，一些学习者在语音上可能更靠近目标语言的标准，而其他学习者可能在语法或词汇使用上更精确。

对于同一学习者来说，不同学习阶段的中介语所显示的程度也是不同的。在学习早期，学习者往往对于语音或基础词汇的掌握程度较高，而随着学习的深入，后期他们在语法复杂性和准确性方面取得的进步则更加明显。此外，程度性也表现在语音、词汇、语法等不同语言层面上。学习者在这些不同的层面上会展现出不同程度的掌握，这反映了学习过程中各个方面的非均衡性。

4. 可预测性

中介语的一个显著特征是其可预测性，这指的是根据学习者的母语背景和学习策略等因素，能够预见到某些特定类型错误的出现。例如，来自母语迁移的现象，学习者可能将其母语的语音或语法规则应用至目标语言之中，进而产生某些典型的错误。

在目标语言的学习过程中，学习者常常将语言规则过度泛化，这也能产生一系列可预测的错误。例如，他们可能将通用规则错误地应用到特殊或不规则形式上，或在不恰当的场合使用特定的语言结构。学习者所使用的学习策略也可能对他们在中介语中所犯错误的类型产生影响。某些策略会引导出特定的错误类型，而另一些策略则有助于避免这类错误的发生。

5. 可塑性

中介语的可塑性指的是中介语会受教学方法和学习环境的显著影响。由此可见，适当的教学策略和有效的学习环境，可以引导学习者的中介语朝着更接近目的语的方向发展。中介语的可塑性强调教育干预在语言学习过程中的重要性，教学方法的选择对于学习者中介语的发展具有至关重要的作用。比如，采用沉浸式教学方法能够促使学习者在语言实际使用中快速进步，而采用传统的语法翻译方法则可能导致中介语的僵化。

学习环境包括语言接触的频率和质量，对中介语的发展同样有显著影响。例如，处于语言浸入环境中的学习者可能会更快地逼近目的语，而缺乏实际语言使用机会的学习者可能在某个中介语阶段停滞不前。

（三）中介语理论主要观点

中介语理论是第二语言习得领域的一个重要理论，它的核心在于理解和描述学习者在学习第二语言过程中形成的临时性、过渡性的语言系统。这个理论是在对比分析理论和错误分析理论的基础上发展起来的，但它在多个方面对这两个理论进行了扩展和深化。

对比分析理论（contrastive analysis）主要集中于比较母语（L1）和目的语（L2）之间的差异，以预测学习者可能遇到的困难。而错误分析理论（error analysis）则侧重于分析学习者在语言学习过程中的错误，以了解学习过程中的实际问题。中介语理论则更进一步，它不仅关注学习者的错误，还强调这些错误是学习者在构建其独特的语言系统时的一个自然和必要部分。

中介语理论突出了如下几个关键概念。

1. 学习者构建的语言系统

学习者在第二语言学习过程中形成的个性化语言系统是中介语理论的核心。这一系统介于学习者的母语和目标语言之间，不完全遵循目标语言规范，也不全然沿用母语规则。它反映了学习者对第二语言规则的个性化理解和应用，体现了他们探索和适应新语言结构的过程。重要的是，这一中介语系统是动态变化的，随着对目标语言更深入的理解和掌握，其表达将不断进化。在持续的学习过程中，学习者会经历多个不同的中介语阶段，每一阶段都反映了那一时期的语言掌握水平。

2. 错误的角色

在中介语理论中，错误不是作为需要纠正的负面问题而出现，而是被视作学习过程中的必然会存在的部分。这些错误的出现意味着学习者试图使用和掌握新语言，也反映了他们当前对第二语言知识的掌握程度。

在中介语理论中，错误分析占据着重要地位。通过对学习者出现的错误进行分析，教师和语言学家能够更好地理解学习者的中介语状态，包括他们在语言习得过程中所面临的挑战和困难。这些错误提供了关于学习者如何处理第二语言的信息，可以揭示他们对特定语言规则的误解或过度概括。此外，这种对错误的理解强调了教育者应在语言教学中采取更加灵活和理解性的态度。教师可以利用这些错误作为诊断工具，有针对性地制定教学策略，帮助学习者更有效地掌握目的语。

3. 语言习得的非线性

中介语理论突出了语言习得是一个非线性且复杂的过程，意味着学习者的语言进展不遵循单一直线式的路径。在学习过程中，学习者可能会体验到快速的进步、停滞乃至退步的多种阶段。尤其是在对目标语言获得初步掌握之后，学习者有时能够迅速进步，但也可能随之遭遇所谓的平台期，期间语言技能的增长缓慢或暂停。在某些情况下，如果缺乏充分的语言实践机会或置身于不利的学习环境中，学习者的语言能力甚至可能出现退步。

这种非线性的特征强调了语言习得的复杂性和个体差异性。它要求教育者和学习者理解和接受语言学习不是一个一致的、预设的过程，而是一个充满挑战和变数的过程。理解这一点有助于设置更为现实的学习目标和期望，也有助于采取更为灵活和适应性的教学方法。

二、中介语理论系统代表性研究观点

中介语理论系统的代表性研究观点主要来自科德（S.P. Corder）、内姆瑟（W. Nemser）、塞林格三位学者。

（一）科德的观点

科德关于中介语理论的观点展现了他对第二语言学习过程的深入洞察。其理论关键在于对"失误"和"偏误"这两个概念的区分。科德的观点强调，失误是非系统性的，会受学习者的疲劳、遗忘及其他偶然因素的影响，这类错误在语言习得的研究中并不具有重要意义。然而，偏误是具有系统性的，偏误反映了学习者对目的语的认识和学习过程中的过渡情况，也是学习者试图构建和理解第二语言规则的体现。

科德进一步提出了"输入"（input）和"内化"（intake）的概念。输入指的是学习者接触到的语言材料，这些材料通常由教师控制，形成所谓的"外在大纲"。内化则指学习者对这些语言材料的理解和吸收过程，这一过程受学习者自身的"内在大纲"控制。内在大纲体现了学习者的语言系统是一个自主的系统，它根据个人的认知结构和学习经历决定语言材料的处理方式。

科德还强调了学习者在语言习得过程中的"检验假设"和"过渡系统建构"。当学习者接触到外部的语言输入时，他们的内部习得机制作为一个系统生成器，通过加工输入信息建立所谓的"过渡规则系统"。这个过渡系统不是静态的,而是动态发展的。当学习者接触到新的规则信息,如果这些信息与当前的过渡系统不一致,那么这些新信息会反馈给系统生成器,导致学习者的内在习得机制调整过渡系统的规则,从而实现语言能力的更新和发展。

(二)内姆瑟的观点

内姆瑟在中介语理论中提出了"近似系统"(approximative system)的概念,这一概念为理解第二语言学习过程提供了新的视角。在内姆瑟的理解中,学习者在学习目的语的过程中形成的语言系统是一个不断变化和发展的连续体,这个系统在不断地逐渐接近目的语。

1. 近似系统的特点

内姆瑟认为学习者的语言系统并不是一开始就能完全接触到整个目的语系统的,而是在后面的不断学习中慢慢接受和消化目的语,该过程可用一系列的近似系统($La_1, La_2, La_3, ..., La_n$)来表示,其中每个"La"都代表了学习者在特定阶段的语言系统。这些近似系统与学习者的母语系统和目的语系统都不相同,它们有着自己独特的内在结构和固定模式。

2. 近似系统的发展连续体

学习者在不同阶段的近似系统构成了一个不断变化的连续体。也就是说,学习者的近似系统会随着学习的进展而不断发生改变,直至越来越接近目的语。每个近似系统都是学习者对目的语的当前理解和掌握的反映,这些系统也会随着学习的深入而变得更加复杂和成熟。

3. 近似系统的规律性和普遍性

内姆瑟还指出,相同阶段的学习者,他们的近似系统也是大体一致的,这显示了学习者的近似系统有着一定的规律性和普遍性。在第二语言的学习过程中,不同的学习者在相似的学习阶段所面临的挑战和任务也是类似的,这些语言输出在某种程度上呈现了一定的共性。

(三)塞林格的观点

塞林格的中介语理论在第二语言习得领域具有重要的地位。他的理论深入探讨了构成学习者在学习第二语言时心理结构的各种心理过程，强调了这些过程在形成学习者特有的语言系统中的作用。塞林格还提出了五个主要的心理过程，这些过程共同影响着学习者在构建其第二语言能力时的表现。

1. 语言迁移

语言迁移是指母语对第二语言习得所产生的影响。学习者在学习新语言的过程中难免会将母语的语言结构、语音和语法规则带入其中。这种语言学习的迁移可能是正面的，也可能是负面的，前者体现在母语与目的语有类似之处时帮助学习；后者体现在母语与目的语存在差异时导致学习者在第二语言中产生错误。

2. 训练引起的迁移

在中介语理论框架下，塞林格提出"训练引起的迁移"这一概念，重点探讨了教学方法和教材如何影响学习者在新语言学习过程中的表现。这涉及教师在教学过程中采用多种策略，重点强调某些语言特性的学习，目的是使学生掌握目标语言的核心要素。但这种做法有时候会引导学生在实际使用语言时过于依赖特定的规则或结构，从而使得他们的语言表达缺乏自然性或过分统一，忽视了语言的多样性和灵活性。此外，教学材料的挑选和呈现方式也极为重要，若教材内容过于简单或未能充分展现目标语言的多样性，可能会限制学生的语言理解和表达水平。

3. 目标语言材料的泛化

在第二语言学习过程中，学习者对目标语言材料的泛化作用是双刃剑。这种泛化有时能够促进学习，尤其是当学习者在努力识别语言中的普遍规则时。但同样，泛化也可能带来误解和错误。缺乏对目标语言深入理解的学习者可能会错误地将某一规则广泛应用到不合适的场合。例如，他们可能会忽视语言的特例或例外，错误地将一种语法规则应用于所有相似结构,从而在语言使用上产生系统性的误差。

4. 学习策略

在第二语言学习中,塞林格提出的学习策略起着关键作用。这些策略包括重复、复述和总结等,它们帮助学习者加深对目标语言的记忆和理解。这类方法有助于学习者更深入地理解语言内容。然而,对某些学习策略的过度依赖可能会产生不良影响,如频繁的重复可能导致学习者忽视语言的其他关键特性,或过分依赖某些语言形式。重要的是,不是所有的学习策略都适用于所有阶段,有些策略只在学习的特定阶段有效。因此,学习者需要根据自身的学习阶段和目标灵活选择适合的学习策略。

5. 交际策略

塞林格强调,在中介语理论中,交际策略对于第二语言学习者至关重要,尤其是在他们尝试传递思想时遇到困难的情况下。这些策略作为一种补救措施,支持那些语言技能还在发展中的学习者继续有效交流。交际策略旨在帮助学习者克服语言表达的局限性。当面临复杂的表达需求或遭遇语言障碍时,学习者可能会发现用第二语言准确表达自己的想法很难。此时,交际策略就成了保持沟通流畅不可缺少的工具。

这些策略包括使用非语言手段,如手势、面部表情或其他身体语言辅助语言表达,或者使用语言上的近义词、同义词替代那些难以记忆或发音的单词。这样做不仅有助于跨越语言障碍,还可以促进学习者在实际交流中更好地应用所学的第二语言。

塞林格在中介语理论中还提出了"石化"的概念,这一概念对理解第二语言学习中的一个重要现象提供了深刻的见解。石化是指在第二语言学习过程中,大多数学习者无法达到与母语使用者相同的语言水平,他们的语言能力发展到某一阶段就出现停滞,即使通过持续的学习和训练,也难以实现进一步的提升。这种现象从生物学角度可以通过勒纳伯格(E.H. Lenneberg)提出的"关键期"假设来解释。关键期假设认为,由于大脑功能的侧化,大脑的可塑性随着年龄的增长而减弱,这使得成年期之后的语言学习变得更加困难。儿童时期,大脑对于语言的吸收和习得更为敏感，但随着年龄的增长，这种敏感性和可塑性逐渐降低。

塞林格从心理学和神经学的角度对石化现象进行了深入的探讨。他认为，第二语言学习者在获得语言能力的过程中依据的心理学基础与母语习得完全不同。关键期之后，人们原有的语言习得机制已经退化，而第二语言学习者所依赖的是一种完全不同的机制。这种不同的习得机制导致了第二语言学习者在语言能力获得上的石化现象。

第三节 基于中介语理论的英语教学策略

一、中介语理论对英语教学的影响

中介语理论对英语教学的影响是深远和多方面的，它不仅改变了教师和学习者对于语言学习中错误的看法，还为英语教学方法和策略提供了新的视角。

（一）改变对错误的态度

在中介语理论出现之前，学习者在第二语言习得过程中所犯的错误常被视为负面的、需要被消除的现象。中介语理论的提出，将这些所谓的"错误"视为学习过程的自然和必要部分，这一观点对英语教学产生了重大影响。教师开始意识到，这些错误实际上是学习者对第二语言规则的探索和尝试，是他们语言能力发展的重要标志。通过分析这些错误，教师可以更好地理解学习者的中介语水平和语言学习过程。这不仅帮助教师更有效地指导学习者，也使学习者能够更加宽容地看待自己的错误，从而在学习过程中保持积极和自信的态度。

（二）指导教学方法和内容

中介语理论对于英语教学的方法和内容设计产生了显著影响，特别是在强调错误的可预测性和系统性方面。该理论认为，学习者在语言学习过程中犯下的错误并非无规律的偶然事件，而是遵循一定的模式，这为教师在设计教学内容时提供了重要的指导。通过理解中介语的规律，教师能够预见学习者可能面临的困难，从而在教学计划中提前准备，采用适宜的教学策略辅助学习者纠正潜在的错误。此外，教师可以依据学习者当前的中介语阶段来调整教学内容与方法，确保这些教学安排更贴近学习者的具体需求。

（三）促进个性化和差异化教学

中介语理论突出了在第二语言学习过程中学习者个体差异的重要性。每位学习者构建的中介语系统都是唯一的，这体现了他们对于第二语言规则的不同理解与吸收。这种观点鼓励教师在教学活动中特别关注并适应个体差异。针对英语教学，教师应依据每位学习者的特定需求制定更加个性化的教学方案，以提升学习者的学习热情及动力，进而帮助他们更有效地学习和掌握英语。

二、中介语理论指导下的英语教学策略

（一）错误分析和利用

通过错误分析，教师可以更深入地理解学生在学习过程中所犯的错误实际上是他们尝试掌握第二语言的自然过程的一部分。这种方法要求教师仔细观察学生在语法、词汇选择、发音等方面的错误，揭示学习过程中的具体挑战。这样，教师就能更有效地帮助学生克服这些问题。

在错误分析中，教师不仅要分析错误，还需鼓励学生积极面对自己的失误，培养正面的学习态度，避免害怕犯错的心理阻碍学习进步。通过指导学生进行练习和纠正，教师能帮助他们深入理解语言规则，进而提升语言技能。

（二）开展个性化教学

中介语理论强调每个学习者的中介语都是独特的，所以在英语教学中应实施个性化教学。实施个性化教学的目的是为每个学习者提供适合他们的学习路径，从而使每个个体的学习效果最大化。那么如何才能实现个性化教学呢？这就要求教师在设计课程和教学活动时考虑每个学习者的具体水平、学习风格和实际需求。比如，为不同能力水平的学生提供不同难度的学习材料，根据学习者的兴趣和优势调整教学内容等。

实施个性化教学，包括调整学习环境和教学策略，有助于构建一个更为包容和有效的学习空间，确保每位学习者都能找到适合自己的学习路径并取得进步。因此，基于学生的反馈和学习进度，教师应灵活调整教学的进度和方法。比如，对那些受视觉辅助帮助较大的学生，使用图表和视觉资料可以提升教学效果；而对那些通过互动学习更好的学生，小组讨论和合作项目则更为适合。

（三）实施预测性教学

根据中介语理论，第二语言学习中的错误往往可以预测。因此，教师可以在课前预测学习者可能的错误，据此制订教学计划和安排教学活动，实行预测性教学。比如，了解到学生可能在特定语法结构上遇到障碍，教师便可在教学中重点讲解，并提供更多练习和详解，帮助学生克服困难。这种策略通过预先的规划，可以预防或降低学生学习过程中的挑战。

通过预测性教学，教师不仅可以提前准备应对预期的错误，而且可以根据学生的实时表现和进步灵活调整教学内容。这让教师能有效地帮助学生通过合适的路径进行学习，使得学习过程既高效又顺利。例如，如果学生在某个学科领域进步明显，教师便可以及时调高难度，确保学习过程持续具有挑战性和吸引力。

（四）开展沟通策略训练

中介语理论指出，学习者在语言表达上的不足可以通过有效的交际策略补偿，因为他们在语言能力方面还未完全成熟，需要找到其他方式有效地传达意思，这种策略的训练对于第二语言学习者尤为重要。教师可以通过教授如重述、同义词替换、使用手势等策略帮助学习者在交流中更好地表达自己，这不仅有助于他们在实际交流中更流畅，也能增强他们在使用第二语言时的自信心。

训练学习者在交流中有效的听和回应，是提高沟通技巧的关键。这包括理解语言内容、识别和响应非语言提示。通过这种方式的训练，学习者能更准确地把握对方的意图，更有效地加入交流，进而更自信和流畅地运用第二语言。

（五）鼓励自我反思和自主学习

中介语理论突出了学习者在语言掌握中的积极参与和创新能力。在这个理念下，教师应当指导学生自我审视，明确自己的优势和劣势。自我反思对于培养独立学习技能至关重要，它允许学习者自评学习进程，从而帮助他们准确识别在语言学习过程中的位置，并据此优化学习方法和计划。同时，教师需激励学生探索自学的途径，辅导他们根据个人需求制订学习计划，以及利用网络资源、图书馆资料或实践交流提升语言技能。自主学习鼓励学习者在学习过程中保持主动和积极，可以促进他们深入理解和精通第二语言。

第四章 语言输入、输出假说与英语教学策略

第一节 语言输入假说的内涵解析

一、语言输入假说的概念

语言输入假说是第二语言习得理论中的一个核心概念,主要由克拉申提出。这一假说建立在第一语言习得的研究基础之上,强调了可理解性输入在语言学习过程中的重要性。克拉申认为,为了有效地习得第二语言,学习者需要接收大量的、略高于他们当前语言水平的可理解性语言输入。

(一)可理解性输入的重要性

克拉申的输入假说认为,第二语言学习的关键是接收足够多的可理解性语言输入,这种输入应该略高于学习者当前的语言水平,即"i+1"。在这里,"i"代表学习者目前的语言能力,"+1"代表略高于学习者当前水平的语言输入。这种略高于当前水平的输入可以激发学习者的语言学习潜能,帮助他们逐步提升语言水平。此外,可理解性输入不应该是语法结构的堆砌,其自身还应该是有意义的,这就要求语言输入与学习者的经验、兴趣和需求相关联,这样才能激发学习者的兴趣和动机,从而促进语言习得,更容易地被学习者吸收和理解。

（二）自然语言环境的重要性

克拉申的输入假说突出了自然语言环境对语言学习的价值。在这样的环境里，学习者被丰富且多元的语言输入所包围，包括语法结构、语用信息、文化背景及情感含义等。这促使学习者不仅更深刻地理解语言的真实用途，而且能够将所学应用于实际的交流中。自然语言环境所提供的动态和多样化输入，如书面文本、口头交流、视听资料等，满足了不同学习者的需求，助力他们多角度、多层面地学习和掌握语言。

二、语言输入假说的局限性

语言输入假说产生了非常深远的影响，该假说也为英语教学指出了一些方向。比如，语言输入假说注重培养学生的认知能力，英语教学需要遵循"i+1"的原则，循序渐进地开展教学工作等。不过，另一方面，语言输入假说也存在一些争议以及一些局限性，主要体现在以下几个方面。

（一）与实际教学环境的不符

克拉申的输入假说是基于丰富的目的语环境中的语言习得提出的，这在以英语为母语的国家中可能很容易实现，因为学习者可以通过日常生活中的各种交际活动自然而然地获得大量的目的语输入。然而，在中国等非英语母语国家，这样的语言环境并不常见。尤其是在高校英语课堂中，学生接触到的英语使用场景相对有限，缺乏广泛的自然语言输入机会。因此，学生在英语听说读写各方面的实际运用能力就会受到限制，缺乏将语言知识应用于实际情境中的机会，只能更多地依赖书本知识和教师的讲授。

缺乏充分的英语环境可能阻碍学生获得符合"i+1"原则的语言输入。在中国的英语学习环境里，教师需更频繁地利用教科书和课堂活动提供英语输入，这样会使得学生的语言输入显得过于固定或与日常语言使用不相吻合。

（二）理论的模糊性和操作难度

克拉申的"i+1"原则虽然在理论上具有吸引力，实际应用却面临挑战。这个原则并未清晰定义"+1"是何种级别的语言输入，即难以确定什么样的输入正好稍高于学习者当前水平。在实际教学中，准确评估每位学生的具体水平并提供合适的"+1"输入变得复杂。学生间的个体差异意味着他们对语言输入的需求和接受度不一，这要求教师既要考虑班级整体水平，也要关照各个学生的特定需求。虽然理论强调可理解性输入的重要性，但是实际中如何确切提供和衡量这类输入还是一大挑战。教师需要在语言输入的难易度和学生理解能力间找到平衡，避免过难或过易，这可能需要教师不断试错和调整。

（三）忽视学习者的主体性

克拉申的输入假说过分强调了外部语言输入的作用，而相对忽视了学习者自身的主体性。语言学习不仅仅是被动接收外部的语言输入，更重要的是学习者如何主动地处理、理解和吸收这些输入。学习者的主体性体现在他们对语言输入的主动筛选、加工和内化上。学习者在语言学习过程中的积极参与和内部动力是非常重要的，它们影响着学习者对语言输入的理解和吸收能力。

此外，学习者的背景知识、学习动机、情感态度和学习策略等都会影响语言学习的效果。这些因素在克拉申的输入假说中并没有得到充分的考虑。学习者的个性化需求和差异对于语言输入的吸收和内化至关重要，而这些因素需要在教学过程中得到更多的关注。

（四）忽略认知能力问题

从认知心理学的角度来看，学习者的认知能力是有限的，这也是克拉申的输入假说的一个局限性。按照注意力资源有限论，人类的注意力和认知处理能力是有限的，如果语言输入的量或难度超出了学习者的认知能力，那么学习效果将大打折扣。这就要求教师在实际教学中调整语言输入的量和质，以适应学生的认知能力。同时，学习者的内在加工机制对于语言输入的吸收和内化也起着决定性作用。学习者需要能够有效地处理接收到的语言信息，将其与已有知识结合，并加以内化。这个过程不仅涉及语言知识的记忆，还包括对语言知识的理解、分析和应用。因此，教师在设计教学活动时，不仅要考虑语言输入的适宜性，还要关注学习者的认知加工过程，帮助他们更有效地吸收和应用语言输入。

第二节 语言输出假说的内涵解析

一、语言输出假说的概念

在第二语言习得理论中，斯温的语言输出假说提出了对语言输出重要性的全新认识。这一理论认为，语言输出不仅是语言习得的结果，也是促进语言学习的重要途径。语言输出假说强调，通过产生语言输出，学习者不仅能够实践和巩固所学知识，还能够在实际使用中深化对语言结构的理解。

语言输出假说指出，语言输出在第二语言学习中扮演着关键角色。它使学习者能够把被动的语言知识转换成主动的语言应用。通过实际使用语言，如通过交流实践，学习者得以巩固和增强他们所学的知识。此外，通过口语和书写等输出方式，学习者在使用语言时能进行实践并接收到及时反馈，这不仅是语言掌握的自然结果，也是提高语言技能的关键途径。

二、语言输出的功能分析

语言教学已证实的一件事是，丰富的可理解性输入对于增强学生的英语听力和阅读技能极为有效。同时，充足的可理解性输出对于提高学生的英语口语和写作技能也同样关键。前者主要着眼于学生对语言信息

第四章　语言输入、输出假说与英语教学策略

的接收和理解能力，而后者则着眼于学生的语言表达和创造能力。在评估语言交际能力时，语言表达的流畅性和准确性也是不可或缺的要素。语言输出在第二语言学习中的功能作用主要通过以下几种途径实现。

（一）提升学习者的语言意识和能力

语言输出在提高语言感知能力和解决问题的技巧中发挥着关键作用。学习者在尝试用目标语言表达思想时，常常难以找到合适的词语或构建正确的句子，这促使他们仔细检查自己的语言使用情况，发现和认识到自身的语言知识不足。这一过程可以看作一次自我探索和自我修正的机会。面对表达挑战时，学习者需要寻找解决方案，包括依赖已有的知识、寻求帮助、查找信息或使用语言学习工具等。这不仅加深了他们对所学知识的理解和运用，也让他们学到了新的语言结构和用法。同时，语言输出还是一种测试语言技能的手段。通过交流反馈或自评，学习者能在实际使用中得到即时的反馈，这有助于他们更准确地评估自己的语言能力和找到需要改进的地方。

（二）帮助学习者确认语言知识，改进语言表达

1. 语言假设的形成与测试

当学习新语言的时候，人们会根据自己对这种语言的了解，尝试形成新的词语或句式来表达思想。这种尝试中产生的新表达被视为他们对语言的个人假设。比如，他们可能会用刚学到的语法或词汇尝试表达某个观点，并根据别人的反应判断自己是否用对了。这个过程帮助他们通过实践测试和加深对新语言的理解。

2. 敦促和反馈的重要性

语言输出功能的实现依赖两个主要步骤：第一步，敦促学习者形成正确的语言输出；第二步，提供修正输出的反馈。教师能够提供专业的指导和反馈，因此教师在语言教学实践中对学习者施加的敦促通常是有效的。另外，与目的语为母语者的交流也是一个重要的学习机会，因为

它能提供真实的语言使用环境和自然的反馈。

实践证明,对于学习者的语言输出,启发式的反馈,如要求学生解释和澄清他们的表达,比直接修正他们的错误更有助于学习。这种反馈鼓励学习者主动思考和改进他们的语言输出,从而更有效地提升他们的语言能力。随着时间的推移,学习者在接受敦促和反馈的情况下,将逐渐形成更准确和流畅的语言输出。

(三)帮助学习者通过反省提升语言能力

1. 语言输出中的自省与认知发展

语言输出也可称为"语言认知反思功能",它在语言学习中不仅是表达和交流的工具,还是一种重要的自省和认知发展手段。学习者可以通过反思自己和他人的语言输出来提高自己的语言能力。在斯温的理论中,语言输出被视为一种认知工具,它不仅反映了学习者的内在思维,也是外部世界信息的内化过程。语言输出使学习者能够将其内部的语言知识与外部世界的实际情境连接起来。例如,当学习者在交际中尝试使用新学的语法结构或词汇时,他们可以立即观察到这些语言元素的实际效果,从而对自己的语言知识进行调整和优化。

2. 内在心理的外化

在语言输出过程中,学习者的内在心理活动被转化为外部的语言表达,这种外化不仅使学习者能够将自己的思想和感受传达给他人,还为他们提供了审视和改进自己语言能力的机会。语言输出作为一种元语言活动,使学习者能够从一个更高的层面上反思和分析自己的语言使用情况,这样一来,学习者就能更深入地理解语法的精细差异、词汇的多样用法、语言的文化内涵等语言的复杂性和细微之处。同时,学习者能够在实际交际中实践这些知识,从而在实际使用中不断完善自己的语言系统。

第三节　基于语言输入、输出假说的英语教学策略

一、基于语言输入的英语教学策略

（一）提供可理解性输入

基于语言输入假说的英语教学策略之一是为学习者提供可理解性的语言输入，也就是说，教学内容应该略高于学生当前的语言水平，而且要足够清晰和具体，这样才能有助于学生理解和学习。

教师在实际的教学中可以通过多种方式提供可理解性输入。例如，使用与学生生活经验相关的教学材料可以提高其理解度。如果学生正在学习有关饮食的课程，教师可以设计一些关于食物偏好、健康饮食习惯或国际食品的活动，这些都是学生比较熟悉的话题，容易引起他们的兴趣，进而参与这些话题的讨论，这样一来，学生就能够学习相关的词语和表达，还能够在真实或模拟的交流场景中练习使用这些语言材料。教师还可以利用多媒体工具提供可理解性输入，如使用英语电影、歌曲、短片等材料，为学生提供丰富的语境以及生动的视觉和听觉元素，使学生更好地理解和记忆所学内容。

（二）先听后说，先读后写

克拉申的输入假设重视输入活动，从微观层面进行分析，可以看出其强调先听后说，先读后写，这与我国中学阶段外语教学的状况不谋而合。原因包括以下几个方面。

1. 外语学习目的的影响

在中国，多数人学习外语主要不是为了口语交际，而是为了提高阅读能力和听力。这一现象在很大程度上受到了教育评估体系的影响，尤其是在中学阶段。大多数重要考试，如高考，主要考查的是阅读能力和听力，而非口语。因此，在教学顺序上，听力和阅读的训练往往被置于

优先位置。口语虽然也是外语学习的一部分,但在当前的教育环境下,它更多地被视为一项附加技能,而不是主要的考核重点。

这样的教育环境致使学校和教师在教学方法和内容上更倾向于强调听力和阅读技能的培养,因此教师会在课堂上鼓励学生进行大量的阅读和听力练习,从而提高他们的理解和吸收能力,这与克拉申的输入假设是相符的,也是当前中国外语教育的实际情况的真实反映。

2. 重视听、读对教学活动的益处

在教学中,注重听和读特别有好处。这样做能给学生很多语言材料,帮助他们打下语言学习的基础。通过听和读,学生能学到更多的词语、更复杂的句子和不同的说法。重视这两点还能帮学生提高对外语的感觉,这对理解和使用外语很重要。听力训练让学生习惯各种发音和语调,阅读训练则加深他们对文章结构和细节的理解。这对学生将来使用这门语言很有帮助。

3. 听力和阅读的双重作用

在外语学习过程中,听力和阅读既是关键的学习策略也是学习目标本身。它们为学习者开启了了解和学习外语的主要途径,促进了语言知识的积累和对外语的深入理解。精通任何外语的基础在于能够有效地听和读。通过听力和阅读练习,学生不仅可以扩大词汇量,加深对语法的理解,还能获得有关不同文化和背景的知识。这种全方位的语言接触对学习者彻底掌握外语极为重要。

4. 听说读写能力的逐步培养

学外语时,人们通常会先学读,然后是听,最后才是写和说。读相对容易一些,因为可以慢慢来,还能重复看书上的内容。听稍微难一点,但通过听不同的材料,可以慢慢变好。写和说就更难了。写作时,人们不仅要用对词汇和语法,还得会组织文章,表达思想。说则更考验人,需要当场就能说出来,而且要发音准确,语调合适,说得流利。这些技能都需要时间去练,所以一般在学习外语后面的阶段才会重点学习写和说。

第四章　语言输入、输出假说与英语教学策略

在基于语言输入的英语教学策略中，整合阅读和听力材料显得尤为重要。特别是在中国的教育环境下，阅读扮演着关键角色。学生不仅应该学习课本内容，还需要涉猎更广泛的课外阅读材料，如英语小说、杂志文章和网络资源，以此接触更丰富的语言材料和文化。这种做法不仅能够帮助学生扩大词汇量，提升他们的理解力，还能使他们熟悉不同的文体和语境。

听力训练是语言学习过程中的一个核心部分。有效的听力活动能够提高学生对口语交流的理解，这对日常对话和听力考试非常重要。教师可以使用多样的听力材料，包括英语歌曲、播客、讲座和电影等，增加学生的练习机会。通过这种方法，学生不仅可以在真实的语境中练习听力，还能够提高他们对学习的兴趣。

虽然语言输入非常重要，但实现输入和输出之间的平衡也是关键。单纯强调输入可能会忽略输出的重要性。语言输出，包括口语和书面语，是学生巩固和实践所学知识的重要方式。因此，教师应在课堂上设计各种活动，鼓励学生积极用英语进行口头和书面表达，如小组讨论、演讲和写作练习。通过采用沉浸式教学和自然语言学习法等多种教学方法，教师可以为学生提供丰富的实践机会。这些方法通过创造接近母语环境的学习情景，帮助学生更有效地学习和应用英语。例如，在沉浸式教学中，教师主要用英语授课，营造了一个全英语的学习氛围。

（三）合理使用母语作为辅助

1. 母语辅助在英语教学中的应用策略

在以语言输入为核心的英语教学法中，适当使用母语作为辅助工具是一项高效的教学策略。克拉申提出的自然语言习得序列假说突出了母语与第二语言学习过程的相似性，重新界定了母语在学习第二语言中的地位。在中国，许多学习者是在以汉语为主的环境中学习英语的，因此适度利用母语辅助英语教学能够带来好处。学习者不应抛弃母语，而应将母语作为一座桥梁，帮助他们更有效地理解和掌握英语。使用母语还

能帮助学生在文化和语境上建立联系,让学习内容与他们的实际生活经验更紧密相连,提高学习的相关性和应用性。比如,在讲解复杂的语法结构或难以理解的概念时,用母语进行清晰简明的说明往往比反复使用英语解释更为高效。这种方法不仅节约了时间,提升了教学效率,还有助于学生正确理解新知识。

2. 母语在提高语言理解中的作用

恰当地使用母语可以加速学生对学习材料的理解,并在心理上给予他们安全感和舒适感。对初学英语的学生而言,如果英语输入过多,他们会感到迷茫和焦虑。此时,使用母语能够减少他们的压力,并有助于他们逐步适应英语学习的环境。作为比较的工具,母语的使用还有助于学生掌握两种语言之间的区别和联系。这不仅有助于加强对语法规则的掌握,还能促进对语言特有性和通用性的理解。例如,在讲解一个特定的英语语法点时,教师可以借助与汉语中类似的语法结构进行比较,以此加深学生的理解。

(四) 重视习得和学习相结合

克拉申认为,说第二语言说得流畅,不是靠死记硬背语法规则,而是通过听和读慢慢学会的。在学外语时,重要的是自然吸收,其次才是通过学习来掌握。但在中国学外语,学生大多数时间是在课堂上学,很难有机会在真正的外语环境中自然吸收语言。所以对他们而言,课堂学习和自然吸收外语都很重要。因此,教师需要在课堂内外创造机会,使学生能够同时经历语言的学习和习得过程。例如,教师可以在课堂上模拟真实的语言使用场景,让学生通过角色扮演、情景对话或项目式学习等形式在类似真实的沟通环境中练习语言,为学生提供将所学知识应用于实践的机会,从而促进他们的语言习得。

安排课外英语活动是弥补课堂学习限制的关键。这些活动提供了一个真实的语言使用场景,让学生有机会将课堂所学应用于真实的沟通之中。设立英语角或促进学生与其他国家人士的交流是提高英语能力的有效方法。这样做不仅增加了学生使用英语的机会,还为他们提供了一个实际操作的平台,以全面运用所掌握的语言。参加课外活动,如英语演讲、辩论赛或戏剧表演等,不仅有助于锻炼和提高他们的语言技巧,还能加强他们的交流和团队合作能力。

(五)考虑学生的个体差异

1. 适应个体差异的教学设计

在以语言输入为中心的英语教学中,考虑学生的个体差异对于教学效果至关重要。学生在学习方式、语言能力、认识水平及兴趣等方面各不相同,这就要求教师在设计教学时必须灵活多变。对于初学者,教师需要设计更多基础且重复的语言输入,帮助他们掌握基本词汇和句型结构。因此,教师可以采用简洁的句子、常见词及初级语法进行教学,并通过重复练习促进记忆。对高年级学生而言,教师则可以引入较高难度的内容,如生僻词、复杂语法结构及文化社会议题等,借此提升他们的语言水平。这类学生已具备较好的语言基础,可通过分析复杂文本、参加深度讨论及批判性思维练习进一步提高英语能力。这样的教学不仅能促进学生语言技能的提高,还能培养他们的批判性和创造性思维能力。

2. 分层教学和个性化学习

实行分层教学和个性化学习是适应不同学习水平学生需求的有效策略。依据学生的语言能力进行分组,可以确保每个学生都在适合自己水平的环境中学习,既避免了过大的学习压力,也保证了必要的支持和激励。同时,个性化学习通过考虑学生的个人兴趣,可以为他们设计更有吸引力的学习任务。比如,教师可以对学生感兴趣的主题提供特定的阅读材料或展开讨论,或者对于喜欢互动的学生增加团队讨论和角色扮演的机会。

二、基于语言输出的英语教学策略

语言的输出活动能够帮助学习者提高语言使用的熟练程度,使学习者了解自己在学习过程中存在的问题。同时，这种学习活动能够激发学习者对自己假设的验证。具体来说，输出假设对外语教学的启示主要表现在以下几个方面。

（一）语言输出在认知发展中的角色

语言输出假设强调了语言产出在第二语言习得中的重要性，尤其是从认知的角度来看。当学习者在外语教学过程中被鼓励进行语言输出时，他们不仅在练习语言表达，而且在加工和巩固新学的语言知识。语言输出活动，如角色扮演、叙述故事或讨论，能促使学生将输入的语言知识转化为自己的话语，这个过程加深了他们对语言结构的理解并提高了运用语言的能力。此外，这种输出活动还能促进学生的批判性思维、创造性思考和培养学生解决问题的能力，这些都是语言学习中不可或缺的认知发展方面。此外，有效的语言输出活动也可以作为学生语言能力的即时反馈。在进行语言输出时，学生可以立即得到来自同伴或教师的反馈，这有助于他们意识到自己在语言使用中的错误并进行及时的调整。这种互动和反馈是语言学习过程中不可缺少的，它使学生能够在实践中不断提高自己的语言技能。

（二）语言输出活动在教材编写和教学设计中的应用

在编写教材和设计教学计划时，整合语言实践活动是提高学生语言能力的关键。教科书，如《高级英语》中就包括了许多实际应用活动，如角色扮演、团队讨论和就具体议题发表意见等。这些活动不仅为学生提供了丰富的语言应用场景，也鼓励他们在更加真实且内容丰富的情境中使用学到的语言。教学活动引入创新的语言使用活动对于加强学生的口头和书面表达能力至关重要。组织各种交流活动，如讲故事、辩论和小组讨论等，可以激发学生主动使用语言的兴趣。这些活动不仅能增加学生之间的互动和协作，也能促进他们在真实语境中进行深思和创造性的表达。

第五章　互动假说与英语教学策略

第一节　互动假说的内涵解析

一、互动假说的概念解析

（一）互动假说的核心理念及其在语言学习中的应用

互动假说（interaction hypothesis）由语言学家迈克尔·朗（Michael Long）提出，是对语言学习过程全面理解的一个重要视角。该假说认为，语言学习不仅仅依赖可理解性输入（comprehensible input）和调整后的输出（modified output），还涉及会话互动中的动态过程。在这一过程中，学习者通过与他人的互动，进行意义上的协商（meaning negotiation）和形式上的反馈（feedback on forms），从而调整自己的语言表达，使之更加准确和流畅。

互动假说讲的是，学习语言不只是听和记，还要和人交流，通过这样的互动来更好地理解和学习语言。这不仅是交流意思，也包括对语言的形式，如语法、发音和词汇，进行思考和调整。通过与人交流，学习者可以在真实的语境中试用、改正并吸收所学的语言，让这些语言知识真正成为自己的一部分。

（二）互动假说在现代语言教学中的实践意义

在现代语言教学领域，互动假说提供了一种有效的教学策略框架。通过组织小组讨论、角色扮演和情境模拟等活动，教师可以促进学生之间的语言交流，这些互动性强的活动不仅增加了语言输入的机会，还为学生提供了实践和应用所学语言知识的场景。此外，教师能够在课堂上通过提问、指正错误和提供反馈，促进学生在意义理解和语言形式上的修正。例如，如果学生在口语活动中犯错，教师可以明确指出错误并引导学生进行纠正，这有助于学生识别自己的不足并思考如何更有效地使用语言。

二、英语课堂的互动模式

在外语教学中，课堂互动主要涵盖教师与学生及学生之间的交流，这两种互动对于语言学习至关重要。课堂互动不仅包括教师与学生的直接对话，更关键的是学生之间的交流。通过这种方法，教师能够营造一个积极的学习环境，学生在这样的环境中通过互动和合作提升语言能力。学生之间的互动特别重要，能够降低他们的交流焦虑和心理负担。在与同伴交流时，学生往往感到更轻松和自信，因此能够更加积极地参与语言实践。这种学生间的互动不仅增加了语言的输入机会，也为语言的实际使用提供了更多的机会。同时同龄人之间的竞争意识和求胜欲望可以提高他们的学习关注度和动力，创造出一个既竞争又互助的良好学习氛围。教师与学生以及学生之间的互动模式对于外语课堂非常重要。外语课堂上师生、生生之间互动的模式主要包括以下三种（图 5-1）。

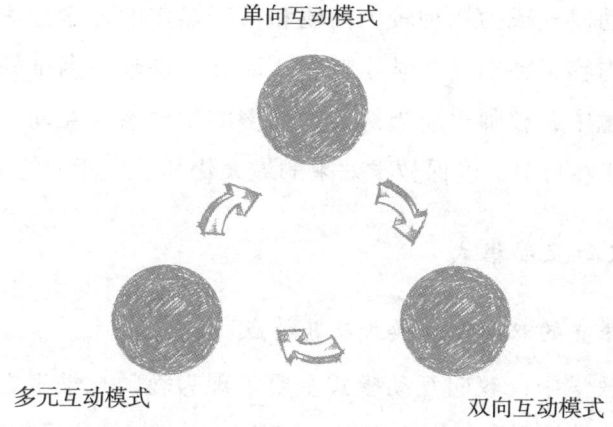

图 5-1　英语课堂的互动模式

（一）单向互动模式

在英语教学中，单向互动模式特指一种以教师为中心的教学方式，教师在这一模式下充当课堂的主导者和决策者。这种教学模式下，教师全权决定教学内容、进度和方式，并管理课堂上所有的交流与活动。处于这种环境中的学生通常处于被动学习的状态，他们较少有机会积极参与教学过程或对其产生影响。在此模式中，学生的主要活动是听讲和做笔记，而主动发言或参与课堂决策的情况则相对较少。

这种单向互动模式往往基于传统的语法翻译法，重点放在背诵语法规则和进行书面翻译练习上。在这样的教学模式下，教师会过于注重语法的正确性，忽视了语言的实际应用和学生的交流需求。这种做法会让学生变成被动的接受者，导致他们对学习失去兴趣，难以积极参与或自我激励。此外，这一模式更多地侧重于知识的直接传授，而不是理解和吸收，会使学生遇到理解不透彻的问题。

尽管在当前的教育理论中，单向互动模式遭到质疑，但在资源受限的环境中，它仍有适用之处。例如，我国一些偏远地区受到教师资源和教学条件限制，这种教学模式或许还是一种现实的选择。在这些地方，教师难以获得现代教育方法的培训，同时存在教学资源和设施缺乏的问题。单向互动模式成为一种较为简便和易于操作的教学方法，能有效传授基础教育内容，特别是在学生较多、课堂管理较为困难的情况下。即便在这类环境中，教师也应当努力让更多的学生参与互动，以激发学生的学习热情和参与感，确保教学效果的最大化和学生能力的均衡发展。

（二）双向互动模式

1. 英语课堂的双向互动模式及其特点

在英语教学中，双向互动模式主要表现为教师与学生之间的相互交流。此模式鼓励学生参与课堂互动，但他们的参与往往呈现出被动性质。学生在课堂上的互动方式和路径主要由教师制定，使得教师依然扮演着互动的领导和控制角色。尽管这种模式相对于单向互动模式更加开放，但它仍以教师为中心，学生的参与主要是对教师指示的反应，而不是基于自己的主动选择。

在双向互动模式中，尽管存在对学生参与课堂互动的鼓励，其参与性质通常仍然是被动的。这种互动方式和途径大多数情况下由教师决定，教师因此仍然是课堂互动的引导者和主控者。虽然与单向互动模式相比，此模式提供了更多开放性，但学生的参与更多地体现为对教师指令的回应，而非他们主动的选择。

2. 双向互动模式的应用和局限性

双向互动模式虽然鼓励学生加入课堂讨论，但他们往往仍处于较为被动的参与状态。这是因为互动的形式和机遇大多由教师决定，教师在课堂互动中保持主导和控制的地位。尽管此模式较单向互动模式更开放，学生的参与更多的是对教师指令的反应，而非基于个人的主动选择。

为了提高双向互动模式的成效，教师可以引入学生主导的活动，如小组讨论和项目式学习，促进学生之间的深入交流。这样可以把学生从被动的学习者转变为主动的参与者，增强他们的批判性思维和解决问题的能力。同时，教师需要平衡课堂管理和教学目标的实现，给予学生更多自主学习、交流和创新的空间。

(三)多元互动模式

1. 英语课堂中的多元互动模式及其特征

多元互动模式在英语教育领域中引入了一种更开放、更有弹性的教学风格。在此模式下,教室变成一个教师和学生共同参与互动的空间,而不仅仅是教师单方面地传递信息。学生在这样的课堂中不只是与教师互动,也在彼此之间进行广泛的交流。这一模式突出了学生的积极参与和独立性,让他们可以依据个人的需要和兴趣选择学习的路径和内容。

在多元互动模式下,教学方法主要以交际教学法为主导,目的是促进提高学生的实际语言运用能力。学生在这种课堂上被鼓励积极参与讨论,与他人协作解决问题,并在交流中尝试构建新的意义和知识。这种互动方式不仅提高了学生的语言技能,也培养了他们的社会交往能力和团队合作精神。

2. 多元互动模式的应用及其对学习环境的影响

应用多元互动模式对于课堂环境及学生的学习方法带来了深刻的变化。在此模式之下,课堂的布置和空间配置变得更为灵活。学生根据沟通活动的需求,可以自由地调整座位和讨论地点,甚至在教室内自由移动以便进行小组讨论或角色扮演。这种灵活的空间安排促进了一个更开放、更富互动性的学习氛围的形成,使学生能够在更贴近实际的情景中运用语言。

多样化的互动方式进一步促进了学生在学习过程中的自我探索和创新思维。学生不是被动接收信息,而是成为主动探索和构建知识的一员。在这种环境中,学生通过与伙伴的相互作用和合作,一起面临挑战,分享观点,并在这个过程中共同创造新的知识。这种学习模式鼓励学生依据自己的兴趣和学习习惯,自主选用交流的方法和工具,从而能够积极地参与各类课堂活动。

在多元互动的学习环境下,学生由传统的信息被动接受者转变成积极的学习参与者。他们不限于与教师的互动,还主动与同学开展深入的交流与合作。此种学习方式促使学生在实际的语言应用中主动探讨和调整语言形式及其含义，以优化自己的表达。这一过程不仅有效提升了他们的语言技能，也促进了其批判性思维与解决问题能力的发展。

第二节　影响师生互动的主要因素

在英语教学中，师生互动的有效性受到多种因素的影响。

一、教学方法和策略

在英语教学中，师生互动的成效受到多种因素的影响，特别是所采用的教学方法和策略。这些教学方法和策略会直接决定课堂活动的性质和学生的主动参与水平。例如，采用传统的讲授法可能导致学生处于较为被动的学习状态，互动较少。相反，引入小组讨论、案例分析、角色扮演等更加动态的教学方式，不仅可以激发学生的思考，还能鼓励他们积极参与课堂讨论。通过这样的互动活动，学生在交流中能够接触到多样的视角和思维方式，从而使得学习过程更加深入和多彩。

信息技术工具的应用进一步促进了教师与学生之间的互动。利用在线论坛和社交媒体作为课外交流的平台，学生可以延伸课堂讨论，保持沟通和思想交流。这种做法尤其对于那些课堂上较为内向、发言不太主动的学生来说，提供了一条展示自己见解的新路径。

二、教师的态度和行为

教师的支持性态度和行动对于塑造积极的学习体验和激发课堂互动至关重要。一个提供鼓励和支持的教学环境使学生更加乐于探索，接受错误作为学习过程的一部分。例如，即使学生的回答不尽完美，教师通过给予正向反馈，也能激励他们持续参与和尝试。这样的正向反馈不仅增强了学生的信心，也有效降低了他们对犯错的担忧，从而促进了一个更加开放和积极的学习氛围。

如果教师频繁批评或对学生的错误反应过度，可能会导致学生在课堂上选择保持沉默，避免参与。教师应以耐心和理解对待学生的错误和挑战，并保持一种开放和包容的态度。如果在学生进行口语练习时犯错，教师应该鼓励他们探索错误的原因，并提出具体的改善建议，而不是仅指出错误。

三、课堂环境的布置

课堂环境的精心设计对于营造有效的学习与交流空间发挥着关键作用。教室布局，尤其是学生座位的安排，对于激发学生参与和促进互动有着显著影响。与传统的面向讲台的座位布局相比，采用圆桌或 U 形安排可以增强学生间的视线联系和讨论氛围，进而提升课堂的互动性和合作性。此外，教室的物理条件，如适宜的光照、温度和安静的环境，同样对学生的注意力集中度和学习积极性有所促进。一个布置得当、明亮且舒适的教室环境有助于优化学习体验。

教室的文化和气氛对于师生之间的互动同样至关重要，与物理环境并重。一个倡导创新思维、尊重多样性和不同观点的课堂氛围能够鼓励学生进行思考和自我表达。教师通过展示学生作品、采用多样化教学资源以及欢迎各种背景的学生，可以建立一个开放和激励的学习环境。在这种环境下，学生更加乐于分享自己的见解和经历，进而增添课堂讨论的丰富性。故此，教师需致力于打造一个既舒适又充满活力的课堂环境，以激发高效的师生互动和学生间的沟通。

四、学生因素

（一）个性特征

学生的个性特征在师生互动中起着重要作用。外向的学生倾向于在课堂上更加积极地发言和参与，其活泼性能够提升课堂的动态并促进更深层次的交流。这些学生通常能迅速给予回应，对于教师的问题和同学的意见提供即时的反馈,增加课堂的互动性。而内向的学生可能表现得更为保守,课堂参与度较低,这会使教师难以了解他们的学习状况。教师需要采取多样的激励措施和定制化的互动手段激活这部分学生的参与意识。学生的个性还会影响他们对学习材料的接受度,通常喜欢冒险的学生更乐于尝试新颖的学习方式,而保守的学生更偏好传统的教学方法。

(二)文化背景

学生的文化背景在教师与学生间的互动中扮演着至关重要的角色。它影响学生的价值观、行为习惯和沟通风格。某些文化鼓励学生在课堂上积极表达自己的观点和参与讨论,而另一些文化则倾向于更加被动的学习方式和对权威的敬重。这种文化差异导致学生在参与课堂活动的程度和形式上的不同。面对不同文化背景的学生,教师需要了解和尊重他们的文化习惯和交流方式。对于那些来自高语境文化的学生,教师应该更加关注非语言交流的线索;对于来自低语境文化的学生,则应使用更直接、明确的沟通方法。

(三)语言水平

学生的语言能力直接决定了学生的发言质量和理解水平。学生的语言水平不同,其在课堂讨论中的参与和交流效果也会有显著差异。例如,语言能力较强的学生可以流畅地分享自己的观点,有效地与老师和同学沟通。语言水平较低的学生在表达思想时可能遇到挑战,这会限制他们在课堂上的参与度。为了增加这部分学生的课堂参与度,教师可以采用包括简化用语、提供额外的说明和支持、鼓励他们使用更熟悉的表达方式等在内的多种策略,帮助他们更好地融入课堂,提高其语言技能。

第三节　基于互动假说的英语教学策略

一、增强听力和口语交互练习

在英语教学中，加强听力与口语的互动练习对于学生掌握实际语言使用至关重要。通过设计各种听说活动，如模拟面试、角色扮演和小组讨论等，教师能有效提高学生的听说技能。这类活动使学生能够在真实的语境中练习语言技能，同时激发他们的批判性思维和创新表达。举例来说，模拟面试不仅让学生练习理解提出的问题，还要求他们用英语准确表述自己的看法和想法。这样的练习不仅提升了学生的理解和表达技能，也加深了他们对语言细节的把握。此外，运用现代技术，如应用程序和在线平台，能够进一步增强听说练习的效果。利用视频会议进行小组讨论，或在在线模拟场景中练习对话，这些方式不仅让学习更加有趣，也为学生提供了更丰富的语言实践机会，可以全面提高听力与口语能力。

二、鼓励学生主动参与和提问

在英语学习过程中，鼓励学生积极发言和提出问题是提高他们学习热情和参与度的关键。通过设置开放性问题和创新的讨论主题，教师能激发学生的思考和自我表达。比如，在讨论与文化相关的话题时，教师可以引导学生发表个人见解和经历，鼓励他们提出自己的疑惑和意见，这种教学互动提高了学生的参与感和积极性，使他们更愿意参与课堂讨论。此外，通过实施小组合作和研究性任务，教师可以进一步促进学生的主动探索。在这些活动中，学生可以在小组讨论时提问、分享想法，并在执行特定的项目任务中运用所学知识。例如，教师可以布置一个以特定主题为中心的团队研究项目，并要求小组展示，不仅可以加强学生的英语实践能力，也可以培养创新和团队协作的技能。通过这样的方法，教师可以引导学生在探索学习中积极提问，深化对英语语言及其文化的理解。

三、实施项目式学习

项目式学习作为一种学生主导的教学策略，鼓励学生通过参与实际且有意义的项目进行语言学习。这种方式在英语教学中的应用有多种形式，如发起一个围绕具体文化主题的研究项目，或执行一个包含现场调研的任务，如研究社区内的英语使用情况。举个例子，实施一个探究"全球化如何影响本地文化"的项目，学生可以通过网络搜集、面对面访谈、发放调查问卷等手段搜集资料，并利用英语进行整理分析。在此过程中，学生不仅要练习使用英语进行交流和资料搜集，还需用英语呈现他们的研究成果，如撰写报告、准备幻灯片演示或举办讲座。这样的学习方式不仅锻炼了学生的英语实用技能，还促进了他们的研究和呈现能力。

采用这种学习方式能显著提升学生对英语学习的热情，原因在于它把语言学习与现实世界的具体问题相结合。此外，该方式还促使学生在团队中协作，从而提高了他们的交流技巧、批判性思维及解决问题的能力。通过参与这类项目，学生不仅能接触丰富的语言材料（比如阅读资源和访谈内容），还需要进行有效的语言输出，如撰写作品和进行口头汇报。这样的实践不仅加深了学生对语言的掌握，也增强了他们将语言知识应用于实际情境的能力。

四、采用任务型语言教学

任务型语言教学以完成具体任务为中心，通过在真实语境中使用语言的方式来促进学习。这种方式涵盖众多真实生活场景中的语言使用任务，如制订旅行计划、模拟餐厅点餐、进行角色扮演等。以制订旅行计划为例，教师可以让学生分组规划一趟前往英语国家的旅程。这一任务要求学生选择目的地、安排行程、编制预算，并最终用英语展示他们的旅行方案。在此过程中，学生需用英语进行交流、合作，查找信息，阅读并理解相关旅游资料，以及用英语进行最后的口头报告。这种教学方式不仅促使学生在实际应用中学习英语，还提高了他们的信息处理能力和口头表达技能。

任务型教学法将语言学习整合进实际或模拟的情境中，有效激发了学生的学习热情和主动性。通过参与具体任务，学生不仅可以在实践中使用语言，还锻炼了他们解决问题和创新的能力。这种教学策略鼓励学生进行自我评估和反思，使他们能够更好地认识到自己的学习进展和需要改进的地方。

第六章　语言迁移理论与英语教学策略

第一节　语言迁移理论的内涵解析

一、术语解读

在语言学习特别是第二语言习得领域，迁移起着至关重要的作用。它描述了学习者在掌握新知识时，已有的知识、技能和经验如何对新知识的学习产生影响或促进作用。具体到语言学习环境中，迁移涵盖了学习者的母语对第二语言学习的影响，包括母语在第二语言的语言输出、理解和习得过程中的作用。

关于迁移的本质，学术界持有不同观点。科德认为迁移是一种交流策略，突出了语言使用者在交流过程中对母语知识的应用。按照这种理解，迁移是学习者在第二语言表达时自然发生的现象，他们利用母语的知识和结构弥补第二语言的不足。这种观点强调迁移在语言使用中的即时性和自然性，将其看作克服交流障碍的一种有效手段。

在迁移作为学习策略的视角下，卡斯珀（G. Kasper）等学者视之为第二语言学习过程中心理结构变化的一部分，强调学习者通过利用母语知识促进第二语言的习得。这个过程不仅包含了在表面层面上借鉴母语知识，更关键的是涉及心理层面的知识转换和重构。这种观点认为，迁移不是简单的借用，而是一种深层心理活动，包括对语言规则、语法和文化背景的深度理解与运用。

在第二语言学习中，迁移起着至关重要的作用，它不仅促进了语言知识的形成，还在学习过程中发挥了核心作用。它帮助学习者积累和整合语言知识，进而可能导致中介语的产生。迁移影响学习者的语言产出、理解以及学习策略，深入掌握迁移的这些功能，有助于人们更全面地理解第二语言习得的复杂性和动态性。

二、语言迁移的表现形式

通常情况下，传统语言迁移研究的重点主要集中在学习过程中产生的错误上，认为语言习得中产生的错误都是由母语对目标语进行的负向迁移导致的。在此基础上，研究者对语言迁移的类型进行了划分，其形式多种多样，其中重要的表现形式主要有三个：正向迁移、负向迁移与回避现象。

（一）正向迁移

正向迁移在语言学习中扮演着积极的角色，指的是学习者的母语对第二语言学习产生正面影响的过程。这种现象往往发生在母语与目的语言之间相似或一致的语言特性时，如语法构造、词汇使用、发音规则的类似性。在这些情况下，学习者可以将其在母语中掌握的知识和技巧顺利迁移到第二语言学习上，进而促进学习速度的加快和学习效率的提升。

以学习英语和西班牙语的人为例，这两种语言在许多词语上非常相似，如英语的"information"和西班牙语的"información"含义接近，为学习者提供了正面迁移的机遇。这种词汇相似性可以帮助学习者更快地掌握新单词，简化学习过程。同样，当两种语言在语法结构上有共通之处，如句型构造或时态使用等，这也有助于学习者快速把握并应用这些语法规则。

正向迁移还特别以其易于识别的特性而显著表现出来。正向迁移通常能直接反映在学习者的语言实践中，使得学习者和教师都能较容易地觉察到它的存在。例如，学习者如果能够准确地应用目标语言的特定语法结构或词语，这往往归功于母语中存在相似的规则或对应词语。这种特性让教师和学习者能更有效地洞察学习进度和面临的挑战。

尽管正向迁移无法完全避免负向迁移导致的语言错误，但它确实能有效降低这类错误出现的次数。其主要贡献在于帮助学习者更顺畅地过渡到第二语言的使用，并非彻底取代对新语言规则的学习和调整。在教育实践中，透彻理解并妥善运用正向迁移的概念，能够使教师构建更为有效的教学方案，从而加速学生第二语言的掌握过程。因此，在语言教育领域内，深入把握和利用正向迁移的原理，对提高教学质量和效率具有切实的价值。

（二）负向迁移

在第二语言学习过程中，负向迁移是一个常见现象，它发生在学习者在目标语言学习时不小心将母语中的语法、词汇或发音规则应用到第二语言中，导致错误或误解。这通常是因为学习者在处理第二语言信息时，无意中采用了母语的处理方式，尽管这些方式与目标语言的标准存在冲突。负向迁移在第二语言学习中十分普遍，体现了母语知识在新语言学习中的干扰作用。

负向迁移的一大特点是其显性和易识别性。例如，学习者在目标语言中犯的语法、词汇或发音错误很容易被发现，因为这些错误通常是母语影响的直接结果。在汉语和英语的学习中，常见的负向迁移包括直接翻译汉语成英语（如把"我丢了铁饭碗。"翻译成"I lost my iron rice bowl."），或错误应用汉语语法规则到英语中（如把"我是学生。"直译为"I am student."，缺少冠词）。这种直接照搬母语的模式不仅影响了语言表达的准确性，还可能导致混淆和误解。

负向迁移不仅局限于语言之间的相互影响，也涵盖了目标语言内部不同规则或结构的干扰，即所谓的语内迁移。举例来说，当学习者尝试掌握英语中第三人称单数的用法时，他们可能会不正确地为动词添加

"-s"后缀，如错误地把"She can sing."表达为"She can sings."。这类错误揭示了学习者对目标语言规则的误读或混淆。

负向迁移也包括顺向迁移与逆向迁移的概念。顺向迁移发生在学习者将先前学习的知识应用到后续学习中时造成的干扰。例如，如果学生最初学习了英语中的倒装助动词问句，随后学习正常语序句式时，早期学到的内容可能会导致混淆。而逆向迁移是指后期学习的内容对早期学习内容的干扰。比如，先前掌握的简单句型在学习更复杂句型的过程中变得难以应用。这两种迁移方式均展示了学习过程中知识体系如何进行动态的调整和互相作用。

（三）回避现象

在母语与目的语之间往往存在一些显著的形式或意义差异，学习者在二语习得过程中为了避免这种差异所导致的错误就会自觉规避这些语言结构，这种现象就是人们所说的回避现象。当在二语习得中出现回避现象时，学习者并不会使用目的语中的某些结构，正因为如此，学习者在运用第二语言时就会产生较少的错误。

回避现象是一种非常复杂的现象，对学习者二语习得过程中所产生的回避现象的认定也比较困难，因为它往往还与学习者的心理因素有很大的关联性，而学习者的心理又具有个体差异。还需要说明的是，回避现象的讨论是有一定的前提条件的，只有学习者认识到自己在回避某些问题时，这些讨论才可以进行，才会变得有意义。

三、语言迁移的理论研究

（一）对比分析理论

对比分析假说，作为二语习得领域内的关键理论，由弗里斯（C. Fries）在20世纪50年代初提出，其理论基础植根于心理学。该理论深入探讨了母语对第二语言学习的作用，强调通过对母语与目的语的比较，分析它们之间的相似之处与差异,以此来预测和说明学习者在学习过程中可能遇到的难题和挑战。对比分析理论一经提出,即在语言教学和研究界引起广泛的关注,并对外语教学实践产生了重要的影响。

依据对比分析理论,母语与目的语之间的相似性可促进正向迁移,帮助学习者更轻松地掌握目的语的相关方面。由于英语和德语均属于日耳曼语族,它们在词汇和语法结构方面有诸多相似点,这使得以德语为母语的学习者在学习英语时会相对容易。反之,母语与目的语间的显著差异可能引发负向迁移,导致学习者在掌握目的语特定内容时面临挑战。中文和英语在语法构造上存在较大差异,这种差异可能会让以中文为母语的学习者在英语学习过程中产生语法错误。

对比分析理论的另一个核心特点是其可以通过系统性比较母语和目的语预测学习者可能出现的错误。这种预测机制被视作该理论的主要优势,能够协助语言教师在课程规划和教学策略上进行优化,防止和修正潜在的错误。

随着时间的推移,对比分析理论显示了其固有的局限性。虽然它在预测学习者可能犯的特定错误方面有用,但其在全面阐释学习者错误的能力上受到限制。原因在于影响语言学习的因素不仅仅是母语与目的语的结构性差异,还包括学习者的认知发展、所处的学习环境和个人经历等多方面。对于那些目的语中存在但母语中缺失的语言特征,对比分析理论也难以提供有效的预测或解释。因此,尽管该理论在二语习得领域的早期研究和教学中扮演了重要角色,但随着研究的不断深入和教学实践的进步,它的局限性使得其逐渐为更全面的理论所取代,如错误分析理论。然而,对比分析理论在分析和理解语言学习过程中的相似性与差异性的问题上,仍具有重要价值。

(二)错误分析理论

错误分析理论是对对比分析理论的发展与完善,它从认知心理学的视角出发,探究了产生语言错误的根本原因,系统地总结了错误的类型,主要将语言错误分为语内错误与语际错误两种。错误分析理论对语言错误的深究恰恰也说明了语言错误并不都是由语言迁移造成的。

随着对错误分析理论研究的逐步深入，人们逐渐发现了错误分析理论的不足，认为该理论将研究的重点集中在语用失误与语言输出层面，忽视了以下三个方面的内容。

首先，错误分析理论着重于语言错误的识别和分类，却未深入探讨如何提高语言的正确性和流畅性。它主要关注错误本身，而不是指导学习者如何有效使用语言。这导致了教学方法可能变得刻板，忽视了语言的实际交流作用，特别是在真实的口语和书面语场景中。

其次，该理论在反映教学效果上存在局限。虽然它可以帮助教师发现学生的普遍错误，但所提供的反馈往往不够及时或具体。语言学习不仅仅是避免错误，更关键的是能够自然且有效地运用语言。过分依赖错误分析可能导致教学内容与学生实际需求不吻合，无法有针对性地解决学生在语言实际应用中的问题。

最后，错误分析理论在阐释语言学习的特定现象方面显示出其局限性。例如，该理论未能解释学习者如何在未曾学习特定语言结构的情况下依然能正确运用它们的现象。同样，它也没有充分考虑学习者的心理状态和社会文化背景对语言学习过程的影响。语言的习得不仅涉及语言形式的掌握，还涉及情感、态度、文化认同等多重因素的交互作用。

因此，错误分析理论也像对比分析理论一样，在20世纪70年代迎来了被取代的命运，标记理论取代了错误分析理论。

（三）标记理论

标记理论，最初由特鲁别茨柯依（N.S. Trubetzkoy）提出并在后来由埃克曼（F. Eckman）等学者进一步发展，是语言学中一个重要的理论。该理论的核心是"标记性"概念，它基于语言系统中两个对立的语言成分，即有标记和无标记。在这一理论中，有标记的语言特征是指那些不太普遍或不规则的特征，而无标记的特征则是更常见、规则和默认的语言现象。标记理论在二语习得研究中的应用主要集中于解释学习者在习得过程中所面临的困难,特别是那些与母语和目的语的标记性差异相关的困难。

根据标记理论,如果学习者的母语和目的语在某些语言特征的标记性上不同,这种不同可能会使学习者在掌握这些特征时遇到更多挑战。如果一个语言特征在学习者的母语中非常普遍并且规则(无标记),但在目的语中不太常见或规则性较差(有标记),那么学习这个特征可能会更加困难。这是因为有标记的特征往往更复杂,需要学习者投入更多的精力和努力来理解和掌握。

埃克曼的标记性差异假说对标记理论进行了进一步的拓展,他指出,二语学习中遇到的挑战不仅来源于两种语言之间的直接差异,还涉及类型标记性的不同。这表明,尽管两种语言在某些方面可能看似相似,学习者仍可能由于类型标记性的不同而面临学习难题。比如,一些语法结构虽然在两种语言里都可找到,但在一种语言中可能被视为有标记(即较为不常见或不规则),而在另一种语言中则被认为是无标记的,这类差异会导致学习者在理解和应用这些结构时犯错。

标记理论在二语习得研究中扮演着关键角色,它不只使研究人员和教育者深入了解学习者在语言习得中遇到的挑战,也为开发更高效的教学策略提供了理论依据。通过专注于标记性的差异,教师能够更具针对性地辅助学习者解决目的语中有标记属性的难题,从而提高教学成效。标记理论的引入和演进极大地丰富了语言学习理论框架,为探索语言习得过程开辟了新的视角。

第二节 影响语言迁移的主要因素

一、语言因素

从语言层面上看,影响语言迁移的因素主要有音位、词汇、句法、语篇四个层面（图6-1）。

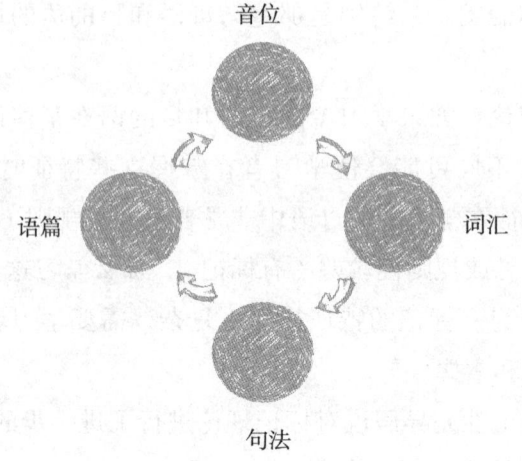

图6-1 影响语言迁移的语言因素

（一）音位影响因素

音位在语言迁移中扮演着显著的角色，尤其是当母语和目的语的音位系统存在差异时。例如，西班牙语与英语在音位结构上有显著的不同。西班牙语发音中存在的清辅音和浊辅音的区别，在英语中并不常见。因此，以西班牙语为母语的英语学习者在发音上可能会显示出独特的口音特征，如在发音"think"时会将"th"发成"t"或"d"音，因为西班牙语中缺乏与英语中"th"相对应的音位。

汉语与英语在音位上的显著差异影响了学习者的语言习得。举例来说，汉语中缺少英语"th"的等效音，这使得以汉语为母语的英语学习者在尝试发如"this"或"think"的音时，可能会不自觉地用"d"或"s"音来替代。此外，英语的元音音位远比汉语复杂，导致汉语使用者在区分如"ship"与"sheep"这样的微妙发音差异时面临挑战。这类音位的迁移不仅影响发音的精确性，还干扰听力理解，因为学习者可能无法准确识别目的语中的细小发音变化。

(二)词汇影响因素

母语对目的语词汇的影响也是语言迁移中的一个重要因素。以法语为母语的英语学习者可能在词语搭配上展现出独特的倾向。例如,在表达"我很兴奋"时,他们可能会选择用"I am very excited."而不是"I am thrilled.",因为在法语中,"excité"(兴奋的)是一个常用词语,而"thrilled"这种表达在法语中没有直接对应的词语。

汉语和英语之间的词汇差异也在语言迁移中扮演了重要角色。例如,汉语中诸如"天气很冷。"可以直接翻译为"The weather is very cold.",但由于汉语中很少用形容词描述人的性格,所以汉语母语者不习惯使用诸如"kind""friendly"等形容词描述人。另外,汉语学习者在学习英语时可能会将"谢谢。"直译为"Thank you.",但在英语中,"Thanks."也是常用的表达感谢的方式。这种词汇迁移可能导致学习者在使用英语进行表达时,受到母语的影响,不能完全准确地使用目的语的习惯表达方式。

(三)句法影响因素

英语和汉语在句法上的区别显著影响了语言迁移。英语的句子结构通常固定为主谓宾,如"I read a book."展示的顺序。相比之下,汉语句子结构更灵活,不必遵循严格的主谓宾顺序,如"我书读了。"在汉语中也是可接受的。这种句法上的差异会使以汉语为母语的英语学习者在学习英语时,错误地将汉语的句法结构迁移到英语中,如将"我书读了"错误转化为"I a book read",这样的表达在英语里是不符合语法的。

(四)语篇因素

在语篇层面上,英语和汉语在信息组织和呈现方式上也存在明显差异。英语文本通常遵循"总-分"结构,即先给出主要观点或总结性陈述,然后提供支持细节或例证。例如,英语论文写作通常先提出论点,然后通过例证和论证支持这一论点。而汉语文本常常采用"分-总"结构，即先给出具体的事例或细节，然后总结主旨。例如，在汉语叙述中，通常先讲述一系列事件，最后给出总结性的观点或感想。这种结构上的差异可能导致汉语母语者在用英语书写时，难以按照英语的习惯组织语篇，如在英语论文中先列举大量例证，然后才提出论点，这在英语学术写作中通常是不被接受的。

二、其他因素

（一）学习者是如何组织自己的母语的

学习者在学习第二语言时对母语的理解和使用方式会对学习过程产生重要影响。这是因为学习者往往会根据自己母语的语法规则和习惯来学习和理解第二语言。汉语母语者由于习惯于在句子中省略主语，在学习英语时可能错误地省略掉英语句子中必需的主语。反之，英语母语者由于适应了英语的固定主谓宾结构，在学习汉语时可能会不必要地频繁使用主语。

（二）学习者是如何看待母语与第二语言的异同的

学习者对于母语和第二语言之间的差异及相似点的认识深度，对于语言迁移有着重要的影响。能够清楚识别两种语言之间共性与差异的学习者，在学习第二语言时可以更有效地避免潜在的错误。比如，以英语为母语的学习者在学习西班牙语过程中，如果他们能注意到两种语言在词序和冠词使用上的不同，就能在学习中更加注意这些区别，减少出错的机会。反之，如果学习者没有充分理解两种语言的区别，可能会不自觉地将母语的使用习惯带入第二语言学习，导致负面的语言迁移。

（三）学习者的第二语言水平和对第二语言的熟悉程度

学习者的第二语言水平和对该语言的熟悉程度对语言迁移有着直接

影响。简单地说，学习者对第二语言了解得越多，语言迁移的负面效应就越小。一个刚开始学习英语的汉语母语者可能在语法和词汇使用上经常犯错误，这是由于他们还没有完全掌握英语的语法结构和词汇。但是，随着他们对英语的理解逐渐加深，这些错误会逐渐减少。对第二语言了解较少的学习者可能更多地依赖母语的规则和习惯，在学习第二语言过程中更容易犯错。

第三节 基于语言迁移理论的英语教学策略

鉴于语言迁移在第二语言学习中的显著作用，以及无法完全避免母语影响所带来的挑战，语言教学中的一个关键目标应该是使母语干扰最小化，同时激励母语的积极迁移，进而提升英语教学效果。

一、找到母语和目的语之间的平衡点

在以语言迁移理论为基础的英语教学中，寻找母语与目的语之间的平衡成为核心。教师在这种策略下应该兼顾两种语言的共性与差异，帮助学生既能认识到两种语言之间的区别，又能发现它们的相似之处。这种平衡的教学方法将促进学生对第二语言的综合理解与掌握。

（一）寻找相似点

强调语际共性可以帮助学生发现母语和目的语之间的相似点，从而更快地习得新语言。例如，当教授英语词汇时，教师可以指出英语和学生母语（如汉语）中的共同词根或词缀。这种策略在教授那些来自拉丁语或希腊语的英语学术词语时尤其有效，因为这些词语在很多语言中都有相似的形式。比如，英语中的"tele-"（远程）这一词缀，在汉语中也有对应的表达，如"电话"（telephone）、"电视"（television）。通过指出这种共性，学生可以更快地理解和记忆"tele-"这一词缀在英语中的应用，如"telecommunication"（远程通信）或"telescope"（望远镜）。

教师也可以通过对比母语和英语句子结构的方式辅助学生更深刻地把握英语语法。例如，英语与汉语在主谓宾的基本句型上具有共性。比如，汉语的"我爱你。"与英语的"I love you."，教师能帮助学生更清晰地理解英语句子结构，从而提高学习效率。通过这种结构比较，学生能进一步掌握英语句子的时态、语态等更为复杂的语法结构。

（二）注重区别

强调语言差异对于学生识别母语和目的语间的区别、防止母语规则错误应用于目的语非常关键。教师通过比较分析，可以清楚地展示两种语言在语法、句子结构、词汇使用等方面的差异。

针对汉语学习者学习英语，定冠词"the"和不定冠词"a""an"的使用差异尤其关键。因汉语中缺少与英语中定冠词、不定冠词相对应的概念，学习者需要了解这两种冠词的使用场景，因为这在汉语中是新概念。例如，英语中"a book"表示泛指的书，而特指某本书时使用"the book"。这类对比有助于学生更精确地掌握英语冠词的使用。

教师也要强调两种语言在时态和语态方面的使用差异。汉语在表示时态和语态时往往较为含蓄，而英语则通过具体的动词形态来明确表示。例如，"我吃饭了。"在汉语里可以指过去发生或正在发生的动作，但英语中需通过明确的时态区分，如过去时的"I ate."（我吃过了。）与现在进行时的"I am eating."（我正在吃。）。这样的对比有助于学生理解并正确使用英语的时态和语态。

采取这种教学方法，教师不仅可以帮助学生规避由语言迁移引发的误差，还能增强他们对第二语言独特性质的理解和认识。强调两种语言之间的差异，有利于学生更全面和精确地学习第二语言，避免母语习惯对学习第二语言产生的负面影响。

二、创造一个纯英语的交际环境

在以语言迁移理论为基础的英语教学中，建立一个全英语的交流环境至关重要。这种教学方法的关键是减少学生依赖母语的情况，提高他们在真实或模拟场景下使用英语的机会。通过这种做法，学生能够在日常英语应用中渐渐适应英语的思维方式，有效地减轻母语迁移造成的负面影响。

在教学过程中，教师应以英语为主要授课语言，以此减少学生对母语的依赖。教师在课堂上应使用英语讲授和指导，同时鼓励学生用英语提问和回答。这样的教学策略可以帮助学生在沉浸式环境中提高英语听说能力。教师应设计包括小组讨论、角色扮演和情境模拟在内的多样化互动活动，鼓励学生在不同情境中主动使用英语。

教师在教学中还要重视培养学生用英语进行思考和解决问题的能力，这不仅涉及语言表达，还包括用英语进行思维。教师可以安排辩论、案例分析和解决问题等思维导向活动，鼓励学生用英语思考和表达自己的观点。通过这种方法，学生能够在实践使用英语的同时发展他们的批判性和创造性思维技能。

三、重视学生母语知识和文化教学

在以语言迁移为基础的英语教学策略中，融合学生母语知识和文化背景至关重要，以增强他们的跨文化交流技能。这种方法不仅有助于学生英语能力的提升，而且可以让他们深入理解并尊重英语文化。教师可以通过引入文化知识，如在讲解节日相关词汇时，介绍圣诞节、感恩节等西方节日的历史和习俗，同时鼓励学生分享中国的春节、中秋节等节日文化。

利用文学、电影、音乐等资源教授文化知识也是一个有效策略。在讨论英语文学时，教师可以引入莎士比亚的作品，与中国唐诗宋词对比，探讨它们的文化和历史意义。这种方式不仅促进了语言学习，还帮助学生深入了解不同文化的精髓。通过观看不同文化背景的电影或听英文歌曲，学生能更直观地感受到各国的日常生活和社会风俗。

教师还可以通过举办跨文化交流活动，如与英语国家学校的视频交流、组织跨文化节庆活动等,为学生提供学习和实践英语的机会,并使他们在真实场景下体验和理解多元文化。例如,学生可以在圣诞节制作节日贺卡,并通过视频会议与英语国家的同龄人分享各自的节日传统,进一步增进对西方文化的了解。

第七章 信息加工理论与英语教学策略

第一节 信息加工理论的内涵解析

信息加工理论是认知论的典型代表,认为语言学习是一项复杂的认知技能的学习,语言学习是语言信息处理的过程,学习者是独立的信息处理者。学习者的中介语系统处在不断地组织和重构过程中。本节将通过介绍信息加工理论中的重要概念解析信息加工理论的内涵。

一、注意

(一)概念分析

注意在语言学习中起着至关重要的作用,其本质是一种心理活动的调节机制,涉及对特定对象的指向和集中。在语言学习的过程中,注意不仅是信息进入大脑认知机制的门户,而且是信息从感觉记忆转移到短时记忆,最终存入长时记忆的关键环节。简而言之,注意是信息加工过程的必要条件,没有注意就不可能有有效的信息处理和记忆。

学习者在接收语言输入时,他们的注意力起着关键作用,决定了哪些信息将被挑选出来并进行深入处理。这个过程包括筛选环境中的相关信息,并把它从感觉记忆搬运到短期记忆中。例如,当学习新的语言规则时,如果学习者能够将注意力专注于这些规则上,那么这些信息就更容易被大脑处理和存储。集中注意力也有利于提升学习效率,帮助学习者更迅速地吸收和运用新学的知识。

在语言学习过程中,正确地定向和集中注意力至关重要,以便深入理解语言的表层结构及其深层含义。以提高听力理解为例,通过集中注意力,学习者能够辨认出关键词语和语法结构,帮助他们把握句子或对话的全貌。在口语训练中,专注也有助于选择恰当的词语和语法,使得表达更加准确流畅。

(二)两个特点

注意具备两个紧密相连的属性:指向性和集中性(图7-1)。

图7-1 注意的两个特点

1. 指向性

注意的指向性是其关键属性之一,表现为人们能够在某一时刻集中精神面对特定目标。在语言学习的过程中,这一特性意味着学习者能够挑选关注某些具体的语言元素,如新出现的词语、语法规则或者独特的发音方式。例如,在接触一种新语言时,学生会优先关注那些与自己母语相似的单词,因这些词较为容易理解与记忆。同时,学生也可能对特定的语言现象(如不规则动词变化)展现出高度兴趣,以此深化对这些特征的认识。指向性让学习者从众多语言输入中筛选出有利于学习的信息,尽管这意味着忽略了其他重要内容。

2. 集中性

注意的集中性是指人们在较长时间内专注于特定目标,并对该目标信息进行详细的处理和分析。在语言学习场景中,集中性帮助学习者更深刻地理解和吸收所学的语言材料。举例来说,在进行听力训练时,学生会专心致志地捕捉主旨和细节信息,或者在口语练习中专注于准确使用某种语法规则。这种深层次的信息处理促进了对语言的掌握和表达能力的提升。集中性与学习者的记忆形成也有密切关系,因为信息只有在被充分处理和理解之后,才能被有效地转移到长期记忆中。不过,持续集中注意力也会消耗心理资源,过度集中有时候会引起疲劳,进而影响学习的效率。

(三)三种类型

心理学家波斯纳(M. Posner)将注意按功能分为警觉、引觉和侦觉三种(图7-2)。

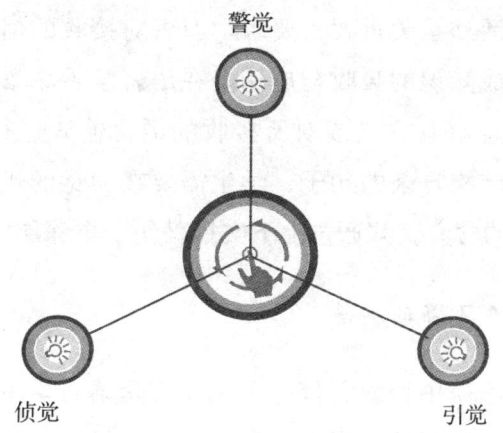

图 7-2 注意的三种类型

1. 警觉

警觉作为注意的一种基本状态,是学习者保持觉醒和准备好接收信息的心理状态。在二语学习的过程中,警觉意味着学习者对于接收第二语言输入保持一种积极的准备状态。例如,当学生参加英语课程或者准备听英语演讲时,他们需要进入一种警觉状态,以便能够有效接收和处理即将到来的语言信息。这种状态与学习者的动机和兴趣紧密相关,因为只有当学生对学习内容感兴趣或认识到其重要性时,他们才更可能进入警觉状态。因此，在教学过程中激发学生的兴趣和动机是至关重要的。

2. 引觉

引觉关系到对注意资源的配置以及对未来信息处理的预备。它代表一种更主动的注意力调控机制，学习者不只是保持警觉，还要积极地调节他们的注意力，以优化信息处理效果。例如，在进行听力训练时，学生需要专门聚焦于辨认关键单词或把握中心思想，这要求他们有意识地把注意力定向于某些特定的信息。引觉的成效依赖学习者如何管理自己的注意力，包括有效地过滤信息和将注意力集中在关键的语言要素上的能力。

3. 侦觉

侦觉构成了注意功能的关键环节，涉及对所注意信息的加工与理解。这一过程对学习活动至关重要，要求学习者对接收的信息进行详尽的分析与理解，以促成知识的吸收与应用。在语言学习场景中，侦觉包括识别语言的结构、理解其含义或对所接收的语言输入进行批判性的思考。例如，面对一个结构复杂的句子，学生需要在侦觉的过程中解析句子构造，明白每个词的含义，并通过上下文推敲句子更深层的意义。

（四）与二语习得的关系

注意在二语习得中扮演着核心角色，它是语言学习成功的关键因素之一。在第二语言学习的过程中，学习者必须投入相当的注意处理语言信息，包括对词汇、语法、语音和语用规则的关注。有效的注意力分配有助于学习者更好地理解和记忆新的语言信息，从而促进语言能力的提升。语言学习不仅是对新知识的接收，更是对信息的加工和内化过程，而这一过程中的每一个步骤都需要学习者的充分注意和参与。比如，在学习新单词时，学习者需要关注这个词的发音、拼写、定义及其在语句中的运用。这不仅包含对词语自身的记忆，而且涵盖了对该词在具体语境中应用规则的理解。在学习语法规则方面，学习者也应留意不同语法构造的格式与使用场景，这需要他们对句子的构造和词性等因素进行仔细的分析和思索。对于语言的语用作用,学习者需要投入精力理解各种表达方式在特定文化和语境中的适宜性及含义。

在第二语言的学习中,注意力分散或者忽视关键的语言特征,都可能导致学习效率的降低。因此,有效的注意力管理是提高语言学习效果的关键。教师在教学过程中,应设计各种活动和练习,吸引学生的注意力,同时需要引导学生有意识地关注那些对语言学习至关重要的方面,如发音准确性、语法正确性、词汇的恰当使用等。

二、显性知识和隐性知识

显性知识和隐性知识的概念是由波拉尼(M. Polanyi)在其著作《个体知识》(*Personal Knowledge*)中首次提出的。他认为:"人有两种类型的知识。通常称作知识的是以书面文字、图表和数学公式加以表达的知识,只是其中的一种类型。没有被表达的知识是另一种知识,如我们在做某件事情的行动中所掌握的知识。"波拉尼把前者称为显性知识,后者称为隐性知识。按照他的理解,显性知识是能够使用一定符码系统(如语言、数学公式、图表、盲文、手势语等)加以完整表述的知识。隐性知识指那种知道但难以用语言表达的知识。

显性知识和隐性知识是第二语言学习中两种根本不同的认知表征方式。显性知识,也称为陈述性知识,是学习者有意识掌握并能够明确表述的知识类型。这种知识通常涉及语言规则的明确说明,如语法规则、词语意义等。显性知识的特点在于它可以被直接传授和学习,学习者可以通过读书、教师讲解等方式来获取这种知识。例如,英语教师讲解现在进行时的构成规则,学生通过有意识的记忆和理解掌握了这一语法知识。

隐性知识也叫作程序性知识,是学习者在不经意间通过语言实践和自然习得过程获得的知识。这种知识对于学习者在真实交流环境中流畅和自然地使用语言至关重要。隐性知识的关键特点是,它很难用语言直接说明,而通过语言使用的熟练程度来体现。例如,尽管学习者可能不完全理解某个语法规则的具体细节,他们在实际交流时却能自然而然地正确运用这个规则。

在语言学习的加工层面,显性知识需要通过控制性的加工过程来应用,如在写作或仔细构思时的语言输出。这种知识的运用通常需要时间和注意力,因为学习者需要回想并应用他们所学的规则。与此相反,隐性知识的运用则是自动化的,无须通过深思熟虑即可直接应用,如在快速对话中的反应。隐性知识的这种自动化特性使得它在快速语言交流中尤为关键。

对第二语言学习者来讲,特别是当他们在非母语环境中学习第二语言,如在课堂情境下学习第二语言时,他们的第二语言知识就是显性的,至少在初级阶段。即使在高级阶段,当他们的第二语言能力达到一定水平时,第二语言的显性知识还是存在的。

三、自动化

自动化在第二语言学习中是一个关键概念,它涉及将语言知识和技能转变成快速、无须刻意努力就能运用的能力。这个过程的本质是使语言知识从需要大量认知资源和有意识控制的状态转变为快速、无意识且几乎不需要认知资源的状态。自动化过程的重要性在于,它使学习者在使用第二语言时,可以将更多的注意力集中在语言的意义和交际目的上,而不是纠结于语言的具体形式或结构上。

自动化的实现基于反复练习和实践使用。随着学习者不断地练习和应用第二语言,他们逐渐减少了对语法规则的有意识控制,从而提高了语言使用的流畅性和自然度。初学者在学习新语法结构时,需要大量时间思考句子的准确构造。但通过持续的练习和应用,这个语法结构会渐渐变得自动化,让学习者在实际交流中能够轻松准确地使用它。

语言的自动化加工与控制性加工相对。控制性加工较慢,需要有意识的努力,受到注意力的限制,而自动化加工则快速、无须刻意努力,几乎不占用注意力资源。例如,母语者在使用自己的母语时,大多数情况下是在进行自动化加工——他们可以在不经意间正确使用复杂的语法规则和词汇。而第二语言学习者要达到这种水平，就需要通过大量的语言输入和输出实践，以及在实际语境中的反复练习。

因此，达到第二语言学习的终极目标涉及将语言知识和技能自动化。这意味着学习者在交流中使用语言时能够更加流畅和自然，也能够把更多的认知资源分配给理解和构造更为复杂的语言结构，以及处理更高层次的交流任务。通过实现自动化，学习者能够在实际交流中高效且有效地应用所学的语言，进而在语言运用方面达到更好的成效。

第二节 信息加工模型相关介绍

语言学习信息加工理论主要有安德森的 ACT 模型、麦克劳夫林（B. McLaughlin）的信息加工模型和比亚利斯托克（E. Bialystok）的分析-自动模式。

一、安德森的 ACT 模型

（一）三种记忆形式

ACT 模型由安德森提出，试图解释记忆、言语加工、推理等问题。安德森区分了三种记忆形式：工作记忆、陈述性记忆和程序性记忆（图7-3）。

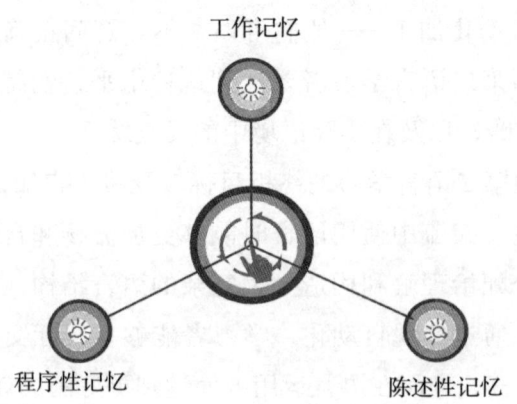

图 7-3 ACT 模型的三种记忆形式

1. 工作记忆

工作记忆是一个短期存储和处理信息的平台，它在认知活动中起着核心作用。工作记忆的主要功能是处理和操作当前正在进行的任务所需的信息。例如，在阅读理解或解决数学问题时，人们需要暂时存储和处理相关信息，这就是工作记忆的作用。它不仅负责暂存信息，还涉及控制注意力、集中精力解决问题以及将新信息与已有的长期记忆进行关联。工作记忆的容量有限，这就意味着人们只能在一段时间内处理有限的信息。其效率和容量在一定程度上决定了个体在进行复杂认知任务时的表现。

2. 陈述性记忆

陈述性记忆则涉及长期存储的知识和事实信息。这种记忆形式包含人们所学习和经历的具体内容，如事实、概念、数据和个人经历。陈述性记忆使人们能够回忆起过去的经历、知道某个特定的历史事件或理解科学概念。它是人们长期知识库的一部分，包括可有意识地检索的记忆，如学习过的词汇、历史日期或者生活中的事件。

3. 程序性记忆

程序性记忆涉及技能和习惯的发展，包含完成各种任务和技能所需遵循的步骤和规则，如骑自行车、打字或者游泳。不同于陈述性记忆，程序性记忆大多在无意识中形成，并且是通过重复练习逐渐建立的。这些技能在掌握后可以自动化地执行，而不需过多思考。程序性记忆使得人们可以轻松地执行复杂的动作和认知任务。

（二）两种记忆知识

安德森将记忆知识分为陈述性知识和程序性知识，明确区分了两者。陈述性知识关注事实和信息，如记忆历史事件或数学公式；而程序性知识涉及技能和习惯的学习，如学习骑自行车或打字。这种分类有助于人们了解记忆在不同情境中的运用。

1. 陈述性知识

陈述性知识，亦称事实性知识，涉及事实、概念、数据与事件的了解，能够通过语言进行表达和分享。这类知识包括历史事实、数学公式和科学理论等，特点是清晰、具体，便于通过对话传递。其学习和记忆过程大多是有意识的，覆盖了客观事实以及个人的经验和观点。举例来说，了解一个国家的首都、掌握特定科学原理或回忆个人经历的事件均属于陈述性知识。这种知识主要通过阅读、听课或观察获得，可以长期存储在记忆中，随时等待检索和使用。

2. 程序性知识

程序性知识是指执行技能和程序时所需的"如何做"的知识。这种知识主要通过实践和反复练习而非语言交流获得，并在执行时常常无意识地进行。它与骑自行车、打字、弹钢琴、游泳或解决数学问题等具体操作和技能直接相关。学习这类知识往往依赖动手操作和亲身体验，难以仅通过语言描述学会。程序性知识的核心在于其自动化能力：一旦习得，个体便能在几乎不需有意识思考的情况下自如执行相关技能。

（三）陈述性知识向程序性知识转变的过程

学习第二语言涉及从陈述性知识到程序性知识的转变，是一项复杂的认知技能培养过程。这一过程分为以下三个阶段进行（图7-4）。

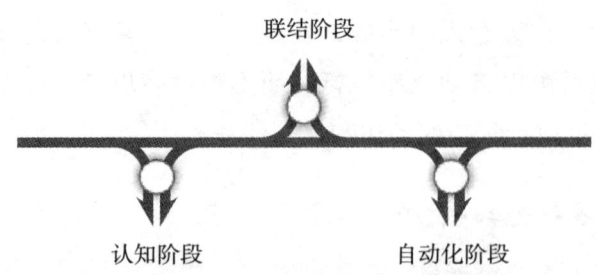

图 7-4　陈述性知识向程序性知识转变的过程

1. 认知阶段

在认知阶段，学习者首次学习新语言信息，把它作为陈述性知识存储起来。此时，他们开始理解语言规则，但尚未能够在真实语境中有效运用。比如，学英语的人可能知道"-ing"表示进行时，但可能还不能在对话中流利地应用各种进行时的动词。这一阶段，学习者更多的是被动地记忆而不是主动地使用知识。

2. 联结阶段

在联结阶段，学习者努力将分散的陈述性知识整合成连贯且系统的程序性知识。在这一转变过程中，他们综合运用掌握的语言规则，并开始尝试在实际语言使用中应用这些规则。例如，学习者或许会尝试使用"-ing"形式在不同的动词上，以此构建各种进行时态的句子。在这个阶段通过不断的实践，学习者检验并改进他们的语言应用规则。

3. 自动化阶段

在自动化阶段，学习者可以熟练且自然地应用语言规则，特征是他们使用语言时无须刻意思考这些规则，能够流畅自如地表达。比如，一个学生会在对话中自然而然地正确运用各种进行时态的动词，这表明他已经把这些知识转化成了自己的程序性知识。这一阶段的语言使用高度自动化且无须意识努力，使学习者能够在不同的语境中灵活且准确地使用所掌握的知识。

从对语言规则的认知理解到规则的综合应用，再到规则的自动化运用的整个过程，体现了学习者从初级到高级的语言掌握过程。这个过程不仅仅是知识的积累，更是认知和技能的转化，使得学习者在语言使用上逐渐成熟和自信。安德森运用ACT模型来解释第二语言课堂学习。他认为，第一语言学习和第二语言学习存在着一定的差别，差别在于学习者达到的学习阶段不同。第一语言学习者几乎都已达到自动化阶段，而第二语言学习者一般只能达到联结阶段。尽管有些第二语言学习者经过练习获得了相当程度的程序性知识，但他们并没有完全达到自动化阶段。

二、麦克劳夫林的信息加工模型

麦克劳夫林在大量地借鉴认知心理学中有关信息加工的研究后，提出了信息加工模式，采用控制性加工、自动化加工、重构等概念来解释第二语言的学习。由于任务本身的性质和信息加工能力的限制，学习者每次只能处理有限的信息。为了最大限度地拓展信息加工能力，学习者需要将某一技能常规化、自动化。

（一）控制性加工

控制性加工阶段主要出现在语言学习初期，学习者需要密集地集中注意力处理语言信息。这时，他们正努力理解和运用新学的语言规则，这个过程对注意力和认知资源要求很高，常伴随着对语言形态的有意识分析。例如，刚开始学英语的学生可能得花很多时间才能弄懂并记住不规则动词的过去式，使用这些动词时还得刻意回想其变化形式。这种处理方式效率不高，也容易因为学习者注意力的限制而受到干扰。

（二）自动化加工

随着对语言规则的持续练习和掌握，学习者逐步达到自动化加工阶段。在这一阶段，他们能够快速且准确地运用语言，而无须大量动用认知资源。例如，在长期实践后，学生在进行英语交流时，无须刻意考虑每个词的发音或语法结构，使得他们表达思想更流畅自然。此时，语言技能已从有意识加工转化为无意识运用，变成学习者的隐性知识。

（三）重构

重构在信息加工模式中描述了学习者在语言学习过程中对认知结构的调整和改进。这是一个持续且动态的过程，涵盖了对现有语言知识的重新排列和对新知识的融合。比如，在掌握第二语言的语法时，学习者不是简单记忆规则，而是理解这些规则在不同情境下的适用性，并在实际应用中不断地调整和完善规则的使用。

尽管麦克劳夫林的模型为第二语言学习提供了有益的观点，但它在实际应用方面仍存在一定的局限性。该模型对于练习和重构的描述过于笼统，并没有具体说明这些概念在语言学习过程中的具体应用方式，也未能详细阐述影响学习者重构语言信息的具体因素。因此，要将这一模型应用于具体的教学和学习实践中，需要进一步的具体化和细化。

三、比亚利斯托克的分析－自动模式

比亚利斯托克的分析－自动模式为第二语言学习提供了一个有效的理论框架，它由语言输入、知识结构与类型，以及语言输出这三个关键要素构建而成。

在语言输入方面，该模型强调学习者的语言环境对于掌握第二语言的关键作用。语言输入不仅涉及与目标语言的直接互动，也包含在该语言环境下的交流与互动。比如，在学习外语时，学习者可通过看外语电影、与母语是目的语的人交谈，或者在外语环境中居住来接收和处理外语信息。

比亚利斯托克的模型将语言知识分为显性和隐性两种类型。显性语言知识指的是学习者能够清晰意识到并描述的语言规则和事实，如能够解释语法规则或词义使用，这通常通过正式的语言学习过程，如课堂教学或系统性语法练习获得。而隐性语言知识则是学习者在语言使用中自动、无意识地运用的知识，如日常交流中无须思考即可正确运用的语法结构，这通常通过语言实践和自然交流活动学习到。在语言输出方面，学习者的反应根据知识类型可分为基于隐性知识的自然快速反应和基于显性知识的仔细考虑后的反应。例如，学习者在自然对话中可不假思索地运用正确的语法（隐性知识），而在需要解释该语法结构时则需花时间思考（显性知识）。比亚利斯托克的模型突出了显性语言知识和隐性语言知识之间的互动和转换。在学习过程中，通过练习和反思，学习者逐渐将显性知识转化为隐性知识，实现语言技能的自动化。

学习者能够从隐性知识中抽取显性知识，以深入理解和分析语言。显性知识，如语法规则的解释，通常通过正式教育获得。而隐性知识，如日常交流中的自然语法使用，主要通过语言实践学习。在语言输出上，学习者的反应依据知识类型分为基于隐性知识的即时自然反应和基于显性知识的经过思考的反应。这表明了从控制到自动化的知识转变，及学习者对语言的深度分析和内化过程。

在解释可分析性知识发展过程时，比亚利斯托克借鉴了卡米洛夫－史密斯（A. Karmiloff-Smith）关于技能发展的三个阶段理论。第一个阶段叫作"隐性阶段"，在该阶段，语言知识与其应用是紧密相连的，在认知结构中不独立表征。例如，学习者可以提供多个与某一限定词搭配的名词，但还不能将限定词系统地分析，进行归类。第二个阶段叫作"显性1"，为了构建显性的、独立的语言知识表征，学习者要检查、分析并组织自己的语言行为。第三个阶段叫作"显性2"，在这个阶段，学习者可以有意识地分析语言知识。

第三节　基于信息加工理论的英语教学策略

在信息加工理论的指导下，英语教学的开展可以借鉴以下几种教学策略。

一、要重视引起学生的"注意"

根据信息加工理论，在感觉登记器中，只有被"注意"的信息才能进入短时记忆系统，因而凡是能促进知觉和注意的方法，都能促进学生的学习记忆。在这一理论的指导下,英语教学应该设计得能够有效地吸引并保持学生的注意力,因为只有被注意到的信息才能进入学生的短时记忆,进而可能转移到长时记忆中。为了实现这一目标,教师可以采用以下策略。

(一)明确教学目标和重点

教师需要明确设定并传达每节课的学习目标,让学生了解学习的重点。举例来说,在介绍新课文时,教师应概括主题和学习目标,包括重点词语、重要短语及主要语法点,指导学生集中精力于这些关键内容。

(二)激发学生的兴趣和情感

激发学生的兴趣和情感是重要的教学方针,教师可以通过多样化的教学策略和资源来实现,如故事讲述、角色扮演、互动游戏和视觉辅助。比如,展示引人入胜的英语国家文化图片或视频,能唤起学生的好奇心,吸引他们积极参与。同时,结合学生个人经历和兴趣开展教学活动,如讨论他们喜爱的英语歌曲或电影,可以有效增强学习动力。

(三)创造一个学生乐意参与的学习环境

教师需要营造一个促进学生积极参与的学习环境,让学生感到他们的意见和问题都被尊重,从而营造出开放和支持的课堂氛围。在这种环境中,学生更倾向于积极提问,参与讨论和活动,这不仅可以帮助他们集中注意力,也可以促进他们对英语的深入理解和使用。例如,设置"问题环节"鼓励学生就课程内容提出疑问,或通过小组讨论让学生分享观点和学习体会,都是提升学生参与感和对课程内容兴趣的有效方法。

二、尝试增加短时记忆的信息含量

一种基于信息加工理论的英语教学策略是提升短时记忆的容量,这涉及增强学生的信息处理技能和改进信息的组织形式。具体而言,教师可以实施以下措施。

（一）有节奏感地开展教学

教师在教学中保持明确节奏，可以帮助学生高效地处理信息。这包括给予学生足够的时间复习和深入理解新学的知识。例如，在介绍新的语法或词汇后，教师可以通过设计填空、改错等活动，帮助学生多次练习应用新知识，从而促进信息从短时记忆转化为长时记忆。

（二）使用有效的复述策略

鼓励学生运用有效的复述策略可以促进他们对信息的整理和理解。举例来说，当学生读完一篇文章或对话之后，可以让他们尝试用自己的话复述其核心思想，这不仅可以检验他们对材料的理解程度，而且有助于加深对内容的处理。组织学生进行小组讨论，围绕阅读材料分享各自的看法，这样的互动能进一步帮助学生梳理和加深对材料的理解。

（三）优化信息的组织方式

改进信息的组织方式是提升短时记忆效率的关键。教师可以通过分块信息或使用图表、思维导图等视觉工具，协助学生更有效地整理学习内容。比如，在讲授文章时，教师可以指导学生用图形化方法梳理文章主旨和支撑细节，这种视觉化策略有助于学生更清晰地记忆和理解信息。采用这类方法能够促进学生更高效地加工和存储材料信息，进而提高学习成效。

三、促进知识的结构化

促进知识结构化是基于信息加工理论的一种英语教学策略，旨在通过复习和实践加深记忆。这种方法可以辅助学生更有效地整理和保存学习材料。

(一)双重编码加工知识

双重编码是通过同时运用语义和视觉手段加工语言信息,以此增强记忆的一种策略。当教授新的语法规则时,教师可以结合使用文字解释和视觉辅助工具,如表格和图片,更直观地传达规则。这种方法不仅限于语法教学,也可应用于词汇和短语的教学中。例如,教师可以通过实物图片或情境图解介绍新词,同时提供语境中的用法示例,帮助学生在心理上构建起对这些词语的双重认知连接。利用故事讲述或情境模拟等方式,将语言点融入具体的情境中,也是双重编码的有效应用,这样不仅加深了学生对语言点的记忆,还能提高他们将知识运用于实际的语言使用能力。

(二)构建知识结构和网络

构建知识结构和网络是促进长期记忆形成的关键策略。教师应指导学生把新学的知识与他们已掌握的知识相联系,创建一个互相连接的知识体系。教师在教授新词时可以把这些新词与学生熟悉的词或概念相结合,利用比较的方法帮助学生把握新词的含义及使用场景。这种做法不仅可以提升学生对新知识的理解程度,也有助于知识在记忆中的稳固和长期保持。

(三)定期复习和实际应用

周期性的复习与实践应用对于巩固所学知识至关重要。教师应规划定时复习和实践活动,如通过设计小测验、进行角色扮演或开展主题讨论等,使学生能够反复练习和应用学过的知识。这种方法不仅加强了学生对语言知识的掌握和记忆,也提高了他们的语言实际运用能力。采用这些综合策略,教师能够协助学生更高效地处理和记忆英语知识,进而显著提升学习成效。

四、加强语言知识与实际生活的联系

依据信息加工理论,一个关键的英语教学策略是将语言学习与实际生活密切结合,以促进学习内容的应用和迁移。这种策略可以增强学生利用所掌握的知识解决现实生活问题的能力,进而促使知识得到长久保留和进一步深化。

(一)创设多样化的语言使用场景

通过创设多种语言应用情景,教师能够让学生在真实或近似真实的环境中练习英语,如在课堂活动中,教师可以布置模拟餐厅点餐、旅行咨询或商务会谈等角色扮演任务,鼓励学生利用英语进行互动和解决问题。这样的做法不仅将理论知识具体化为实践技巧,也让学习过程更加有趣和实际应用性更强。

(二)鼓励学生参加英语课外活动

教师应鼓励学生积极参加英语课外活动,如可以安排学生加入英语角、参与英语剧团表演或参加英语辩论赛等,通过这些场合练习英语。这种课外实践既能增强学生对学习内容的理解,也能提升他们的英语应用及交际能力。

(三)在项目和任务中锻炼英语能力

结合学生的兴趣和背景,教师应设计与之相关的项目和任务,鼓励学生把英语知识应用于专业或爱好中。比如,对商务英语专业的学生,教师可以布置编写商业计划书或制作市场调研报告的任务,并指定用英语完成。这种方法不仅让学习更加贴近实际,也能有效提高学生的学习动力和参与度。

第八章 社会文化理论与英语教学策略

第一节 社会文化理论的内涵解析

一、社会文化理论基本认知

(一) 社会文化理论的核心观点

社会文化理论最初由苏联心理学家维果茨基(L.S. Vygotsky)在20世纪30年代提出,强调认知发展与社会文化因素之间的密切联系。该理论认为,个体的认知发展不是孤立发生的,而是在社会互动和文化背景的影响下进行的。人类的心理机能从最初受客观事物的控制逐步发展到受他人的影响,最终达到自我调控的能力。这一理论突出了语言在人类认知心理发展中的重要作用,指出语言不仅是沟通交流的工具,也是思维和认知发展的关键媒介。

维果茨基的社会文化理论强调,学习是一个社交过程,涉及学生与他们的社会环境——包括同伴、教师、家庭以及更广泛的社会成员的互动。通过这种交流,学生不仅可以获得具体的知识和技巧,还可以学会思考、解决问题和理解周围世界的方式。因此,教学环境和方法应该促进这类社会性互动,帮助学生全面成长。

（二）社会文化理论在教育领域的应用

在教育领域，社会文化理论对教学方法和课堂实践产生了深远的影响。教师可以创造一个支持性的社会学习环境，使学生能够通过合作、讨论和共同探究来学习。这种环境强调学生的主动参与和社会互动在学习过程中的重要性。教师更多的是作为引导者和协助者，而不仅仅是知识的传递者。

此外，社会文化理论还强调文化背景在学习中的重要作用。学生的文化背景和经验被视为学习的重要资源，教学内容和方法应尊重并融入这些背景和经验。这种方法有助于学生建立知识与现实世界的联系，提高学习的相关性和有效性。

二、社会文化理论的构成要素

社会文化理论可以概括为三个方面：心理发展观、人类高级心理机能的社会起源观、思维和语言理论。这三个方面分别包含内化、最近发展区、支架等重要核心概念。

（一）心理发展观

维果茨基认为，由于工具的使用，人们的适应方式发生了改变。人类所使用的工具中包含着人类一切生产活动的间接经验，即社会文化知识经验。正因如此，人类的心理发展不再受生物进化规律制约，而受社会历史发展的规律制约。在这个过程中，"内化"成为连接外部世界和个人内在心理过程的关键概念。维果茨基将内化定义为一种将外部世界的帮助和经验转化为个人内在资源的过程，这一过程不仅影响个体的心理发展，还反映了社会的发展轨迹。

维果茨基强调，在儿童心理成长过程中，所有高级心理功能最初以社会活动的形式存在，之后转变为个体的内部思维和心理功能。这表明社会交往对于个体心理发展具有关键影响。通过与他人的交互和协作，儿童不仅掌握了具体的知识与技能，也培养了他们的思维与解决问题的能力。

维果茨基的教育观点强调社交互动和文化工具在促进学生认知发展方面的作用。基于这种理论，教育工作者可以开发出高效的教学策略和活动。通过安排小组学习、角色扮演和讨论活动，教师可以创造一个促进社交互动的学习环境，帮助学生将社交体验转化为认知上的成长。此外，教师还应该意识到教育媒介，如书籍、网络资源和多媒体的价值，这些不只是传递知识的工具，还承载着深厚的文化和社会意义。利用这些资源，教师能引领学生构建与外部世界及自我思考的联系，从而促进他们的认知和心理发展。

维果茨基的心理发展观为理解个体在社会文化背景下的认知发展提供了深刻的见解。这一理论不仅对心理学和教育学有重要的意义，还为教师在实践中创造更加有效的学习环境提供了指导。通过指导学生进行社会互动和利用文化工具，教师可以更有效地支持学生的心理发展和认知成长。

（二）人类高级心理机能的社会起源观

1. 维果茨基高级心理机能社会起源观的深入解析

维果茨基的高级心理机能社会起源观强调了人类心理机能发展的社会文化根源。这一观点认为，人类心理机能的发展从低级到高级的转化不仅仅是个体生物进化的结果，更多的是社会文化影响的产物。在个体发展层面上，儿童通过与成人的交互和使用语言这一关键的中介工具，从而在低级心理机能的基础上发展出高级的心理机能。语言作为心理机能发展的关键中介，不仅是沟通的工具，也是认知加工的媒介。

高级心理机能的成长通过一个将外部活动转变为内部心理过程的内化机制进行。在这个过程中，心理机能从简单到复杂的演变，依赖符号和语言的关键中介作用。社会文化活动的内化使得外部经验转化成个人的心理结构。符号系统或在社会互动中形成的行为模式，对于推动个体的认知发展和心理成长具有决定性作用。

2.高级心理机能发展的阶段性特征

维果茨基深入分析了高级心理机能发展的阶段特点。在心理成长的早期阶段，儿童主要在物体操作阶段，此时他们对环境的控制相对有限。随着成长，他们步入他人指导阶段，此时在成人指导下能够执行更为复杂的活动。此阶段的核心是儿童通过社会交往和语言中介学习如何掌控及理解周围世界。最后，儿童达到自我管理阶段，此时他们能够独立地完成任务，并自我调节自己的行动和思考。

维果茨基的社会文化理论为人类心理发展提供了一个独特的视角，突出了语言和社会交往在促进个体认知与心理成长中的核心角色。此理论深入探讨了个体如何在社会文化环境中逐渐发展出高级心理机能。这不仅为教育实践和心理咨询提供了理论基础，也为认知科学领域贡献了实践指南。理解此理论能够帮助人们更加清晰地看到社会文化要素对个体心理发展的深远影响，及教育和社会环境对个体成长的重要作用。

（三）思维和语言理论

维果茨基在《思维与语言》中提出了关于思维和语言关系的深刻见解。他认为，思维和语言虽然是两个独立的心理过程，但它们在发展中紧密相连，相互作用。语言不仅是交际的工具，也是思维发展的重要媒介。在儿童成长的过程中，他们通过与周围人的互动学习语言，这种学习过程不仅涉及语言规则的掌握，还包括认知能力的发展。维果茨基进一步阐述了语言发展的阶段。最初，语言主要是用于社会交流，随着个体发展，语言逐渐成为思维的工具，转化为内部语言。这种转变涉及从外部的社会性语言到自我中心的语言，最后到内部语言的演变。内部语言是个体内在思考的体现，它是外部语言的内化，反映了个体心理活动的深度和复杂性。

在认知发展中，思维与语言的互动显得格外关键。维果茨基的观点是，认知活动根植于社会历史环境，并由此发展而来。这表明，个人的思维和认知方式并非完全由与生俱来的因素所决定的，而是在社会文化的互动中逐步形成的。通过这种互动，个体不仅掌握了语言，还获得了解决问题和理解世界的技能。例如，儿童在学习语言时常会自言自语，这不仅是他们在用语言整理思维、引导行动，也标志着从公开的社交语言到个人内在思维语言转变的过程。随着年龄增长，自言自语逐步转化为内心的语言，成为思维活动的内在元素。

维果茨基的理论深入探讨了思维与语言在社会文化背景下如何塑造个体的认知能力。此理论突出语言在认知成长中的核心角色及社会文化对思维进程的显著影响。借助此视角，人们能更综合地了解个体是如何通过语言交流和社会参与，培养出复杂的思维技巧的。

第二节 社会文化与语言、认知的关系

一、社会文化与语言

（一）语言反映社会文化

语言是沟通和表达的工具，也是社会文化的一种重要载体。它不仅仅传递信息，更深刻地反映了一个民族的心理特征、社会习俗、信仰体系和认知方式。每种语言都是在其所属的文化、历史背景和特定的生活环境中发展形成的，这些因素共同影响了语言的发展，形成了每种语言独有的结构、语法规则和词汇体系。通过对不同语言的学习和理解，人们可以更深入地洞察不同民族的世界观、生活哲学和价值观念。语言不仅是交流思想的桥梁，也是理解和体验不同文化的重要窗口。

1. 语言反映民族心理特征和思维模式

（1）语言与民族心理特征的联系。语言深刻映射了民族的心理和思维特征。各种语言系统内的词汇及其表达形式，展现了不同文化背景下的心理特点和思维习惯的独特性。以汉语为例，其丰富的词汇和成语深

植于文化和社会价值之中，如"团圆"和"和谐"等词，反映了中国文化对家庭和社会和谐的极高评价。另外，像成语"巧妇难为无米之炊"和"水滴石穿"，既传达信息又富含哲理，体现了中国文化的实用主义和坚韧精神。汉语表达的象征性和隐喻性，如"鹤立鸡群"描述人的杰出才能，展示了中文表达的含蓄和深远。

相对而言，在英语中，单词，如"freedom"（自由）和"innovation"（创新）凸显了西方文化中对个人自由和创新精神的重视。短句，"Time is money."（时间就是金钱。）则展现了英语表达的直接性和实用性，这反映了西方文化中直接交流和效率优先的心理特点。英语中的谚语和俚语，如"An apple a day keeps the doctor away."（一天一个苹果，医生远离我。），直白且易于理解，反映了英语文化中的实用主义和通俗易懂的特点。

（2）语言的文化内涵和心理影响。语言既是沟通的桥梁，也承载着文化与心理的深层意义。它所蕴含的词汇与表达形式，既受到文化遗产和社会观念的影响，也塑造了人们的思维与行动。汉语里的成语和谚语，如"水滴石穿"和"满招损，谦受益"，展现了坚毅与谦和的文化理念。这些语言形式不仅携带信息，还传递了文化的智慧和生命的哲思。

语言中的这些特征不仅表达了特定民族的心理和文化特性，还在一定程度上塑造了人们的世界观和行为习惯。了解和掌握不同语言的特点，有助于更深入地理解不同文化背景下人们的行为模式和思维方式，进而促进跨文化交流和理解。通过这种方式，语言成为连接不同文化和心理世界的桥梁，促进全球多样性文化的互相理解和尊重。

2.语言反映民族风俗习惯，影响思维与行为

语言中的词汇和表达方式往往与民族的风俗习惯密切相关。在汉语中，有许多与饮食有关的成语和俗语，如"人是铁，饭是钢，一顿不吃饿得慌"，这反映出中国文化中对饮食的重视。在英语文化中，常用的短语"Keep it short and sweet"（简短而精练）也深刻地反映了西方社会对时间效率和信息精准度的重视。这个表达不仅仅是一种言辞上的建议，更是

西方文化中追求高效沟通和避免冗余的一种体现。它揭示了西方社会中的一种普遍信念：在交流中，简洁明了的信息更容易被理解和接受。这种对简洁和效率的重视反映在多个方面，如商业会议、学术报告甚至日常对话中，都强调信息的直接性和实用性。在商务环境中，如"elevator pitch"（电梯陈述）这一概念强调在极短的时间内准确而有效地传达核心思想，这进一步展示了简短而高效的交流在西方文化中的重要性。

通过这样的表达方式，英语文化不仅在语言上表现出对效率的重视，也影响着人们在思维和行为上追求效率和实用性。这种文化特征促进了信息的快速传递和决策的迅速制定，是西方社会快节奏生活和工作方式的一个重要方面。

3. 语言反映对自然环境的适应、感知和情感

语言与生存环境之间的密切关系是文化和语言发展的一个关键方面。不同的生存环境孕育了各自独特的语言形式，反映了不同民族对于自然环境的适应和感知。

汉语对自然景色的描述既生动绚丽又充满文化深意。比如，"烟雨江南"和"北国风光"这样的词汇，不只捕捉了中国某些地区的独特自然美，还透露了对理想和谐生活的追求。这类表达不仅展现了中国的传统审美观，也映射了人与自然和谐相处的价值理念。诗词，如"采菊东篱下，悠然见南山"和"江南好，风景旧曾谙"；成语，如"世外桃源"以及"日出而作，日入而息"，反映出中国文化对自然之美的颂扬和对平和生活的渴望。

相比之下，英语中与海洋和航海相关的单词数量众多，这反映了英国作为海岛国家的地理特征和历史背景。从"navigator"（航海家）到"maritime"（海事的），这些单词揭示了英国文化中对海洋探索的重视和受航海历史的影响。在英语中，"to weather a storm"（安然度过暴风雨）这样的短语不仅字面上表达了与海洋环境的直接关系，也隐喻了面对困难和挑战的决心和韧性。

（二）语言影响社会文化

对语言影响文化的论述不得不提到形成于 20 世纪 50 年代的"萨丕尔－沃尔夫假说"（Sapir-Whorf hypothesis），这一假说自提出之日起就颇受争议。这一理论主要包含两个方面的内容。

1. 语言相对论

语言相对论是一种认为语言形式和结构影响着说话者的世界观和思维方式的观点，强调语言对思维的相对影响。这一理论认为，不同的语言系统提供了不同的方式来理解和描述世界。语言不是现实的被动反映，而是主动塑造和定义人们对现实的认识。例如，某些语言具有特定的时态和方位系统，这些系统能影响说话者对时间和空间的感知和理解。语言相对论并不意味着语言决定思维，而是认为语言在一定程度上影响和引导思维模式。

该理论指出，不同语言背景的人描述相同事件时，其表达风格各异。举例来说，若某语言中缺少明确的未来时态，其使用者对未来的预见和规划可能受到影响。反之，拥有丰富动词变形的语言，能够详细刻画时间、方式与行为主体，从而帮助说该语言的人对动作和事件进行更精细的思考和分析。

在当代的全球化及多元文化环境中，语言相对论强调跨文化理解和交流的必要性。这个理论的"弱势理解"版本提出，尽管语言塑造了人们的思维模式，但这种影响并非绝对的。通过学习新语言与文化，人们能够扩展自己的思维和视角，进而更深刻地理解并尊重文化多样性。

2. 语言决定论

（1）语言决定论的核心思想。语言决定论认为，语言深刻影响人们的思维方式和世界观。这一理念强调语言不仅仅是表达思想的手段，更在很大程度上塑造和限定了思想本身。语言中的词语选择和表达方式界定了人们的认知范围和理解能力。如果一种语言中缺乏表达某种特定情感或概念的词汇，那么使用该语言的人可能就难以完全感受或表述这种

第八章 社会文化理论与英语教学策略

情感或概念。

语言决定论提出,不同语言通过其独有的分类体系和表达习惯,形成了使用者的世界观。比如,有的语言对颜色的划分非常详细,而有的则只包含几种基本颜色的词语。这种区别会影响人们对颜色的认识和表述方式。根据这一理论,语言的这些特性不仅确定了人们描述世界的方式,也塑造了他们观察和理解世界的视角。

(2) 语言决定论的争议与限制。虽然语言决定论对于探讨语言与思维的关系提出了重要见解,但其遭遇了不少挑战和质疑。批评者指出,该理论过于简化,没有充分考虑人类思维的广泛性和复杂性。实际情况是,人的思维受到语言的影响,但并不完全局限于语言。个人经历、教育和文化背景等因素同样对思维模式有着显著作用。此外,语言决定论有时忽略了人的适应性和创新能力。例如,缺乏特定词汇并不阻碍人们通过比喻、类比或创新词汇来理解和传达新概念,显示出语言是一种可随使用者需求进化的活跃系统。

(三) 社会文化对语言的反作用

1. 文化传统与社会习俗构成了语言演化的根基

语言和文化之间存在着深刻的相互作用关系。文化不仅提供了语言演变的基础环境,而且深深影响着语言的各个方面,包括结构、用法和表达风格。语言在其词语选择、语法结构以及表达方式上都反映了其所属文化的特点。这种密切的联系使得语言成为文化特性的一种体现,反映出文化的多元性和丰富性。举例来说,中西文化差异在语言表达上表现得尤为明显。由于受到传统文化的影响,中文表达方式往往更加注重整体性和语境的适应性。中文的表达倾向于更加抽象和隐晦,强调语境的配合和整体意义的传递。例如,中文中常用的成语和典故,不仅富有深刻的文化内涵,还要求听者具有相应的文化背景知识来理解其深层意义。在西方文化中,语言的直接性和明确性反映其对逻辑和分析思维的强调。英语突出了句法的严格性和逻辑流畅性,目的是保证信息的准确传递和理性对话，特别是明确的时态、语态和精确的句子结构可以提高表达得清楚度和逻辑性。这凸显了文化对语言发展和使用方式的深远影响，也说明了通过掌握语言的文化底蕴，可以更全面地理解一个民族的思维模式和文化特质。语言与文化的相互作用不仅塑造了语言的结构和用法，也形成了人们的思考和沟通风格。

这两种不同的文化思维方式与语言表达风格，正是由各自独特的文化背景和历史传统所塑造的。这也进一步印证了文化对于语言的深刻影响，它不仅决定了语言的内涵和表达方式，还在细节之处展现了文化的风格和特点。而对于学习者来说，深入理解语言所蕴含的文化内涵，有助于更为准确和自如地运用语言，实现有效沟通。

2. 社会文化赋予语言词汇深层象征意义

文化在塑造语言词汇方面的作用不止于形式和结构，它更为词汇注入了丰富的象征意义，使得每个词语不仅是语言的组成部分，也成为理解和表达文化的关键工具。在不同的文化背景中，同一词语可以承载截然不同的象征意义和文化指涉，反映出文化间的深刻差异和丰富多样性。

词汇在文化中的意义通常分为概念意义和比喻意义两个维度。概念意义关注词汇对现实世界的直接描述，而比喻意义则打开了词汇在象征、引申和文化指涉上的更宽广空间。例如，在中国文化中，"竹"象征着坚韧和高洁，常被用来比喻人的正直和不屈不挠的精神。它代表着不畏艰难、坚持原则的品质。相对地，在西方文化中，橄榄树（olive tree）象征着和平与希望，经常被用来表示胜利和神圣。这种差异反映了东西方文化中对自然元素象征意义的不同理解，东方文化强调的是品格和道德的象征，而西方文化更侧重于和平、胜利和宗教的意义。这种差异反映了东西方在价值观念、信仰体系和传统习惯上的根本不同。进一步来看，文化对语言的影响远不止于单一词语，它还延伸至语境、修辞习惯和语法结构等层面。不同的文化背景塑造了各自独特的沟通模式和表达风格，对同一事物的描述和认知也因此呈现多样化。因此，在学习和运用语言时，深入理解其文化背景是至关重要的，这有助于人们更准确、全面地理解语言的深层含义,并在跨文化交流中达到更有效的沟通。

3. 社会文化从不同角度制约语言的运用

文化作为语言运用的制约与决定性因素,塑造了人们使用语言的方式和习惯,也决定了语言的生成与理解。文化作为语境的核心,为语言提供了丰富而复杂的背景,进而影响了语言的接收与表达。理解文化的差异和特性,能够有效避免在交流过程中出现的误解、冒犯与无礼,实现更为和谐与顺畅的沟通。

(1)相同文化背景下的语言影响。在共享相同文化背景的环境中,语言呈现出独有的特性与规律。例如,人们会根据文化习俗和传统避讳,对某些词语或名称进行修改或替换。这样的避讳并非仅仅是语言层面的变化,更是文化价值和社会规范对语言运用的深刻影响,显示出文化与语言间不可分割的联系。

(2)不同文化背景下的语言影响。当语言沉浸在不同的文化背景中时,即便是相似的表达也会产生截然不同的理解和反应。以问候语为例,汉语中的一些常见问候,转换为英语之后,可能会引发文化冲突与隐私顾虑,表明了文化对于语言表达和理解的关键作用。这类文化差异所引发的误解,反映了不同文化群体对于隐私、礼貌和人际交往的独特看法和价值取向。

二、社会文化与认知发展

(一)皮亚杰的认知发展理论

皮亚杰的认知发展理论在心理学领域占据着核心地位,为理解儿童心理成长提供了深入的视角。他提出儿童认知能力的发展遵循特定的阶段,每一阶段都标志着独有的思维特性和能力。通过这些阶段,儿童逐渐从基本的感知向更加复杂的抽象思维能力转变(图8-1)。

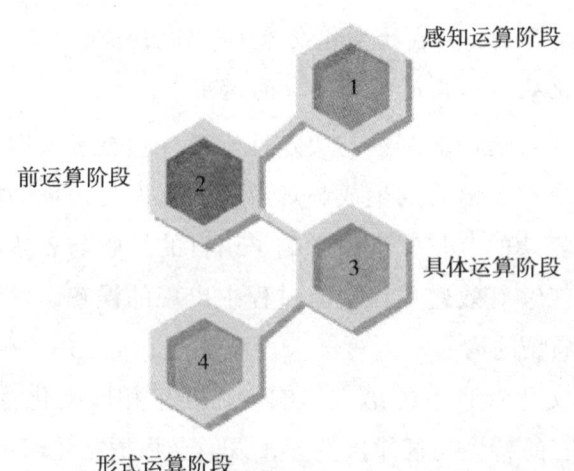

图 8-1 儿童的认知能力发展阶段

1. 感知运算阶段（0～2岁）

在这个阶段，儿童的认知发展主要通过感官和动作实现。婴儿通过触摸、看、听和尝等感官体验来探索世界。他们学习对象恒常性（即物体即使不被看到也依然存在）和因果关系的基本概念。在此阶段，儿童的思维主要是以感觉和当前的行动为基础，尚未发展出对过去或未来的认识。

2. 前运算阶段（3～7岁）

在这个阶段，儿童开始使用语言、图像和符号来表达和思考。他们的思维更具象征性，但仍然是以自我为中心的，缺乏逻辑性。在这个阶段，儿童往往无法理解事物的不变性，如同一数量的水在不同形状的容器中看起来"多"或"少"。他们还会展现出以自己的视角看世界的倾向，即难以理解他人的观点和想法。

3. 具体运算阶段（8～11岁）

在此阶段，儿童开始发展逻辑思维能力。他们能够进行具体对象的分类、排序和系列化等操作，开始理解事物的不变性和转化。例如，他们能够理解即使外形改变，物体的数量、体积或质量仍然保持不变。然而，这一阶段的儿童思维仍与具体情境和可见的事物紧密相关，难以进行抽象和假设性思考。

4. 形式运算阶段（12～15岁）

在形式运算阶段，儿童的认知能力达到了成熟，开始展现出抽象思维和逻辑推理的能力。这一时期的青少年可以掌握抽象的概念，进行基于假设的推理，并能在不依靠具体物品或直接体验的条件下进行思考。他们的思考方式变得更加有条理和科学化，能够理解更加复杂的数学概念和逻辑命题。

皮亚杰的理论指出，虽然不同个体之间的发展阶段可能在年龄上有所差异，但这些阶段出现的顺序是固定的，并且普遍适用。这表明，虽然智力水平和社会环境因素可能影响个体的发展速度，但认知发展的基础过程对于所有人来说都是相同的。皮亚杰的观点对理解儿童心理成长及其在教育实践中的应用极为重要，提供了支持儿童各发展阶段的关键理论。

皮亚杰不是语言学家，但他的认知发展理论也对人类对语言的学习与使用进行了描述。在他看来，儿童先将所感知的周围事物符号化，在这一符号化活动中逐渐将事物内化为表象，并且学会了语言。思维先于语言发生，但二者的发展是平行的。当儿童的思维达到运算阶段时，思维和语言就相互联系、相互同化和协调起来。思维并非起源于语言，但是智力发展程度越高，语言的重要性就越大，因为语言是交际的工具，起到传递信息的作用。

总之，皮亚杰认为语言是人类众多符号体系之一，是人与环境互动过程中认知发展的结果。而乔姆斯基却认为，语言具有高度的特殊性和复杂性，因此，语言能力的获得不可能仅靠环境与认知，人脑一定是先天具备某种机制(语言习得机制)，才能在很短的时间内学会使用语言。可见，皮亚杰和乔姆斯基的说法各有局限，某些语言知识如句法结构的获得仅依赖部分认知能力，而对语言的全面掌握和使用则需要包括认知能力在内的更广泛的知识和能力。

（二）维果茨基的最近发展区假说

维果茨基的最近发展区理论是探讨儿童语言和认知成长的关键框架。该理论指出，在成年人或能力较高的伙伴协助下，儿童能完成原本无法独立做到的任务，凸显了社会互动对儿童成长的重要性，尤其在语言和认知技能的发展方面。

"最近发展区"定义了儿童现有能力与在恰当引导下可达成的潜能之间的距离。在这一领域内，通过适宜的社会交往和指导，儿童可以掌握新的技能与知识，进而增强他们独立解决问题的能力。这样的互动通常涉及成年人或伙伴向儿童提供的指导、鼓励和支持。举例来说，如果一个孩子能在成人辅助下解答一道难题，那么这道难题就处于该孩子的最近发展区域之内。

维果茨基的理论强调社会文化背景在儿童发展中的重要性，与皮亚杰注重个体探索的理论形成鲜明对比，特别强调社会互动对发展的贡献。他认为，儿童是通过与其社会文化环境的互动而学习和发展认知能力的。在维果茨基看来，语言既是联系个体心理发展与社会文化环境的桥梁，也是推进认知发展的核心力量。他着重指出，语言和社会交往不仅帮助儿童理解外部世界，也支持他们建构和组织内部思维。

维果茨基对语言与思维关系的研究具有开创性的贡献，他的观点在心理学和教育领域产生了深远影响。与皮亚杰的观点相比，维果茨基对语言与思维关系的解读更加深入和全面。他认为，语言不仅仅是个体与社会互动的结果，更是个体思维和认知与外部世界互动的重要媒介。维果茨基提出，语言在个体与社会互动中起到了双向的中介作用。一方面，个体通过语言的"内化"过程将社会规范和知识转化为个人思维和行为的指导；另一方面，个体通过语言的"外化"过程将个人的思维和认识传达给社会，从而产生社会影响。这一观点突破了单纯将语言视为社会沟通工具的传统看法，强调了语言在个体认知发展和社会文化互动中的双重作用。

维果茨基进一步强调，儿童的私语不仅是自我表达的一种形式，还具有调节和指导思维的功能。他将儿童的私语视为"内部语言"的一种表现，认为它是儿童认知发展的一个重要标志。私语的存在显示了儿童如何通过语言来组织和规划自己的行为，以及如何通过语言来解决问题。维果茨基对"内部语言"与"外部语言"的区分并非简单的语言形式上的划分，而是深入探讨了在个体与社会互动中，语言与思维之间转化过程的复杂性。尽管维果茨基的研究侧重于思维发展，但他的理论同样为理解社会文化因素对第二语言习得的影响提供了重要视角。通过了解维果茨基的理论，人们可以更好地理解个体如何在社会文化背景下通过语言习得和思维发展相互作用和影响。

（三）布鲁纳的支架理论

维果茨基在心理学领域的研究成果直到20世纪60年代才开始逐渐进入西方国家的心理学领域，并迅速引起强烈反响，对西方的教育心理学产生了广泛而深刻的影响。1962年，以布鲁纳为首的美国教育心理学家将维果茨基的《思维与语言》译成英文在美国出版，从而引发了当代教育心理学的一场革命。维果茨基的最近发展区假说认为，学习首先是社会行为，然后才是个人行为。换言之，学习者能力的提高是在周围帮助的基础上内化而成的。这种外界的帮助具有"支点"的作用，布鲁纳在最近发展区假说的启发下，首创了教育学领域著名的支架理论。

布鲁纳的支架理论在教育心理学中占据重要位置，突出了在学习过程中，教师和同伴提供的指导与支持的重要性。这种支持类似于建筑工程中的支架，不仅帮助学生完成当前的学习任务，更重要的是促进学生的能力发展和自主学习能力的增强。

1. 唤醒学习热情

支架式教学的目的是唤醒学生对学习的热情。教师可以通过设计吸引人的学习场景，如提出激发思考的问题、利用与学生生活经验息息相关的实例，或者讲述具有教育意义的故事，激发学生的好奇心。将学习中的抽象概念与学生日常生活中观察到的现象连接起来，可以帮助他们更深入地理解学习内容。同时，利用现代技术和多媒体资源创造一个动态互动的学习环境，可以提高学生的参与感和学习积极性。

2. 简化学习任务

支架理论重视在教学中辅助学生理解复杂的概念或技能。通过把大型任务拆分为更小、更易管理的部分，教师可以使学习过程变得简单。渐进式的指导和提示帮助学生步步深入地掌握复杂的概念，避免一开始就面对难以克服的挑战。同时，借助图形、表格或图表等视觉工具能够进一步清晰地传达复杂信息，促进学生的理解和掌握。

3. 目标导向

支架理论强调学习的目标导向性，通过明确的学习目标和即时反馈，教师帮助学生掌握自我学习的进度和方向。这一方法不仅使学生清楚自己的学习内容和目标，也帮助他们识别个人的强项和需改进的领域。教师应定时对学生的学习进行评估，并提供具体的反馈和指导，以确保学生了解自己在学习过程中的位置，并鼓励他们追求更高的成就。

4. 进度反馈

支架理论还重视学习过程中持续反馈的作用。通过定期评价学生的学习成果，教师使学生能够对照自己的学习目标，了解当前的知识和技能水平。这种反馈覆盖学生的学业成绩、学习方法和努力程度。教师可以帮助学生认清自身的进步和需加强之处，让学生能够明确自己在学习过程中的具体位置，并有针对性地进行学习和自我提高。

5. 情绪调控

在学习过程中，应对挑战和困境时，支架理论在帮助学生调节情绪方面起着至关重要的作用。教师通过提供正面的反馈和激励，帮助学生建立自信和应对压力的能力。密切留意学生情绪的变化，并及时给予帮助，是教师不可或缺的职责之一。教师应鼓励学生表达自己的感受，并引导他们找到解决问题的途径。这种情绪上的支持不仅可以帮助学生应对学习中的挑战，也有利于他们适应力和韧性的成长。

6. 行为示范

在支架教学中，行为示范环节突出了教师向学生展现如何有效解决问题或掌握某项技能的重要性。教师通过现场示范、模拟练习或案例研究，展示了理想的做法和策略。这种观察式学习方法不仅能使学生直观地掌握复杂的概念或技能，还能激发他们的学习兴趣和仿效欲望。应用示范教学能有效缩短学生从初学者到熟练者的转变周期，提高学习效率。

布鲁纳的支架理论在教学实践中主要采取交互式教学和发现学习两种方式。交互式教学强调教师与学生之间的动态互动，以促进学生深入理解和掌握知识，而发现学习则鼓励学生通过直接参与和实践，自行探求和构建知识。尽管发现学习可能需要更多时间，并且学生可能需要在一定程度上依赖指导，但把这种方法与传统的被动学习模式结合起来，可以为学生提供一种更全面、更富有成效的学习体验。

第三节 基于社会文化理论的英语教学策略

一、社会文化理论的教学应用

社会文化理论强调社会和文化背景对学习的影响，主张发现式教学法。此类教学模型不仅强调教师积极的教学作用，学生的心理能力也通过各式各样的发现途径自然地得到开发、发展和提高。

（一）在教学设计中的应用

社会文化理论在教学设计上的应用，重点在于转变传统的教学模式，强调学生的主动参与和教师的引导作用。这一理论鼓励教师创造一种合作性的学习环境，其中教师不再是单向传授知识的角色，而是学习过程中的引导者和协作者。在这种教学模式中，教师要设计和创造问题情境，激发学生的探索兴趣，并提供必要的学习资源。通过这样的设置，学生应独立思考和解决问题，而不是简单地接受和记忆信息。这种方法促使学生通过自己的努力掌握新知识，进而形成个性化的理解和解释。

在设计教学活动时，教师应侧重于学生的发展潜能区域，即介于学生当前能力与其潜在能力之间的区域。活动设计应确保不超出学生的理解范围，也不过于简单，恰好能够挑战他们的能力极限。在这种挑战性区域内，学生能够在适当的支持和引导下实现认知上的飞跃。社会文化理论还强调同伴间互动的重要性。通过小组讨论和共同解决问题，学生能够相互学习、分享观点和经验，从而促进更深层次的理解和学习。在这一过程中，教师作为监督者和协调者，应确保每位学生都能参与进来并从中获益。

（二）在教学策略中的应用

支架理论在教学策略中的应用体现为一种以学生为中心、注重合作与互动的教学模式。这种模式强调教师应根据学生的当前发展水平提供适宜的支持，帮助他们逐步实现自主学习和知识的内化。在支架教学模式中，教师的主要职责是创造一个富有挑战性且支持性的学习环境，激发学生的学习兴趣，使学习任务与学生的能力水平相匹配，同时略有超出，以促使学生在认知上不断进步。这种环境既能鼓励学生积极探索，又能避免学生因任务过于复杂而感到沮丧。

交互式教学强调教师与学生之间的动态对话，鼓励学生提出问题、参与讨论和进行深思，共同探讨问题解决的途径。教师充当的是一个促进者的角色，要激发学生的思维并帮助他们把握知识之间的联系，推动学习进程，而不是简单地传达信息。认知指导部分则专注于教师对学生思维模式的引导，展现解决问题的策略与技巧，支持学生应对挑战，并逐步引领他们独立运用教师传授的方法。该策略的目标是提升学生解决问题的能力和认知层面的能力，最终促使学生能够自主学习和思考。

（三）在课堂教学中的实施

将社会文化理论应用于课堂教学的关键，在于建立一个既具有激发性又具有支持性的学习氛围。在此类环境下，教师要激发学生的学习欲望，指导他们进行知识的探索和构建。

1. 创建有意义的学习环境

教师应根据学生的实际发展水平，设计出内容符合学生现有能力、能激发他们挑战兴趣和学习热情的课程和活动计划。这要求教师将学习内容与学生的日常生活经验相结合，创造有意义的学习环境。例如，通过融入当前新闻、生活案例或文化背景，学生可以更加深刻地理解抽象的理论知识，这种方法也有助于提高他们的学习积极性。

2. 鼓励学生积极参与

根据社会文化理论，学生的积极参与和团队合作学习非常重要。教师应该鼓励学生通过小组合作进行学习，并分配稍微超出他们目前能力范围的任务，这些任务能够通过团队的合作得到解决。

3. 整合课内外学习经验

将学生在校外的经历与课堂学习相融合是一种重要的教学策略。教师通过融入学生的个人经历、观察或兴趣到课堂中，使得教学内容更加生动和贴近现实。学生可以把他们的旅行体验或参加社区活动的经历与地理或其他社会科学的学习相结合，以更深入地理解学科知识。

4. 强化学习材料的意义

在选择和制定学习材料时，教师需要确保这些材料与学生的个人经验密切相关。将学生的日常生活体验、兴趣以及需求融入教学过程中，有助于学生在思维层面上与新知识产生连接，从而促进知识的快速理解和应用。

二、具体的教学方法策略

（一）直接导入法

直接导入法在英语教学中是一种将文化知识直观呈现给学生的有效方法。基于社会文化理论，该策略强调直接与文化内容互动对语言学习的促进作用，特别适合各个教育阶段的学生。尤其是在英语学习资源较为有限的环境中，该策略可以使课堂变成学生学习和了解英语国家文化的主要平台。采用这种方法时，教师会把相关的文化背景知识直接融入教学活动中。比如，在分析一篇描述英国传统婚礼的文本时，教师会直接向学生解释英国婚礼的习俗和文化背景，帮助学生快速理解文化教学的关键点，并对英国文化有一个全面的认识。

直接导入法的高效运用需要教师精心挑选与教学内容紧密相连的文化素材。这些素材应具有代表性，并能与课程内容完美融合。通过这种方式，学生不仅能增长文化知识，提升对课堂的兴趣，还能深化对学习材料的理解并扩展他们的文化视野。此外，这种生动有趣的教学方法能激发学生的学习兴趣，创造一个活跃的课堂氛围。教师与学生的互动极其关键，它能帮助学生在真实的语言环境中理解并运用新知。因此，直接导入法不仅显著提升了文化教学的效果，也体现了社会文化理论中社会互动和文化参与在语言学习中的重要作用。

（二）文化即时解说法

在英语教学中，文化即时解说法起着至关重要的作用，它包括在教学活动中即时对文化内容进行解释和开展互动讨论。这种方法不仅广泛适用，而且对于增强学生的跨文化交际能力以及满足不同学习水平学生的需求具有重要影响。

1. 增强对文化差异的感知

通过将文化知识整合进英语学习中，文化即时解说法不仅提升了学生掌握英语的能力，也增强了他们对文化差异的敏感度和理解力，这对于在全球化环境下进行国际交流非常关键。比如，当讨论英语国家的节庆习俗、关键历史事件或社会现象等话题时，学生可以更深刻地把握英语文化中的含义，使得他们在与来自不同文化背景的人沟通时，表现得更加适宜和细腻。

2. 灵活适应学生多样化需求

文化即时解说法考虑学生的多样化需求，适合不同年龄段和不同水平的学生。教师可以根据学生的能力和已有知识，调整旁白的内容和深度。例如，对于初级学习者，教师可以选择简单的文化话题和基本的背景信息；对于高级学习者，则可以引入更深层次的文化分析和批判性讨论。

（三）图片和实物展示法

基于社会文化理论，图片和实物展示法在英语教学中对各个年龄段的学生学习都有效用，直观的教学材料可以进一步加深学生对特定文化现象的理解和体验。

1. 文化现象的直观呈现

当教学内容涉及具有独特英语文化意义的词语、概念，如"afternoon tea"（下午茶）和"cricket"（板球）等时，学生会感到新奇或不熟悉。教师利用图片或实物进行教学可以让学生直接看到这些文化元素的外观和细节。学生通过展示的下午茶实物，包括茶杯、茶点和布置方式可以直观地感受到英国传统下午茶的氛围和风格。教师在介绍板球运动时通过展示板球用具的图片或视频，可以让学生更直观地了解这项运动的基本规则和特点，进而深刻地理解和记忆这些与英语文化紧密相关的概念。

2. 文化差异的实物解释

实物展示法也是展现不同文化之间差异的有力工具。例如，教师可以展示不同国家的货币或邮票，讲解不同国家的货币制度和邮政系统。通过比较不同国家的货币设计和邮票图案，学生不仅能形成直观的印象，还能从中学习到关于这些国家的经济、历史和文化的知识。这种亲身体验的方法不仅加强了学生的记忆，而且提升了他们将这些知识应用于实际交流的能力。

3. 促进文化认知与跨文化交际

通过图片和实物的展示，学生能够在直观的体验中深入了解文化背后的历史、习惯和价值观。这不仅使他们对文化内容有更深的感性认知，而且在学习英语的同时培养了他们的文化敏感度和跨文化交际能力。这对于学生将来在多元文化的国际环境中进行有效沟通至关重要。

（四）文化融入法

文化融入法在学校英语文化教学中扮演着至关重要的角色，它将文化知识巧妙地融入日常语言学习中，使学生在不经意间接触并学习外国文化。这种教学策略适用于各个年龄段的学生，尤其有利于那些刚开始学习英语或基础不太稳固的学生。通过这种方式，学生能够在轻松和愉悦的学习环境中逐渐构建对不同文化的理解，培养一种尊重和欣赏多元文化的心态。

教师需创设丰富多样的教学活动，如模拟英国茶文化体验、美国感恩节庆祝活动等，激发学生的学习兴趣，进而引导其主动探索外国文化。学生可以通过模拟英式下午茶活动了解英国的茶文化和礼仪，或者组织感恩节庆祝活动，感受美国的节日氛围和家庭价值观。实际操作能够让学生提升文化分析能力和批判性思维，加深对目标文化的理解和认知。教师可以利用与课程内容相关的外国电影等各种多媒体教学资源，或者安排学生在线观看国外纪录片，以增强课堂的互动性和趣味性。

（五）直接体验文化法

直接体验文化法能够帮助各年龄段的学生深刻理解和亲身体验外国文化，促进他们的跨文化交际能力发展。

1. 直接体验的实施方式

直接体验文化法是指学校通过组织国际文化日、跨文化工作坊或与母语者的互动交流等活动,将学生直接置入一个外国文化的环境中。学生通过参与国际文化节等活动,或者在英语角活动中与外国留学生进行面对面的交流,不仅能够提高自己的语言能力,还可以直接感受不同文化的魅力,从而加深对外国文化的理解。

2. 跨文化交流的促进作用

通过直接接触和体验文化内容,学生可以更深刻地了解外国人的思维方式和生活习惯,这样的经历在跨文化交流时能够让他们更加自信和应变自如。跨文化的互动经验不仅可以激发学生对不同文化的好奇心和探索欲,也可以鼓励他们以积极和主动的态度学习和了解新的文化。

3. 深化文化理解和开阔国际视野

通过直接体验不同文化,学生可以显著增强对外国文化和生活方式的理解,同时拓宽他们的国际视野。参与语言交换计划,与来自不同文化背景的外国学生互动,不仅有助于提高他们的英语水平,还能让他们深入了解异国的生活习惯和社会规范。这种体验不仅能促进学生语言技能的提升,也能加深其对外国文化的理解,开阔国际视野。

第九章　学习者因素与英语教学策略

第一节　学习观念与英语教学策略

一、学习观念基本认知

（一）什么是学习观念

学习观念在语言学习领域指的是学习者对于学习语言的本质、过程及其个人在其中的角色所持有的一系列认知和态度。这些观念构成了学习者内心的框架，影响着他们对学习方法、策略以及学习过程的看法。弗拉维尔（J.H. Flavell）和温登（A. Wenden）等学者将语言学习观念视为元认知知识的一个重要组成部分，强调其在语言学习过程中的核心作用。

语言学习观念强调学习者的个性特质、能力和动机的重要性。这种观念不仅影响学习者对自己学习过程的看法，也引导他们采取相应的学习方法和策略。例如，自认为学习能力强、能迅速吸收新知识的学生更偏向于独立学习，而那些觉得自己需要额外引导和反馈的学生则更多地依赖教师和同学的支持。在学习观念中，学习经历也极为关键，不管是成功还是失败的经验都将影响学习者未来的态度和采用的学习策略。成功的经历可以激发正面的学习态度，失败的经历则会让学习者寻求更多的支持和鼓励，以重建自信。

（二）学习观念的分类

语言学习观念体现了学习者对语言学习的全方位认识和态度。下面语言学习观念的分类揭示了学习者对语言学习过程的看法，还反映了他们对语言学习效果的期望和信念。

1. 学习能力观念

学习能力观念是学习者对自身学习能力的一种认知和看法。有些学习者认为个人的语言学习能力是天生的、固定不变的，即人天生就具备语言学习天赋，能轻松掌握一门甚至多门语言；还有学习者认为，个人的语言学习能力是可以通过后天的努力得到提升的，一个人只要付出足够的努力，就能达到预期的学习效果。

2. 学习方法和策略观念

学习方法和策略观念反映了学习者对于如何学习才能掌握语言的认知。有的学习者喜欢通过自我学习的方式学习语言，认为凭借自身的努力可以获得语言知识和技能；而另一些学习者则认为与他人合作和交流是学习语言不可或缺的方法和策略，个人只有在他人的帮助下才能达到学习目标。

3. 学习过程观念

学习过程观念是学习者对学习过程本质和目的的理解。一方面，过程导向的学习者重视学习过程本身，他们认为学习是一个逐渐探索和构建知识的过程，学习者应注重学习过程中的每一步，而不仅仅是结果；学习者要享受学习带来的乐趣和满足感，不要过于关注考试成绩；另一方面，结果导向的学习者则更关心学习过程带来的最终成果，如考试成绩或者具体的语言应用能力，希望取得较好的学习成绩。

（三）学习观念的内涵解析

学习观念的内涵主要包括学习者对语言学习过程、方法、成效等方面的认知和态度。

学习观念不仅反映了学习者个人对于学习的看法,还直接影响学习者的学习行为和成效。学习观念与学习成绩之间存在固有的相关性。不同的学习者由于其具有不同的学习观念,也会采取不同的学习策略,从而影响他们的学习成果。重视语言功能和口头学习方式的学习者与那些偏好书面学习和注重语言形式的学习者,在学习成绩上则会表现出显著差异。另外,认为自己能够学好语言的学习者与其语言水平呈现正相关性,从而进一步显示出自信和成绩之间的正向关系。

学习观念对学习者的个性、选择的策略、行为方式以及学习环境有深远影响。这些观念不仅形成了学生的学习习惯,还直接决定了他们对学习任务的态度和学习的效率。在培养学生自主性的过程中,学习观念的作用非常广泛,它影响了学生对教师角色和反馈的认识、对自我能力的自信、学习策略及这些策略的实际应用。

学习观念与学习者的元认知策略紧密相关,意味着学生对于自己的学习过程、策略使用以及学习任务本质的理解程度会直接影响学生的学习效率和成效。例如,能够从内部激发学习动力和控制力的学生,更有可能在新的学习情境中适应和成功。

学习观念也在某些方面显著影响学习策略的选择和使用。例如,强调语言使用重要性的学生更倾向于使用交际策略,而重视语言知识的学生则更多地运用有助于理解和记忆的认知策略。学生的学习观念会影响其策略选择,而实际使用的策略也可能反过来塑造或调整他们的学习观念,因此学习观念与学习策略之间的关系是双向的。

二、通过学习观念促进英语教学

(一)培养积极的学习观念

在英语教学中,培养学生积极的学习态度是提高其学习效率和动力的关键。教师可采用多样方法激发学生形成正面的学习观。

1. 正面反馈

在英语教学中，利用正面反馈激励学生的学习积极性和自信心至关重要。教师在课堂上应当积极肯定学生在语言的流畅性、准确性及词汇和语法应用上的提高。特别是当学生在口语活动中尝试应用新学习的单词或语法，哪怕结果并非完美，也应得到教师的鼓励和认可，这对于培养正面的学习心态极为有益。同样，学生在写作和听力理解等方面取得的进展也应得到及时的赞赏。正向反馈不仅提高了学生的成就感，也鼓励他们在遇到学习挑战时保持积极的态度。教师的正面反馈要具体、真诚且及时，以帮助学生明了自己的长处和改进的方向，让学习目标变得更清晰。

2. 设置挑战

教师在进行教学活动设计时，应当考虑到提供给学生的挑战既要符合其实际水平，也要有一定的难度，从而激发学生的学习兴趣和潜能。所设计的挑战难度应当是学生能够接受的，不要让学生感到无聊或不感兴趣，也不能让其感到过度挫败或无法应对。教师根据学生的语言水平可以设计诸如角色扮演、小组讨论或公开演讲等不同难度的口语交流活动，从而提升学生的语言实际运用能力，帮助学生在实际交流中提高解决问题和适应不同情境的能力。教师可在教学过程中设计富有创意的写作任务或项目工作，鼓励学生运用所学知识解决实际问题。设置各种不同的挑战有助于学生将语言学习与实际生活相结合，从而提高学生语言综合应用能力和批判性思维。

3. 培养反思能力

教师应通过教授语言技能和引导学生分析学习方法、成果及问题来促进学生自我反思。这一过程涉及对学习目标、策略、面临的挑战及取得的进步进行持续评估。定期撰写学习日志，记录自己的思考和感受，以及如何应对挑战，可以提高学生的反思能力。定期的课堂讨论和分享学习经验也有助于学生相互启发，进一步提升其反思能力。

4. 明确学习目标

明确的学习目标是驱动学生学习的关键。教师应帮助学生设定具体、可实现的学习目标，激发学生的学习热情和兴趣。学生设定的目标既要符合自己的实际能力水平，也要有一定的挑战性，可以是完成某个具体的学习任务或提高某项语言技能的短期目标，也可以是达到一定的语言水平或通过某个考试的长期目标，以通过定期的评估和反馈了解自己的进步和需要改进的地方。学生、教师共同参与设定目标，可以使学生主动地投入学习中，增强学生的自我管理能力和责任感。教师可定期与学生讨论其学习目标，指导、帮助学生顺利实现其学习目标。

（二）理解学生的个体差异

教师必须根据学生各自的学习经历、性格、学习方式和能力，采取定制化的教学策略，以应对每位学生的个别需求。

1. 调整教学策略以适应学生个性差异

针对学生个性差异调整教学策略对于增强教学效果至关重要。教师通过观察、评估和交流等方式，能够深入了解学生的学习偏好、兴趣及他们在语法、词汇和口语等方面的强弱项。例如，对那些写作能力强但在口语表达上缺少自信的学生，教师可以设计特定的教学方案，提供更多的实践机会并利用他们的写作强项来增强学习乐趣。充分了解学生的教育背景、先前的学习经验和个人爱好对选择适宜的教学内容和策略极为重要，这能有效提高教学的效率和学生的学习成效。

2. 实施差异化的评估和反馈

教师提供差异化的评估和反馈可有效支持不同学生的学习进程。差异化评估的评估方法和标准应根据学生的能力水平、学习目标和个人进步进行实时调整。对于初学者，教师应当重点评估基础语法和词汇的掌握；对于高年级学生，教师应当更多地培养他们的批判性思维和创造性表达能力。个性化的评估和反馈有助于提高学生的学习效果，还能鼓励他们根据自己的节奏和风格持续进步，最终保证他们在学习过程中能获得支持鼓励,从而实现其个性化学习目标。

(三) 强调策略教学

教师需识别并理解学生对语言学习的态度及偏好,采取相应的教学策略。对于重视语言应用的学生,教师应实施如情景模拟、小组讨论及角色扮演等基于真实情境的交流活动,促进其语言技能的实践应用,激发学习热情。针对偏好语言结构及规则的学习者,教师应通过细致的语法解说、词汇练习以及写作任务满足其学习要求,以深化其对语言结构的理解并提高其语言运用的准确性。

(四) 促进自主学习

学生应依据个人兴趣挑选英文书籍、观赏英语视频,以及参与讨论,进而自行规划学习路径。这种自主学习方式不仅增强了内驱力,还提高了学生的参与度。通过自我评估和反思,学生可以清晰地看到自己的学习成果和遇到的挑战。教师定期提供个性化的指导和反馈,可以为学生的学习提供专业支持。教师还要创造一个促进相互帮助的学习氛围,支持学生一起应对学习中的难题。

第二节 学习动机与英语教学策略

一、学习动机基本认知

(一) 学习动机的概念内涵

学习动机是推动个体积极参与学习并持续努力的内在力量和外在原因的综合体现。在第二语言学习,尤其是英语学习中,动机的作用尤为显著。学习动机的核心在于学习者对学习活动的兴趣、愿望和需求,以及为达成学习目标所做的努力。学习动机可以从多个维度来理解,包括目标导向性、内外驱动力以及持续性等。

1. 目标导向性

设定的学习目标不仅明确了学习的方向,还深刻地影响着学习者的热情及其持续学习的动力。例如,以目标为导向的学习者,如那些学习商务英语和专业术语以促进职业发展的人士,倾向于与职业相关的英语学习,从而使学习既具有明确的目的又具有实用价值。而出于个人兴趣学习英语的学生,则可能更倾向于探索语言的文化和历史背景,采用更灵活多样的学习方式。具有明确和紧迫性的学习目标对于激发学习者的内驱力至关重要,能够使学习过程更加有针对性和高效。

2. 内外驱动力

学习动机可以分为内部和外部两种形式。内部动机与个人的兴趣爱好、好奇心或对某个领域的深厚情感有关。例如,学生因对英语文学的兴趣而自发阅读小说和诗歌,就体现了内部动机的影响。这种动机源自学生自身,能够持续激发他们学习的热情,使得学习过程更加富有意义和乐趣。相比之下,外部动机受外界因素驱动,如追求好成绩、获得奖励或满足家长及老师的期望。学生会因为这些外在压力而学习英语。虽然外部动机能在短期内提高学习效率,但它往往缺乏长期的动力,一旦外界刺激消失,学生对学习的兴趣也可能减弱。

3. 持续性

具有持续性的动机能够支持学生在面对学习难题和挑战时不轻言放弃,持续地探索和实践,从而获得更深入的学习成果。对于坚持学习英语并有明确学习计划的学生,即使遇到语法难题或发音问题,也会通过参加辅导班、利用网络资源或与同伴进行交流练习来克服困难。具有持续性的动机不仅可以提高学习效率,而且能帮助培养学生的自主学习能力和解决问题的能力。反之,缺乏持续性的动机会导致学习过程中断,学生可能在遇到难题时轻易放弃,从而影响最终的学习成果。

（二）学习动机的主要类型

1. 加德纳对学习动机的分类

加德纳（H. Gardner）从社会语言学角度出发将语言学习动机细分为四个方面：学习某种语言的目标、实现学习目标的愿望、学习中做出的努力和对学习某种语言的热爱（图9-1）。这种分类方式考虑了从目标设定到目标实现整个过程的动机因素。

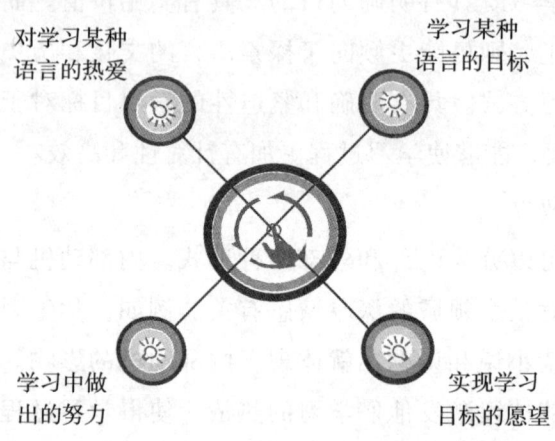

图9-1　加德纳对学习动机的分类

（1）目标的设定与动机。学习动机往往源于对学习某种语言的明确目标（学习动机的出现一般源于对某种语言前瞻性的目标设计）。学习语言的目标分为两个层面，一种是如提高职业竞争力、满足学术要求等侧重实用性的，另一种是以个人兴趣驱动的，如对外国文化的好奇或对语言艺术的热爱。一个目标是去外国留学的学生会更加关注提高英语听说读写的综合能力，而一个目标是了解外国文化的学生则会更加关注文化内容和语言的实际应用。不同的目标对学习者有不同的要求，从而激发他们为实现这些目标而进行学习活动。

（2）愿望的强度与动机。愿望的强度对于学习者的学习热情至关重要。比如，渴望成为翻译的学生往往会更加努力地学习语言，他们会不断利用各种资源和策略提升语言技能。因此，拥有强烈愿望的学习者在面对学习挑战时，会表现出更大的决心和毅力，愿意付出额外的时间和精力来克服困难。

（3）学习中的努力与动机。学习中努力的程度直接影响学习效果，学习者愿意为了达到学习目标而付出多少努力，可以体现其对学习的决心。一个学生为了提高英语成绩，可能会每天花费额外的时间进行听力和阅读练习，参加英语角等外语交流活动，他所付出的努力不仅可以提升其语言技能，还可以增强其自信心和成就感。学习过程中的努力坚持是其动机中非常关键的部分，直接关系学习者是否能够持续地投入学习中，并最终实现学习目标。

（4）对学习的热爱与动机。热爱源于对语言本身的魅力，对语言所能开启的新世界的好奇，或对通过语言能够实现的目标的渴望。热爱可以被称为一种内在的动机，能够在学习过程中提供持久的动力。对英语文学感兴趣的学生可能会在阅读英文原著时感到极大的愉悦和满足，进而驱动他们深入学习，不断提高阅读和理解能力。对学习的热爱能够使学习过程成为一种享受而非负担，对学习的热爱这种积极的情感对于学习的持久性和深度具有决定性的影响。

2.布朗对学习动机的分类

布朗（H.D. Brown）从动机类型方面将学习动机划分为整体动机、情景动机和任务动机（图9-2）。

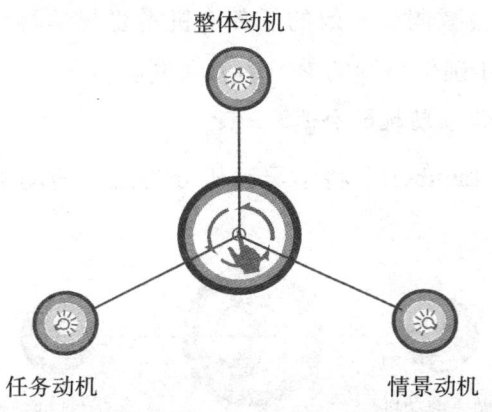

图9-2 布朗对学习动机的分类

（1）整体动机。整体动机涉及长期且深远的学习目标，这些目标通常与个人的生活目标和价值观紧密相关。一个想要在国际组织工作的学生会因为对多元文化的兴趣和职业目标的追求而学习多种外语，其学习外语的动机不仅涵盖学习一种语言的技能，还包括对相关文化和社会的深入理解。整体动机通常伴随着对语言学习的持久热情和个人投入，整体动机与学生个人愿景和生活目标密切相连，能进一步促进学习者在面对学习挑战时保持韧性。

（2）情景动机。情景动机是由特定的环境或情景触发的，其为短期的、有针对性的动机。一名学生因为即将参加国际会议而开始集中学习英语口语，其动机往往与旅行、工作机会或文化交流等即时的需求或具体的事件相关。情景动机会导致学习者在短时间内高度专注和投入，但因为可能受到情景变化的影响，学习者在特定情景下的成功体验会激发其对更深入学习的兴趣，从而转变为更长期和稳定的动机。

（3）任务动机。任务动机专注于完成具体的学习任务和目标，通常与学术课程、特定项目或特定技能的掌握相关。学生为了准备一场英语演讲比赛而努力学习，或者为了通过特定的语言水平考试而集中练习，因此任务动机是目标导向性的，它帮助学生在特定的学习任务中保持专注和动力。任务动机通常需要适当的外部激励和支持来维持，一旦任务完成，动机可能会减弱。有效的任务动机需要与学习者的长期目标和兴趣相结合，进一步确保持续的学习动力和发展。

3. 兰伯特对学习动机的分类

兰伯特（W. Lambert）将学习动机分为融合型动机和工具型动机两大类（图9-3）。

图9-3　兰伯特对学习动机的分类

（1）融合型动机。融合型动机关注深化对目标语言文化的兴趣及融入该文化社区的渴望，不仅包括学习语言的技术性方面，还涉及身份认同与文化社会整合的更广范围。学习者的浓厚兴趣和对特定文化的好奇驱使他们投入语言学习，目的是更全面地了解和体验这一文化。例如，热爱法国文学和艺术的学生可能会选择学习法语，进而深入探索法国文化的精髓。这种动机不仅能提高学习者对语言学习的兴趣和热情，还有助于增强他们的文化适应力和跨文化交际能力。在融合型动机的影响下，学习者更倾向于追求真实的文化体验，如参加文化活动、结识讲目标语言的朋友，以达到更深层次的理解和欣赏。

（2）工具型动机。工具型动机聚焦语言学习带来的直接利益，如职业进步、学术成就或获得奖励。它与个人目标、职业计划或提高社会地位紧密相关。举例来说，商科学生可以通过学习英语提高在国际贸易中的沟通效率，或专业人士学习英语以便在全球会议上流利表达。此类动机强调学习的实用性和功能性，与个人职业目标和需求紧密结合。它激励学习者在面对挑战时采取一种实用且目标驱动的态度，通常更注重语言技能在实际场合的应用和提升，如专业英语学习或特定交流场合能力的增强。由于工具型动机有明确的目标和时间限制，它有助于使学习计划和策略的选择变得更加清晰和目标明确。

二、通过学习动机促进英语教学

英语教师在英语教学方面扮演着多重重要角色。其不仅是课堂的指导者和协调者，还是学习问题的解答者和学习过程的评估者。在教学过程中，教师的关键任务是激发学生的学习动机，从而确保学生保持对英语学习的持续兴趣和热情。

（一）了解学生的状态和需求

英语教师在激发学生学习动机方面行之有效的方法主要包括深入了解学生的个人状态和需求，据此提供个性化的指导和支持。具体来讲主要是认识学生的学习目标、基础水平、兴趣爱好和学习态度等，进一步精准地为学生提供帮助。从英语教师角度讲，教师可以帮助学生设定学习目标，如长期目标和短期目标。长期目标包括流利使用英语进行日常交流、在英语专业领域中取得成就，或者能在国际平台上自如地表达。长期目标对学生具有指引性作用，可以激励学生，使学生为达成更高层次的目标而努力学习。短期目标则更具体且具有立即性，短期目标通常包括提高特定语言技能（如阅读、写作、听力或口语）、掌握特定数量的新单词或完成特定的学术或实践项目等，这些短期目标均与学生的日常学习活动紧密相关。教师可以帮助学生设定每周学习一定数量的新单词、每月阅读一本英文书籍或参加一次英语演讲活动等具体目标，短期目标的确定可以不断检验学生学习进度和效果，从而使学生在学习过程中获得成就感和满足感。

为了让学习目标既实际又可行，教师需指导学生结合自己的实力、兴趣及手头资源确定合适的目标。对于新手来说，短期目标主要是构建基本语言技能和提升日常交流的能力；而对于更高水平的学习者而言，短期目标则可以是学习专业语言的应用或增进批判性思考和分析技巧。设定目标的关键，在于将学习内容与学生的个人兴趣、生活和未来规划相结合，这样可以增加学习的相关性和吸引力。

（二）重视教学反馈的作用

教师的反馈不仅是对学生学习行为的响应，也是鼓励和指导学生进一步学习的重要手段。

1. 实时反馈

实时反馈，即在课堂互动或即时沟通中给予的反馈。当学生在课堂上提出疑问时，教师的及时解答可以帮助他们立即消除困惑，加强其对知识点的理解。在学生练习口语或进行课堂讨论时，教师即时指出其发音、语法或用词问题，并给予正确示范，这种实时反馈可以提高学生的语言能力，增强学生在学习中的自信心。实时反馈的及时性和针对性，使得学生能够迅速从错误中学习并改进,进而持续激发学生的学习兴趣和动力。

2. 非实时反馈

非实时反馈在需要深入思考和分析的情境下特别有效。当学生完成作业或提交论文之后,教师可以通过详尽的书面评语进行反馈。这类反馈虽然不像实时反馈那样快速响应,但它提供了更广阔的思考空间,可以促进学生的长期发展。利用电子邮件、在线论坛或学习管理系统等多种途径进行的非实时反馈,突破了时间与空间的束缚,保障了教师与学生间的持续互动和指导。

无论是实时反馈还是非实时反馈,教师的目标都是提供有效的指导和支持,帮助学生克服学习中的困难,提高他们的英语能力,同时激发他们对英语学习的兴趣和动力。通过这种方式,学生不仅能够在学术上获得进步,还能在情感上感受到来自教师的关注和支持,从而在学习过程中保持积极和热情的态度。

(三)帮助学生形成积极的归因方式

1. 归因方式的概念内涵

归因方式涉及个体对自身行为及其成因的解释。在教学中,这主要涉及学生对于学习成败的理解,包括内部归因与外部归因两种类型:内部归因将成功或失败看作由个人的能力或努力决定,强调了学习者的付出和成长;而外部归因则把结果归咎于任务难度或运气等外在因素,这种归因可能会让学生对自身的能力感到疑惑。

2. 形成积极归因方式的方法

教师在帮助学生形成积极的归因方式上十分关键。

(1)教师应鼓励学生认识到付出努力的重要性,并明白努力能够增强个人能力。当学生取得进步时,教师需要强调是学生的勤奋和有效的学习策略导致了成功,而不仅仅是天生的才华或幸运。这会使学生更坚信通过努力可以显著提升学习成绩。

（2）当学生遇到困难时，教师应帮助他们准确地分析学习上的问题，并指导他们如何从失败中学到教训。比如，如果一个学生的英语听力考试成绩不佳，教师应协助学生查明成绩不好的确切原因：可能是因为缺乏充分的练习，听力材料的难度较高，或者是考试焦虑影响了他们的表现。通过这样的分析，学生可以明白失败的具体原因，并能找到解决这些问题的方法。

（3）积极的反馈可以增强学生的自信心和动力，鼓励他们在未来的学习中继续努力。教师可通过赞扬学生在特定任务上的努力，或者指出他们在特定领域的改进，提供积极反馈，增强学生的自信心。

（四）培养学生的自主学习能力

1. 自主学习的概念内涵

在当代教育领域内，自主学习既是一种学习活动的模式，也是学习者个人能力的体现。从活动角度来看，自主学习强调学习者在学习过程中的主动性和独立性，学习者因此需要自我规划学习路径、选择学习资源、设定学习目标并自我监控学习过程。学习者不仅要积极寻找适合自己的学习材料和方法，还要能有效地管理自己的学习时间和注意力，确保学习的连续性和有效性。从个人能力体现方面来看，自主学习要求学习者具备一定的自我管理能力、自我激励能力以及自我评估能力。学习者不仅要能够独立地完成学习任务，还要能够自我激励和自我评价，以便在学习过程中及时调整学习策略，提高学习效率。自主学习能力的培养不是一蹴而就的，而是一个长期的、逐渐积累的过程。教师应当通过有效的教学策略和指导方法，帮助学生逐步建立自主学习的意识，提高自主学习的技巧和策略。

2. 培养自主学习能力的方法

英语教师可以通过采用以下几项措施帮助学生提高其自主学习的能力。

（1）明确学习角色和责任。在自主学习中，明确教师与学生的角色及其责任划分至关重要。教师作为指导者，其主要是引导学生理解自主学习的精髓，提供建议和方向，而学生应成为学习活动的核心。学生需要对自己的学习规划、资源选择和成果评估承担主要责任。教师可以在课程初期协助学生设定学习目标，并在学习过程中给予必要的辅导和支持，确保学生能够积极主动地学习，同时减少过多的干预。

（2）促进解决问题技能的发展。在学习挑战面前，教师应鼓励学生独立思考和解决问题，而不是直接提供解决方案。这不仅有助于学生发展解决问题的能力，还能增强他们的自信。例如，当学生在英语语法学习中遇到难题时，教师应激励他们自行查找资料或复习课堂笔记，尝试自我理解和解决问题。若学生经过尝试仍旧无法解决问题，教师则可提供适当的指导。此方法可以增强学生的自主学习能力及面对问题时的独立性和自我效能。

（3）鼓励合作学习。鼓励合作学习是提高学生自主学习技能的关键。教师应安排需要团队合作的学习项目，指导学生在小组内分配角色并共同努力完成任务。例如，在英语角色扮演活动中，学生扮演不同角色，一起讨论和准备对话，这种活动要求学生进行密切交流，汇集各自的见解，共同做出决定。它不仅提高了学生的英语口语能力，也强化了他们的团队合作和沟通技巧。通过合作，学生学会了在团队中发挥个人长处，也学会了尊重和倾听同伴的意见，进而增强自主学习的能力。

（4）传授高效的自学技巧。向学生介绍如何有效记录和反思他们的学习经验是教师的重要任务。鼓励学生通过日记、表格或电子工具记录学习进度、面临的挑战和取得的成就，能够帮助他们更好地组织和管理学习材料，同时增强自我监督和自我调节的能力。通过学习如何反思和审视，学生可以深入理解自己的学习方法和策略的有效性，以及在学习过程中的感受，这有助于他们准确识别自己的强项和弱点，并选择更适合自己的学习方法。

（5）平衡语言准确性与流利度。语言的准确性和流利度是语言学习两个重要的方面，教师应引导学生理解两者之间的关系，并鼓励其在实际的语言使用中找到合适的平衡点。教师可以设计一些活动让学生在不同的情境下练习英语，通过正式的写作练习强调语言的准确性，通过口语交流训练学生语言的流利度。学生可以在不同的语言使用环境中，加深对准确性和流利度的重要性的理解。教师可以通过视频录制、角色扮演等方法，让学生自我评价和反思，从而提高他们对语言使用的敏感度，加强其在实际沟通中语言准确性和流利度的控制能力。

第三节　学习风格与英语教学策略

一、学习风格基本认知

（一）学习风格的定义

关于学习风格的定义，国内外的专家学者有不同的看法。

美国学者基夫（J.K. Keefe）认为，学习风格是学习者在学习过程中呈现出来的特有的认知行为、情感行为和心理行为方式，上述三种行为方式所对应的学习风格三要素为认知风格、情感风格和心理风格。学生应当有独特的学习方式，而独特的学习方式应当由其心理状态、情感反应和生理特点共同塑造。

英国心理学家帕斯克（G. Pask）将学习风格定义为学习者在学习过程中偏好的特定方法或策略，突出了个体在选择学习方式上的差异。例如，一些学生喜欢通过讨论和团队合作学习，而另一些学生则更偏向于独立学习和自我引导。这种偏好既体现了学生的个性化学习习惯，也受到他们过往学习经历和当前学习情境的影响。

我国学者谭顶良对学习风格的定义如下：学习风格是学习者在学习过程中表现出来的具有个性化的认知方式和处理信息的方式，带有整体性和稳定性的特征。学习风格在学习者的个性特征、认知特征等先天生理因素和家庭教育、学校教育、社会教育等后天外界因素的双重影响下形成。

国内外的专家学者们基于自己的研究对学习风格的概念定义给出了不同的解释。通过比较分析,其对学习风格的理解体现出很多相似之处,具体如下。

(1)学习风格展现了学习者在选择如何学习的过程中的个人偏好,这与他们使用的学习方法和策略紧密相关。例如,一些学习者喜欢利用视觉资料进行学习,而其他人更倾向于通过听觉获取信息或进行动手操作。这些偏好反映了学习者在认知、情感和生理层面的一些特点,这些特点不只是由学习者的生理和心理因素所决定,也与他们的情绪状态和所在环境相关。

(2)学习风格的持久性和个性化特征意味着它是学习者随时间积累形成的习惯,并不会因为教材或教学方式的更换而轻易变化。每个学习者都有自己唯一的学习风格,这与个性特质相似,不应判定优劣。比如,某些学习者适应通过图形和视觉资料进行学习,而其他人在进行口头讨论和参与互动学习时更为有效。

(3)虽然每个人都有其独特的学习方法,学习者却能够根据变化的环境和条件调整其学习策略以迎接新挑战,显示出学习风格的灵活性和适应性。比如,一个习惯于传统书本学习的人可能逐渐适应使用网络和多媒体资源,表明学习风格是可根据经验、环境变化和任务需求进行调整和改变的。因此,基于对学生学习风格的理解,教师应实施合适的教学策略,以使学习效率和成效最大化。

(4)学习风格是个体在长期的学习过程中形成的独特的学习方式,体现了个人的认知、情感和生理特征。其具有一定的稳定性,不会因为教学内容或方式的变化而轻易改变,但也并不是固定不变的。学习风格受到内部和外部因素的影响,根据个人的成长、学习环境和需要进行调整,每个人的学习风格都是独一无二的,没有所谓的好坏之分,不同的学习风格都可以帮助个体在学习过程中取得进步,这表明认识和尊重个人的学习风格对于促进有效学习至关重要。

（二）学习风格的类别

基于对学习风格概念及其本质的理解，本书在综合考虑学习者多方面特点后，总结出三种对学习风格进行分类的方法，具体包括学习者的个性特征、认知方式和感知方式。

1. 以个性特征为标准分类

受先天因素和后天环境的影响，学习者的个性特征是形成不同学习风格的关键因素。因此，这些个性特征导致学习者在学习方法和策略上的差异，从而会产生多种不同的学习风格。根据个性特征的差异，学习风格主要分为以下三组类型，如图9-4所示。每组类型的学习风格都与学习者的特定个性特征紧密相关，反映了学生独特的学习方式和偏好。

图9-4 以个性特征为标准分类的学习风格

（1）外向型与内向型学习风格。外向型学习者性格开朗，擅长社交，偏好团队合作和交流方式的学习。他们在课堂活动中活跃，如讨论和小组项目，通过互动和实践来掌握知识。反之，内向型学习者则倾向于独自学习，在集体讨论中表现得较为保守，但在深度思考和理解上占优势。他们偏好通过阅读和个人研究学习，需要安静的环境以便集中注意力。

（2）直觉型与程序型学习风格。直觉型学习者与程序型学习者展现了两种截然不同的学习偏好。前者热衷于通过实验和探索发现新知，偏好抽象和创新的思考方式,他们从宏观角度把握概念,而非深入细节。相比之下,程序型学习者则偏好有序、结构化的学习路径,他们按部就班,依靠明确的步骤和规则逐渐构建知识体系,特别是在处理具体任务时,他们需要明确的指导和顺序。

(3)开放型与封闭型学习风格。开放型学习者倾向于一个开放和灵活的学习环境,他们乐于接纳新的观点和尝试多样化的学习方式,具备较好的信息搜集技能,尽管在分析和融合信息方面可能较为耗时。这种类型的学习者偏好拓展知识的宽度,而不是受到太多的限制。相反,封闭型学习者偏好有组织、规则明确的学习环境,倾向于清晰的指导和具体的学习目标。他们对不确定和模糊的状况较难适应,更愿意遵循预定的计划和方法进行学习,更偏好传统的学习方式。

2. 以认知方式为标准分类

认知方式即分析、组织和理解新信息的方法,它与个人的思维方式紧密相关,进而影响其学习偏好。以认知方式为标准分类侧重于理解学习者在接收和处理信息时的不同方法。以认知方式为标准,学习风格主要分为以下三组类型(图9-5)。

图9-5 以认知方式为标准分类的学习风格

(1)场依赖型与场独立型学习风格。场依赖型学习者更喜欢依赖外部环境和团队协作,擅长全局性思维,但可能在独立解决问题上不够强。

他们在集体活动中能够最大限度地展现自己的能力。相反,场独立型学习者表现出较强的独立性和集中注意的能力,善于进行细节分析和独立思考,外界因素对他们的干扰较小,在单独工作和深度分析方面尤其优秀。

(2)整体型与细节型学习风格。整体型学习者与细节型学习者呈现对信息处理的不同取向。整体型学习者专注于全局概念,善于理解和整合宽泛视角下的信息,可能会忽略细节。与之相对的细节型学习者精于捕捉和分析具体细节,适合执行需要深度和精确信息的任务。这两种学习风格揭示了学习者在把握概念和细节信息处理能力上的根本差异。

(3)左脑主导型与右脑主导型学习风格。左脑主导型学习者偏好逻辑和分析,擅长处理有序和逻辑性强的信息,适合学习数学和逻辑推理等科目。相比之下,右脑主导型学习者倾向于直觉和创造性思维,善于视觉、空间理解和创新任务,适合艺术和设计等创造性学习领域。理解自己的学习风格并选择合适的学习方法对于发挥个人优势至关重要。

3. 以感知方式为标准分类

根据感知方式,学习风格可分为听觉型、视觉型和动觉型(图9-6)。感知方式涉及学习者通过主要的感官通道,如视觉、听觉、触觉获取、处理和理解信息。这些通道在学习过程中扮演关键角色,决定了个体偏好的学习方法。

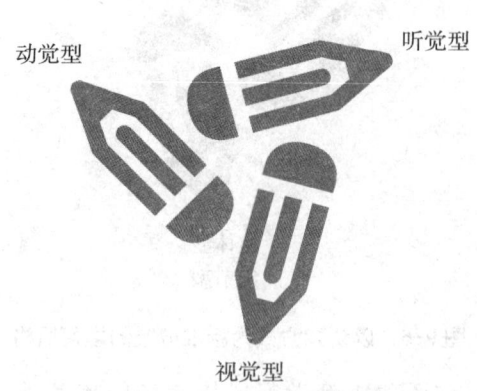

图9-6 以感知方式为标准分类的学习风格

（1）听觉型学习风格。对于听觉型学习者来说，他们偏好通过听觉接收和理解信息，在听课、参加讨论以及进行听力练习等方面特别有成效。他们能够从演讲、音频资料和口语交流中高效地吸收知识。为了更好地适应这种学习风格，教学活动应该强调语言解说，鼓励开展讨论，利用音频工具，并增加课堂互动。

（2）视觉型学习风格。当学习者偏好视觉型学习风格时，他们更倾向于使用图形、图片、文字和视频等视觉材料进行学习。通过阅读和观看这些视觉材料，他们可以利用材料的直观性和形象性更有效地吸收和记忆信息。为了迎合视觉型学习者的学习偏好，教学活动应该融入图表、幻灯片和视频等多样化的视觉教学资源，以提升学习材料的吸引力和易于理解性。

（3）动觉型学习风格。动觉型学习者倾向于通过实践和动手操作获得新知识和技能。他们通过实际操作、模拟和实验等亲身体验学习，这一方式对于需要身体参与或实践操作的学科尤其有效，如科学实验、体育和艺术。为了支持这类学习者，教学活动应包含实践活动、实地考察，以促进他们通过实际体验进行学习。

二、通过学习风格促进英语教学

（一）创建支持性学习环境

创建一个支持性学习环境，让学生能够按照自身的学习习惯探索和实践，对于提升英语教学成效至关重要。在这样的环境下，学生可以感受到自己的意见和想法得到尊重和理解，可以自由地分享观点，同时在需要指导和反馈时得到适当的帮助。教师应根据学生多样的学习风格设计多元化的教学活动，包括小组讨论、项目制作和角色扮演等。例如，向视觉型学习者提供图表和视频，为听觉型学习者准备丰富的听力资源，以及为喜欢实践的学生安排动手操作的机会。这不仅可以帮助学生提升英语能力，还能增强他们的自信心、参与意愿和学习热情。教师还可通过举办模拟英语辩论赛等活动,进一步培养学生的语言实践能力、创新思维和团队协作精神。

(二)拓展多种学习风格

在英语教学中,激励学生探索和整合多样的学习方式是极为关键的。这是因为不同的英语学习领域往往适于不同的学习风格。例如,要提高听力理解水平通常更适合听觉型学习者,而要提升阅读和写作技巧则更适合视觉型学习者。因此,教师应该鼓励学生依据所学内容的性质灵活变换其学习方式,这种灵活性不仅可帮助学生全方位掌握语言,还可增强他们对不同学习环境的适应力。

培养学生掌握多样的学习风格是帮助他们适应各种学习情境与教学方法的有效途径。对有自学倾向的学生,引入他们参与小组讨论和互动活动可以提升其交流能力。而习惯传统教室学习方式的学生,通过融入在线资源和独立项目,可以激励他们接受更现代化的学习手段,进而增强自学技巧。

为进一步发展学生个性化的学习风格,教师应采取多元化的教学手段,如视觉辅助、听力训练和互动式活动,以迎合不同学生的需求。鼓励学生进行自我反思,辅助他们识别和完善自己的学习策略,也是至关重要的。教师还需提供个性化的学习建议和资源,帮助学生根据自己的需求和兴趣调整学习方法,这是教师的一项重要职责。

第四节 学习策略与英语教学策略

一、学习策略的定义

学习策略指学习者为提高学习效率而采纳的各种方法和技巧,体现了他们在语言学习上的整体做法和习惯。这不仅包括阅读、听力、写作和口语等具体学习活动，也涉及学习过程中的思维过程，如理解语法规则和自我评估。更进一步，学习策略还包括学习者对学习语言的见解及其态度，这些因素共同决定了他们在学习过程中的选择和行为方式。

学习策略主要涵盖两大要素：一是实际学习技巧，二是学习过程的规划。实际学习技巧指学习者在学习活动中运用的具体方法，如记忆技巧、做笔记或参与讨论，这些技巧可以形成有效的学习方式。学习过程的规划则侧重于如何安排和规划学习任务，涉及时间安排、选取适宜的学习资源和制订学习计划等。

学习策略的选用和实施是根据学习者个性、学习环境和学习目标而定的，显示出高度的灵活性。学习者会基于个人的学习风格、之前的学习经验或特定学习任务的需求，选择适合自己的策略。策略的有效性依赖它是否能够满足学习者的个性化需求并适应特定的学习环境。

二、学习策略的内涵

学习策略的内涵在语言学习领域是一个广泛且复杂的主题。学者们对此有各自的见解和理解，本书从以下几方面进行探讨。

（一）语言学习策略的两个层面

语言学习策略包含行动和认知两个层面，为理解学习策略提供了一个综合性框架。在行动层面，学习策略体现为学习者的具体行为，如采用阅读技巧、做笔记、进行口语训练等。这类行为是直观和具体的，容易被观察和衡量。比如，学习者可通过制作和复习闪卡学习新单词，或加入讨论小组来增强口语技能。在认知层面上，学习策略着重于学习者的内部认知活动，如信息处理、观念融合和批判性思考等。这些过程虽难以直接观察，但对学习的成功至关重要。例如，在阅读英语文章时，学习者不只是识别单词和理解句意，还需要在脑海中构建整篇文章的含义，将新信息与已知知识相连接，并对文章的立场和论证进行批判性的思考。

这种理解方式突出了学习策略在行动和认知两个方面的紧密相连。有效的学习不仅依赖外部的行为执行，也依赖内部的心理处理。在设计教学活动时，教师需要既提供实践操作的机遇，也要促使学生进行深层的心理活动，如鼓励自我反思和发展批判性思维。通过这样的综合途径，学习者可以更全面地提高语言能力，增强认知及独立思考的技能。

（二）学习策略在意识层面的作用及其隐性特征

学习策略在意识层面具有重要作用，学习者通过有意选择特定策略，如反复练习或归纳总结，可以提升学习效率和记忆能力。例如，学生在学习新单词时，会刻意使用记忆卡或闪卡辅助记忆，这一选择基于对自身学习习惯的了解和对策略成效的预期。

学习策略的应用也可能在无意中形成。在许多情况下，学习者并不清楚自己正在应用某个策略，尽管这些策略在学习中有效发挥作用。例如，一些学生不自觉地通过听英文歌曲来加强听力，即便他们未将其明确视作学习策略。这种在无意识中使用的策略可能源自个人兴趣、习惯或之前的成功体验。

（三）学习策略的解决方案特性

学习策略作为解决学习问题的有效工具，能够帮助学习者克服困难，提高学习效率。例如，在掌握复杂语法时，通过应用思维导图或进行类比，学习者可以更好地理解和记忆这些结构。这些策略专为解决学习中的特定问题设计，使学习过程更加高效。

策略的选取和使用依赖学习者对学习任务的认识以及对自己学习偏好的理解。面对不同学习挑战，学习者应根据任务需求和个人学习风格选择适宜的策略。例如，在需要记忆的活动中，学习者可能倾向于使用记忆技巧；对于需要深度理解的任务，学习者则可能通过讨论和合作进行学习。这种方法将学习策略看作应对学习过程中特定困难的解决方式，如运用特定记忆技巧掌握复杂语法。

(四)学习策略的个体差异性

学习策略的选择和运用深受学习者个体差异的影响,每个人会基于自身特质和所处学习环境挑选适合的策略。这一差异性来源于认知风格、知识背景、学习目标、兴趣和动机等多方面因素的互动。偏好视觉学习的人会更多地利用图表和图片辅助学习,而倾向于听觉学习的人会通过听力训练提升英语水平。一些学习者倾向于独立学习,而其他人则偏好在小组合作或在教师的指导下进行学习。

在设计教学活动时,教师应当考虑学生的个体差异,并提供多样化的学习资源和方法满足不同学生的需求。通过了解学生的个性化需求,教师能够更有效地支持每位学生的学习过程。对于偏好实践和体验式学习的学生,组织实验和项目式学习活动能够帮助他们通过实际操作深化对知识的理解。对于偏好理论学习的学生,提供足够的阅读材料和理论讨论有利于他们通过分析和批判性思维掌握复杂概念。

教师还可以利用技术工具适应不同学习者的需求,如使用在线教学平台提供个性化的学习路径、自适应学习活动和互动式练习。通过定期进行学习风格和策略的评估,教师可以帮助学生识别和发展他们的优势,同时鼓励他们尝试新的学习方法提升弱项。

三、学习策略的分类

(一)奥马利和查莫特的学习策略分类

以信息加工认知理论为基础,奥马利(J.M. O'Malley)和查莫特(A.U. Chamot)提出的学习策略分类体系涵盖元认知策略、认知策略以及社会或情感策略三个主要类别。该体系的核心价值在于明确了在语言学习过程中各类策略所承担的独特功能与重要作用。

1. 元认知策略

元认知策略关注学习者对自身学习过程的了解、监督及评价。通过这些策略，学习者能够设定学习目标、追踪学习进展并调整方法。具体来说，学习者可以在学习初期就制订一个详细的学习计划，包括明确的目标和时间表；在学习中持续检查自己的理解度和记忆效果；面对挑战时能够灵活变更学习策略，如采用不同的阅读技巧或寻找更匹配的学习资源。元认知策略的核心价值在于促使学习者转变为能自我管理和评估学习进程的独立学习者。

2. 认知策略

认知策略集中于学习者的思考模式，涉及直接加入语言学习过程中的各种技能，如归纳推理、内容总结以及关系链接等。在吸收新单词时，学习者可以通过构建词汇网络、讲述故事或者进行思维联想促进记忆；而在阅读活动中，采用批判性思维和进行内容摘要有助于加深对材料的理解。

3. 社会或情感策略

社会或情感策略着重于提升语言学习者的社交能力和情绪管理技巧。该策略通过鼓励学习者通过社交活动和有效沟通来增强语言技能，并在学习过程中管理情绪。学习者可以通过参加小组讨论、加入英语角或与以英语为母语的人交谈来提高语言实践的机会；遇到困难时，可以通过自我激励或求助于他人来调节情绪。社会或情感策略不只提升了学习者的交流技巧，还增强了他们的情绪调节和社交能力。

尽管奥马利和查莫特的学习策略分类在语言学习领域占据重要位置，其局限性也显而易见。这一体系对情绪管理和社会或情感策略的描述不够全面，未覆盖所有情感和社交互动的层面。此外，该分类偏重于行为策略，对概念性策略的探讨不足，特别是概念与行动的互动及其影响。另外，这一体系分类的基础主要是信息处理，未充分反映语言学习的独特性。因此，虽然奥马利和查莫特提供了理解语言学习策略的有价值视角，未来研究需对其进行更广泛深入的扩展，以适应语言学习的多元复杂性。

（二）奥克斯福德的学习策略分类

奥克斯福德（R.L. Oxford）的学习策略分类体系对语言学习领域产生了深远影响，其将学习策略划分为直接策略和间接策略，基于策略与语言材料的直接相关度进行分类。直接策略贯穿语言学习，直接涉及语言的掌握和应用，包括记忆策略、认知策略和补偿策略，分别对应不同的学习任务和目标。记忆策略通过各种记忆技巧和方法助力学习者存储和回忆语言信息；认知策略专注于语言信息的理解、分析和综合，如利用总结、概括和逻辑框架掌握复杂内容；补偿策略旨在帮助学习者弥补语言知识或技能上的缺陷，如通过猜测含义或使用近义词解决词汇不足问题。

间接策略虽不直接参与语言学习的具体任务，但在管理学习过程、调节情感和促进社交互动中发挥关键作用，为学习者提供了必要的支持和框架。其中，元认知策略涉及规划、监控和调整学习过程，帮助学习者更高效地安排学习时间和资源；情感策略则关注管理学习过程中的情绪和态度，如通过放松技巧和积极自我激励减轻焦虑；社会策略强调与他人的互动和合作，通过小组讨论、角色扮演等促进语言的社会化学习。

奥克斯福德的学习策略分类体系不仅装备了语言学习者一整套综合的策略工具，也突出了学习策略的个性化和情境化需求。学习者能够依据个人需求和具体情况挑选合适的策略组合，以在各种学习阶段和环境中达到更优的学习效果。该分类体系在理解和应用语言学习策略方面起到了关键作用。奥克斯福德将补偿策略归入直接策略中，这一做法与其他学者观点不同，反映了其独到见解。这样的分类为学习者和教师提供了清晰的框架，以更高效地理解和运用不同的学习策略。

此外，奥克斯福德创新地将各小类学习策略的首字母组合成易于理解和记忆的单词，如"CARE"用于表示记忆策略。这种方法增加了学习策略的可接近性和可记忆性，使学习者更容易掌握和应用这些策略。奥克斯福德还设计了一个名为"Strategy Inventory for Language Learning (SILL)"的语言学习策略使用情况诊断表，这个量表为学习者提供了一个自我评估工具,帮助他们识别和优化自己的学习策略。SILL 分为两个版本,分别适用于以英语为母语和以英语为外语的第二语言学习者,其广泛地应用在语言学习策略的研究和实践中,显示了奥克斯福德在该领域的深远影响。

(三)科恩的学习策略分类

在科恩(A.D. Cohen)的研究中,他明确区分了第二语言学习者在语言学习和语言使用过程中所采用的两种主要策略类型:语言学习策略(图 9-7)和语言使用策略(图 9-8)。这种分类侧重于策略的应用目的,从而使得在学习语言和实际使用语言时所采取的策略有了明确的划分。

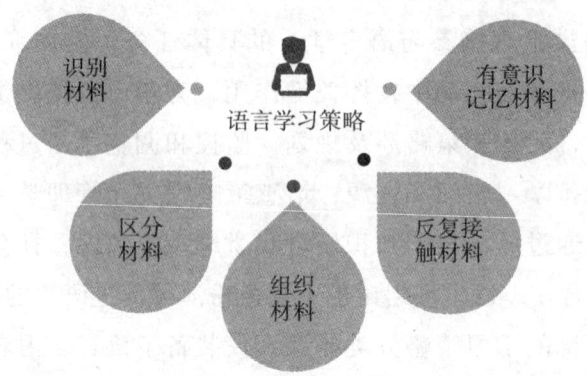

图 9-7 语言学习策略

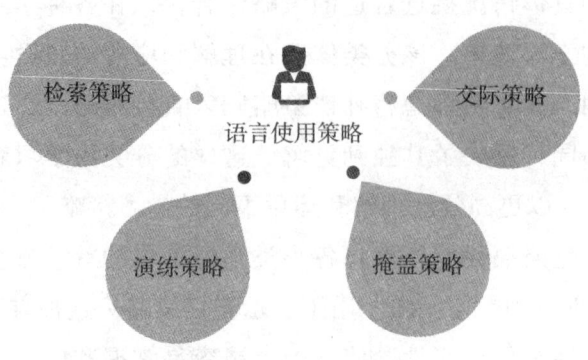

图 9-8 语言使用策略

1. 语言学习策略

语言学习策略的要旨是促使学习者更高效地吸收、处理和记忆新的语言内容。这些策略包括一连串旨在深化对语言构造和内容理解的有意活动或步骤。例如，学习者会运用特殊的记忆技巧记忆新词，如通过关联记忆或编故事辅助记忆新单词。同时，对学习材料进行组织和结构化也是一种常用策略，如利用笔记总结或概念图梳理语法规则和词汇。关键在于有效区分主要信息和次要信息，包括识别关键内容和建立信息层次。运用这些策略，学习者不仅可以更有效地掌握语言，还能提升学习效率和自学能力。

2. 语言使用策略

语言使用策略专注于如何有效地把所学的语言知识应用于实际交际中。这类策略助力学习者在真实语境下的语言应用，包括书写和口头交流。例如，通过检索策略，学习者能迅速调用记忆中的词汇或短语以便使用；通过演练策略，如角色扮演或对话练习，学习者能增强实际语言运用能力；掩盖策略和交际策略则有助于在语言表达中遇到障碍时有效地维持交流，如使用同义词、转换话题或借助非语言信号。这些策略不仅可以提升语言流畅度，也增强了在不同社交场合的适应性。

科恩的学习策略分类模型为语言学习策略提供了清晰的理论框架，将其分为学习和使用两大类。尽管如此，该模型在区分这两类策略时遇到挑战，因实际中学习与使用策略常同时发生，令界限模糊。此外，科恩的模型未包括元认知策略，该策略对于监控和调控学习过程至关重要，其缺失限制了模型在全面指导学习者优化学习方法上的效用。因此，虽然科恩的分类为理解语言学习策略提供了基础，但未来研究应考虑整合元认知策略，以增强模型的全面性和实用性。

（四）文秋芳的学习策略分类

在关于英语学习策略的研究中，文秋芳划分了管理策略和语言学习策略两大类。此分类清晰展示了学习策略在英语学习中的独特功能和目标。

1. 管理策略

管理策略（图9-9）主要聚焦于学习过程的规划、监督和调控。这些策略要求学习者在学习启动前进行目标设定、制订计划和选择适当策略。学习过程涉及对活动的持续监控、自我评估及根据新情况调整策略。管理策略不仅在认知方面提供指导，也包括对情感状态的管理，帮助学习者保持学习方向和动力，确保学习效率和连贯性。其通用性意味着，这些策略在英语学习外，对其他学科和日常生活同样有益。

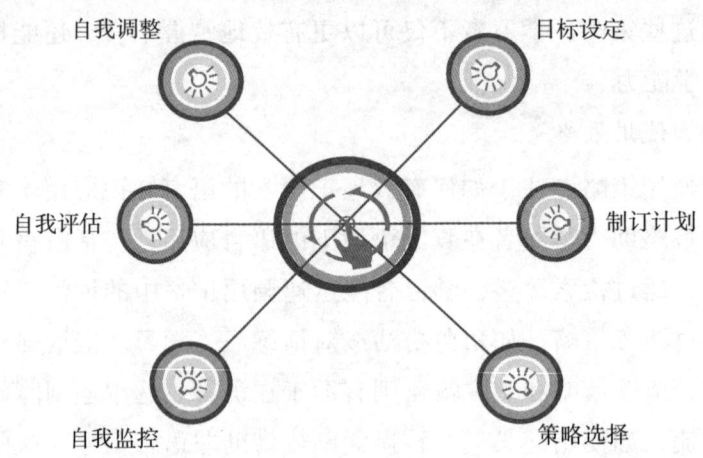

图9-9　管理策略

2. 语言学习策略

语言学习策略（图9-10）直接关注语言材料的学习。文秋芳将这类策略细分为传统与非传统两大类。这一分类反映了外语教学领域中的主要争议，如是否使用母语作为辅助语言、语言学习是有意识还是无意识的行为，以及对语言形式的准确性和流利度的重视程度。传统策略更侧重于形式的规范性和准确性，而非传统策略则更强调实际应用和流利性。这种分类有助于指导教师和学习者根据具体的学习目标和背景选择适合的策略，也解决了一些西方学者的分类方法存在的局限性，如过分强调形式准确性或忽视母语的作用。通过这种分类，文秋芳为英语学习策略的应用提供了一个更加全面和实用的框架。

第九章 学习者因素与英语教学策略

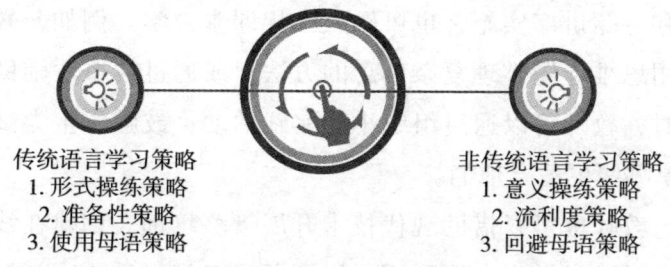

传统语言学习策略
1. 形式操练策略
2. 准备性策略
3. 使用母语策略

非传统语言学习策略
1. 意义操练策略
2. 流利度策略
3. 回避母语策略

图 9-10 语言学习策略

文秋芳的分类体系不仅增强了学习者对不同学习策略类型的理解，也提供了一个实用的工具，帮助学习者根据自己的具体需求和学习环境选择和应用更合适的策略。这种分类体系在理论和实践层面都具有重要的指导价值，对提高英语学习者的学习效率和效果有着显著的影响。

四、通过学习策略促进英语教学

（一）诊断学生的当前学习策略

诊断学生的当前学习策略能让教师掌握学生学习的强项和弱点，以便提供更精准的引导。问卷调查，包含选择题和开放性问题，是完成这一任务的常用手段，它涵盖了学习习惯的各个层面，如时间管理、记忆技巧、阅读方法及课堂参与程度等。问卷结果能揭示学生在哪些领域需要更多支持的情况。

教师也可以采用课堂观察和一对一访谈来更全面地理解学生的学习策略。课堂观察让教师可以直接评估学生在小组互动中的表现，如沟通和协作技能；一对一访谈则提供了学生对自身学习方式的看法，他们认为哪些方法更有效，以及他们学习面临的主要挑战。这些深入了解为教师制定个性化教学策略提供了宝贵信息。

（二）提供策略培训

提供学习策略培训对提升学生学习效率极为重要。这类培训既可通过研讨会和专题讲座实施，也可融入常规课堂教学。例如，教师能在课上展示利用思维导图整理复杂信息的方法，或通过故事法辅助学生记忆新词。同时，教师可以通过组织小型实践活动，鼓励学生尝试多种学习技巧并分享哪些更适合他们。

此外，教师也可以借助现代技术开展策略培训。创建在线课程或召开研讨会，可以向学生介绍利用网络资源和工具提升语言学习效率的方法。在线平台上的互动练习和游戏能够在趣味横生的环境中促进学习。这样，学生可在个人舒适区内按自己节奏学习，增强学习的主动性和成效。

（三）在课堂活动中融入策略

将策略融入课堂活动是一种高效的方法，可助力学生把理论知识应用于实践中。举例来说，在阅读课上，教师可引导学生通过分段、标注关键点或撰写摘要等方式提升阅读效率，这不仅加速了对文章主旨的把握，还增强了对细节的理解与记忆。在口语课中，通过安排角色扮演等活动，学生可以练习在各种交流场合中应用语言，这样的实践使他们能在实际交流中检验和提升语言能力。在写作课程中，教师教授学生运用构思大纲、草稿修改等策略提升写作水平，使学生思路更加清晰，有效表达观点。对于听力课，教师则可通过预测、归纳和总结等技巧增强听力，使学生更有效地捕捉听力内容中的核心信息。通过融入这些策略，学生能够更好地在真实语境中运用和提高语言技能。

（四）持续监测和提供反馈

对学生实施持续监测和提供反馈对于他们掌握和优化学习策略极其重要。教师可以通过定期评估与反馈，帮助学生认清自己在策略运用方面的长处与不足，同时给予改善建议。例如，教师可通过常规的测验或作业审视学生的策略使用情况，并给出定制化反馈。这种反馈既可以肯定学生的成绩和进步，也可以提供建设性的意见，指导他们在哪些方面需要加强。

教师还可以通过课后辅导或在线平台进行更详尽的指导。一对一辅导会议让教师有机会深入探讨学生在特定学习策略上的问题，并给出具体指导。同时，通过在线讨论或电邮，教师能持续与学生沟通，确保学生在课外也能接受恰当的指导和支持。借助这种连续的监测和反馈，学生在教师的引导下能够持续加强学习策略的运用，进而在英语学习上取得更佳表现。

第五节 情感因素与英语教学策略

在英语学习过程中，学生的情绪态度起着决定性作用。无论是积极还是消极，这些态度都会影响学生的参与程度和学习动力。持有积极态度的学生往往能够取得更好的学习成果，而消极态度则可能导致抵触感和学习障碍。自信的学生能更加积极地参与课堂活动和练习，并能更镇定地面对挑战；缺乏自信的学生面对困难时则可能感到沮丧。

对英语学习的兴趣可以显著提升学习效率，因为兴趣能够促进学生探索和积极参与。英语学习中的焦虑感也是不可忽视的因素，它可能阻碍学习进度，影响学生的记忆力、理解力和语言表达能力。在教学中，教师需重视学生的情绪因素，并采用积极的策略改善不良情绪，以促进取得较好的学习成效。

一、学习态度

（一）学习态度影响英语教学

学习态度在英语学习中扮演着至关重要的角色，它是影响学生学习积极性、参与度以及最终学习成效的关键因素。积极的学习态度不仅能激发学生的学习兴趣，还能增强他们对学习过程的投入和承诺。积极的态度使学生更愿意接受新的挑战，更有动力探索未知的知识领域，这对于学习一门新语言尤为重要。

学生积极参与英语学习往往基于他们对学习这门语言的价值有深刻的认识。他们一旦明白学习英语对个人成长、职业发展以及在全球交流中的作用，便更乐于积极参与。举例来说，当学生明白掌握英语是实现职业梦想的一把钥匙时，他们的学习热情会被激发。这种情况下，他们的积极性不限于课堂内，还可能扩展到课外，如自发参与在线英语课程、加入英语俱乐部或进行语言交换活动。这种主动寻找学习机会的行为进一步展现了积极学习态度的价值和重要性。

　　消极态度是英语学习的一大障碍，它不只延缓了学习进度，还可能使学生对学习过程产生厌恶感。这种态度往往由诸多因素造成，如学习上的挑战、不良的学习经历或对英语学习价值的质疑等。

　　学习困难是导致学生形成消极态度的关键原因之一，包括不扎实的语言基础、不恰当的学习方法或缺少有效的学习资源等。例如，基础薄弱的学生在面对复杂语法结构时常会感到巨大的困难和挫败感，从而产生对英语学习的抵触乃至逃避。不良的学习体验同样对学生的态度产生深刻影响，这可能是由于以往的教学方法不适应学生需求，或者因为教师期望过高、缺乏必要的鼓励所致。例如，经常在英语课上受到批评的学生会将学习英语与消极情绪关联起来。此外，如果学生对英语学习的重要性持怀疑态度，同样会削弱他们的学习动机，这种状况常见于学生未能看到英语学习对其未来明确的好处时，如对职业规划的不确定或对英语在全球化中角色的不了解。

（二）培养积极的学习态度，促进英语教学

　　在英语教学过程中，培养学生积极的学习态度是教师的一项重要任务。教师可以通过实施有效的教学策略和提供心理支持，助力学生克服学习困难，进而激发他们学习英语的热情与兴趣。这样的积极态度不仅对学生目前的英语学习成效有所裨益，还有助于他们养成终身学习的好习惯。

　　（1）教师能够通过采取创新和多元化的教学策略，激发学生对学习

英语的兴趣。运用多媒体工具、参与互动游戏，以及进行角色扮演等活动，都能让英语学习变得更加吸引人和富有乐趣。同时，设计与学生日常生活密切相关的教学内容，如讨论时下流行的话题或举行英语歌曲比赛，不仅能增强学生的参与感，也能使他们直观地看到学习英语的实际用途。

（2）教师应当重视对学生提供情感支持与心理指导，以便帮助他们树立自信并勇敢面对学习挑战。通过定期开展一对一交流，教师能深入了解学生在学习过程中遇到的难题和情感波动，进而给予有针对性的建议和鼓励。此外，在课堂中创设成功的体验，如简单的语言游戏或轻松的口语活动，不仅能增强学生的成就感，也能有效提升他们的学习积极性。

二、学生个性

（一）个性特质影响英语教学

个性特质是英语学习成效的关键情感因素，特别是在区别外向与内向的学习者时格外显著。这些特质不只影响学习者的学习态度和方法选择，也对他们在实际语言应用中的表现产生影响。

外向性格的学习者在英语学习上往往更加主动和热情。他们偏好通过互动和参与社交活动掌握语言，如积极加入课堂讨论、参与小组工作以及参加英语角等。这样积极地参与提供了更多的进行语言实践的机会。外向性格的学习者一般对犯错误持开放态度，愿意尝试新的表达方法，这种乐观和勇敢的心态促进了他们在口语和听力技能上的快速提升。他们也倾向于利用日常生活中的机会练习口语，如与外国人交流或参与与语言相关的社交事件，这些实践经历极大地增强了他们的语言实际运用能力。

内向性格的学习者在英语学习中往往更偏好独立学习。尤其是在需要口头交流的情况下，他们可能较为抗拒在公共场合使用英语，这限制了他们口语和听力练习的机会，进而影响语言能力的全面提升。这种类型的学习者通常在阅读和写作方面表现较好，倾向于通过个人阅读、写作练习和使用学习应用程序来加深语言理解。利用增加书面练习的分量和加强阅读理解技巧等优势，可以有效地帮助内向性格的学习者提升英语能力，促进其语言技能的均衡发展。

（二）关注个性特质，促进英语教学

在教授性格多样的学生群体时，英语教师需认识并重视学生的个性差异。对于性格外向的学生，他们通常偏好通过社交活动和团队合作学习英语。因此，组织团队项目和小组讨论能够激发这类学生的积极性，借助他们的社交能力促进语言技能的提升。安排辩论、角色扮演和模拟对话等活动，能让学生在贴近真实的情境中练习英语，这样不仅能够提高他们的口语能力，还能够让他们在实际交流中更加自然地运用英语。推动外向学生加入英语俱乐部或参与语言交换活动，也能够为他们提供与不同文化背景人士互动的机会，进而拓宽他们的文化视野和增加实际语言应用的场景。

对于那些倾向于独立学习并喜欢深思的内向型学生，教师应提供适合单独完成的学习资源和任务。安排阅读理解练习、写作作业和在线学习计划，有助于这些学生更加深入地理解和分析文本，同时促进他们批判性思维和语言技能的发展。分配写作任务，如日记、短文或报告，可以激励内向学生分享自己的观点和情感，以此提升他们的书面表达技能。利用在线平台的互动视频和语言学习应用，教师可以为内向学生创建一个压力较低的学习环境，使他们得以按自己的学习进度掌握语言。

采用这种个性化的教学策略，教师能够充分考虑每个学生的独特个性，为他们营造一个支持和包容的学习氛围。通过这种方法，外向的学生能够借助社交互动提升语言技能，而内向的学生则可以通过独立学习深化对语言的掌握。这样的教学手段不仅能够帮助学生依据其个性特点提高语言能力，也能够激发他们学习英语的兴趣和热情，进而促使他们

在英语学习上取得更佳成绩。教师的敏感和灵活适应性在引导学生成为终身英语学习者的过程中发挥着关键作用。

三、学习自信心

（一）学习自信心影响英语教学

自信心对英语学习至关重要，它直接决定学习者的学习动力、参与程度及应对学习挑战的方式。自信的学生常更主动地参与课堂活动，如回答问题、加入小组讨论或积极进行口语实践。这样的参与不仅有助于巩固所学知识，也为实际应用语言提供了机会，进而深化语言理解。遇到学习难题时，这些学生通常能保持积极态度，将挑战看作成长的机遇。面临复杂语法或新词语时，他们会采取措施，如额外练习、寻找资料或向同学和老师寻求帮助，而不是选择放弃。这种积极的解决问题的姿态不仅提升了学习效果，也进一步加强了他们的自信和自我效能。

在学习英语的过程中，缺乏自信会为学习者带来额外的困难。这些学生会因为害怕成绩不佳而不敢在课堂上发言或参加小组活动，错失了提升和练习语言技能的机会。这种消极态度减少了他们使用语言的次数，导致他们语言技能进步缓慢。尤其在需要口语交流的情况下，恐惧犯错的感觉会导致他们选择保持沉默，这样不仅阻碍了其口语技能的提高，还可能在遇到学习挑战时让他们感到焦虑和无助，降低了学习的效率，并有可能形成对学习的持续负面态度。

（二）培养自信心，促进英语教学

教师在提高学生英语学习自信心中起着至关重要的作用。采用以下策略，教师能够有效地增强学生的自信，进一步促进他们的英语学习进展。

1. 创造积极的学习环境

创造一个积极的学习氛围是教师的重要职责，这样的环境应充满鼓励和支持，使得每位学生都感受到尊重和接纳。在此环境下，学生更加愿意挑战自我和接受错误，明白错误是学习的一环。举例来说，若学生在口语或写作中犯错，教师应提供积极反馈，赞扬他们的努力，并以积极的方法提出改善建议。这时的反馈不仅鼓励学生看重进步而非畏惧失败，也有助于增强他们的自信。

2. 庆祝小成就

庆祝学生的每一个小成就是一个重要的教学手段，它有助于培育学生积极的自我形象和提升自信心。对于学生在学习过程中取得的任何小进步，教师的认可和赞扬都能显著激发他们继续努力。比如，学生如果能在阅读理解上把握复杂句子的结构，或在听力训练中准确捕获关键信息，尽管这些进步看似微小，对学生而言却是重要的成就。教师应当及时赞扬这些成绩，强调学生的努力和取得的成果。这样的正向反馈不仅增强了学生的自信，也鼓励他们持续探索和学习。在班级中公开表扬学生的进步同样有助于营造积极的学习氛围，激励所有学生追求进步并分享他们的成功故事。

3. 提供适宜的挑战

确保学生面对的挑战既能激发兴趣又有适宜难度，对于促进学习和建立自信心极为关键。教师在设置挑战时，应精心平衡其难易程度，既要足以激励学生，又不能让他们感到困难无法克服。恰当的挑战能鼓励学生走出舒适区，探索新的学习策略，这对他们的学习技能和个人能力成长至关重要。比如，对初学者，教师可以布置简单的口语任务，如自我介绍或进行基础的日常对话；对更高水平的学生，则可以设置更为复杂的辩论或演讲任务。这种按能力层次设定的挑战不仅有助于学生逐渐增强自信，还能在他们成功克服困难时带来成就感。此外，鼓励学生设立个人化学习目标，如日常学习新单词或每周完成一篇短文，这些小目标会逐步推动他们达到更高的学习成就。

4. 鼓励自我反思

针对偏好独立学习的内向学生，教师应提供能够单独完成的学习材料和任务。设计阅读理解任务、写作练习和在线学习项目,可以帮助这类学生深化对文本的理解和分析,同时促进其批判性思维和语言技能的增长。分配日记、短篇文章或报告等写作任务,鼓励内向学生表达自己的见解和情感,可以增强他们的书面语言能力。通过使用在线教育平台上的互动视频和语言学习软件,教师能够为内向学生提供一个低压力的学习环境,允许他们依照个人的学习节奏掌握语言知识。

四、学习兴趣

(一)学习兴趣影响英语教学

对英语学习者而言,学习兴趣对他们的学习动力和成效有着至关重要的作用。充满兴趣的学生会更加积极主动地投入学习,这种由兴趣驱动的学习方式不仅有助于他们更深地理解和掌握语言知识,还能使学习过程变得更加愉快,有效减轻学习的压力。兴趣促进的学习者往往会主动探索和利用各种资源,如外语影视、音乐和文学作品,以提高自己的语言能力。这样的学习途径不仅让学习变得更加有趣和多元化,也能唤醒学生的内在学习动力,使他们的学习态度从被动转向主动。因此,教师应在教学中致力于激发学生的学习兴趣,通过采用多样化的教学策略和材料,增强学生的学习热情和参与感。

(二)培养学习兴趣,促进英语教学

教师的职责不仅是教授语言知识,还要努力创造一个平等、互相尊重和信任的学习氛围。这种无压力的环境能让学生感觉到安全和被信赖,有利于减轻他们的恐惧和焦虑。学生因此能够感受到尊重和接纳,有助于形成正式且友好的师生关系。当学生遇到学习难题时,教师应及时提供帮助和支持,协助学生面对挑战。对学生的每一点进步无论多么微小都应予以认可和鼓励,教师的正面反馈对于激发学生的学习动力和自信心具有重要作用。

在尊重学生个体差异的基础上，教师应根据学生的实际学习状况，设立既切实又具挑战性的目标，进而激发学生的学习兴趣和动力。作为辅导者，教师的职责是帮助学生发现自身的潜能，并针对每位学生的具体情况，逐步拟定学习方案。采取这种方式可以保证学习计划既适应学生目前的能力水平，又能鼓励他们设定并追求更高的目标。通过实现一连串逐步提升的小目标，学生将能够逐渐增强自信，并在遇到挑战时减少焦虑。每一次目标的实现都将成为他们前进的动力，激励他们继续追求更大的成就，从而促进学习的持续进步。

五、焦虑程度

（一）焦虑程度影响英语教学

在英语教学中，焦虑有其两面性，既可作为激励学习的推动力，也可成为阻碍进步的障碍。它主要分为促进性焦虑和妨碍性焦虑。促进性焦虑能够将学习者的紧张转化为追求学习目标的积极动力，提升学生的学习兴趣与动力，并促使他们更加集中精力学习。例如，适度的考试焦虑可促进学生更加努力地准备考试，进而提升成绩。然而，妨碍性焦虑则带来消极影响，令学生过分紧张，干扰其专注力和学习效率。在英语学习中，妨碍性焦虑尤为明显，学生可能因担心发音不准或文化差异等问题而感到焦虑。

保持适中的焦虑水平对学习者而言极为关键。恰当的焦虑水平不仅能引发正向的生理和心理反应，还能提高学习效率。相对地，过度的焦虑会给学生带来巨大的压力，影响其学习和思考。在极端焦虑情况下，学生可能回避学习任务，从而阻碍知识和技能的掌握。有效管理焦虑的学习者通常能找到紧张与放松的平衡点，维持对学习有利的焦虑水平。因此，教师在教学过程中应注意学生的焦虑情况，并引导他们学习有效的焦虑管理方法，支持其学业发展。

(二)管理焦虑,促进英语教学

在英语教学中,有效地管理学生的焦虑是极其重要的。教师可以通过营造一个安全且放松的学习氛围帮助学生降低焦虑水平。为此,教师应优先采用鼓励和正面反馈的教学方式,避免过多地指出学生的错误,从而减轻学生的紧张和恐惧。在组织课堂活动时,教师应鼓励所有学生参与,同时提供必要的支持,并避免强迫学生在众人面前表达自己,特别是对于那些内向或害怕公开演讲的学生。例如,他们可以通过小组作业或一对一交流等方式进行语言练习,相比之下,这样的练习方式能显著减少在大班课堂环境中进行口头表达的压力。

教师可以采用特定策略帮助学生应对焦虑的具体原因。例如,面对学生即将参加的英语考试产生的焦虑,教师能提供额外的复习资料和更多的练习机会,或者通过模拟考试帮助学生熟悉考试情境并做好充分准备。此外,指导学生有效管理学习时间和资源,可以有效降低学习压力引发的焦虑。教师还应鼓励学生分享他们的担心和疑惑,并给予必要的心理支持及建议。通过这些措施,教师能帮助学生将焦虑转变为推动学习前行的正能量,将其变为促进力量而非阻碍力量。

参考文献

[1] 薛丽.当代高校英语教学与二语习得研究[M].北京：北京工业大学出版社，2019.

[2] 王园.基于二语习得理论的高校英语教学研究[M].长春：吉林大学出版社，2020.

[3] 张艳璐.二语习得研究方法探析[M].长春：吉林出版集团股份有限公司，2020.

[4] 单士坤，王敏.二语习得理论视阈下的高校英语教学策略研究[M].长春：吉林大学出版社，2020.

[5] 刘友春.外语教学与二语习得的关系研究[M].延吉：延边大学出版社，2018.

[6] 邹娟娟.二语心理词汇与二语习得研究[M].西安：西安交通大学出版社，2018.

[7] 李庆照.中国英语学习者二语习得输出策略研究[M].北京：华文出版社，2015.

[8] 杨滢滢.二语习得中的形式与意义联结[M].上海：上海财经大学出版社，2013.

[9] 俞理明.语言迁移与二语习得：回顾、反思和研究[M].上海：上海外语教育出版社，2004.

[10] 牛强.认知二语习得理论本土化研究：中国英语教学认知策略[M].长春：

吉林大学出版社，2010.

[11] 侯胤. 试论二语习得理论对大学英语电影教学的启示[J]. 牡丹江教育学院学报，2023（7）：68-70.

[12] 彭程. 二语习得对英语教学的影响及优化建议[J]. 现代英语，2023（11）：46-49.

[13] 张雯. "文字聊天"在大学英语混合式教学中的应用研究[J]. 英语广场，2023（14）：115-119.

[14] 胡俊茹. 二语习得理论下高职院校英语专业口语教学改革刍议[J]. 海外英语，2023（9）：106-108.

[15] 肖悦. 字幕视听输入对二语习得影响的回顾与思考[J]. 现代英语，2023（10）：79-82.

[16] 姜浩，乌云高娃. 基于克拉申二语习得理论下的大学英语教学的思考[J]. 现代英语，2023（9）：13-16.

[17] 刘倩倩. Krashen 二语习得理论对大学英语写作教学的启示[J]. 现代英语，2023（8）：45-48.

[18] 王恒花. 二语习得视角下英语语言与文学作品的影响探究[J]. 中国民族博览，2023（7）：238-240.

[19] 董雯婧，李炯英. 网络热词对中介语石化现象的影响研究[J]. 英语广场，2023（10）：54-58.

[20] 王淑静，纪颖. 浅析沉浸式教学法在高中英语课堂中的应用[J]. 海外英语，2023（5）：177-179.

[21] 程盈. 大学生英语学习焦虑的年级差异研究[J]. 林区教学，2023，（3）：73-77.

[22] 周丽敏. 二语习得中学习者因素对英语教学的影响研究[J]. 英语广场，2023（6）：45-48.

[23] 郑雪梅. 浅谈小学生英语习题错误的教学反思：基于河北某小学四年级4位学生的定量分析[J]. 海外英语，2023（3）：195-198.

[24] 赵青. 基于二语习得理论的高校英语视听说教学对策[J]. 英语广场，2023（2）：93-96.

[25] 王安妮. Krashen 二语习得理论对大学英语听力教学的作用[J]. 现代英语，

2023（1）：50-53.

[26] 闫欣瑞. 二语习得理论下商务英语专业学生口语交际能力培养研究 [J]. 英语广场，2022（33）：91-94.

[27] 麻哲. 大学英语口语教学中口头纠正性反馈应用策略研究 [J]. 海外英语，2022（22）：185-187.

[28] 李喆. 基于 Krashen 二语习得理论探究儿童语言习得对高校英语专业口语教学策略的影响 [J]. 湖北第二师范学院学报，2022，39（11）：60-65.

[29] 盛雪妍. 英语词汇 App 对高中生二语习得的影响研究：以"默默背单词"为例 [J]. 大学，2022（32）：128-131.

[30] 张建军. 二语习得视角下的大学英语课堂教学模式 [J]. 英语广场，2022（31）：76-79.

[31] 史嘉琪. 课堂真实材料与英语学习动机的关系 [J]. 英语广场，2022（31）：80-83.

[32] 刘友春. 基于二语习得理论的网络环境下大学英语教学研究 [J]. 海外英语，2022（19）：103-104.

[33] 张建军. 二语习得理论在大学英语教学中的应用研究 [J]. 海外英语，2022（19）：117-119.

[34] 唐娉婷. 英文歌曲对二语习得的效果影响分析 [J]. 海外英语，2022（18）：89-91.

[35] 卢心怡. 二语习得理论下本科大学英语听说教学模式探索：以 S. D. Krashen 的输入说为例 [J]. 现代英语，2022（18）：95-98.

[36] 解芳，葛璋怡. 二语习得中的社会认同理论述评 [J]. 英语广场，2022（24）：20-23.

[37] 吕姣荣. Krashen 二语习得理论下基于超星学习通平台的综合英语教学模式探析 [J]. 英语广场，2022（23）：76-80.

[38] 雷文容. 句法启动对中学英语教学的启示 [J]. 海外英语，2022（15）：170-171.

[39] 杨永芳，兰希. 二语习得视角下英语网络课程教学临场感构建策略 [J]. 广西广播电视大学学报，2022，33（4）：28-34.

[40] 万昕. 小组合作学习下整体听写模式在基础英语教学中的运用 [J]. 英语广

场，2022（18）：70-73.

[41] 卯丹. 积极心理学视域下国内二语习得研究[J]. 海外英语，2022（7）：63-65.

[42] 刘岗林，陈红彦. 二语习得视角下"微课"应用于大学英语教学的可行性分析[J]. 牡丹江教育学院学报，2022（3）：83-86.

[43] 孙婷婷. APT教学模式下大学英语阅读中二语词汇附带习得情况研究[J]. 创新创业理论研究与实践，2022，5（5）：20-23.

[44] 李欣，刘睿. 信息化背景下二语习得与外语教学改革的研究：评《二语习得内容与形式的认知研究》[J]. 人民长江，2022，53（2）：225.

[45] 刘紫菱. 最近发展区理论视域下我国二语习得研究述评[J]. 开封文化艺术职业学院学报，2022，42（2）：49-51.

[46] 刁越越. 英语辅导员导生制在高校英语教学中的应用[J]. 大学，2022（5）：193-196.

[47] 邓钦祝，何英圻，陈易孜，等. "AI+有限浸入式英语教学"在应用中的有效性探究[J]. 海外英语，2022（3）：191-193.

[48] 张天爱. 关于克拉申二语习得理论对大学英语教学的启示[J]. 英语广场，2022（3）：77-79.

[49] 葛璋怡. 基于二语习得理论优化大学英语教学的有效策略分析[J]. 英语广场，2022（1）：89-91.

[50] 戴洁霞. 英语教学初级阶段中英汉对比分析法的应用[J]. 英语广场，2021（36）：81-83.

[51] 李振，王雷宏. 生态给养理论视域下的高校英语学习环境优化研究[J]. 遵义师范学院学报，2021，23（6）：90-94.

[52] 曹颖. "二语习得理论"下的英语教育专业英语口语课程教学策略研究[J]. 林区教学，2021（12）：96-99.

[53] 张爽，王维维，徐玉敏，等. 三语习得中语言迁移理论对俄语教学的影响：以英语（L2）对俄语（L3）名词范畴习得的影响为例[J]. 黑龙江工业学院学报（综合版），2021，21（11）：144-148.

[54] 林允能. 探索克拉申的监控理论在大学英语写作教学中的应用[J]. 现代英语，2021（21）：94-96.

[55] 张改兰. "二语习得"理论对高职英语教学的启示 [J]. 江西电力职业技术学院学报, 2021, 34（10）: 54-55.

[56] 秦慈枫, 姚艳阳. 二语习得理论视域下高职学生英语自主学习情况调查研究 [J]. 佳木斯大学社会科学学报, 2021, 39（5）: 222-224.

[57] 孙川, 于天娇. 基于二语习得的大学英语教学改革研究: 评《二语习得社会文化理论概论》[J]. 科技管理研究, 2021, 41（19）: 232.

[58] 韩斌. 基于动态系统理论视角下我国外语教学研究的统计分析与展望 [J]. 现代英语, 2021（19）: 1-3.

[59] 罗禹涛. 克拉申二语习得理论对我国英语教学的启示 [J]. 教育理论与实践, 2021, 41（27）: 59-61.

[60] 崔会丽. 浅谈"母语迁移"对二语习得的作用 [J]. 海外英语, 2021（18）: 92-93, 95.

[61] 潘小丽. 二语习得中的中介语僵化现象及应对策略 [J]. 教育观察, 2021, 10（26）: 100-102.

[62] 黎珂. 语块篇章组织功能对二语习得效果的影响及应用 [J]. 黑河学院学报, 2021, 12（6）: 123-125.

[63] 浦心仪. 基于 Krashen 二语习得理论的大学英语阅读教学策略探究 [J]. 现代英语, 2021（12）: 97-99.

[64] 李晓丹. 论大学英语课堂中多种英语教学法的互补应用 [J]. 海外英语, 2021（11）: 123-124.

[65] 蒋丽平. "三教"改革背景下高职英语互动式教学模式研究 [J]. 中国职业技术教育, 2021（17）: 75-81.

[66] 路君. 二语习得理论对英语专业报刊阅读教学模式的启示探讨 [J]. 大学, 2021（21）: 70-72.

[67] 刘婧. 浅析二语习得中母语负迁移现象 [J]. 现代交际, 2021（10）: 206-208.

[68] 付晓倩. 二语习得中显性和隐性知识在英语口语教学中的作用 [J]. 海外英语, 2021（9）: 21-22, 28.

[69] 陈琛, 陈甜, 宋敏. 二语习得理论下的大学英语教学优化策略 [J]. 吉林广播电视大学学报, 2021（3）: 105-107.

[70] 刘晶.论二语习得中学习者因素对英语教学的影响[J].内江科技,2021,42(4):127-128.

[71] 洪淑铃.二语习得理论视角下高职英语个性化教学研究[J].大学,2021(13):92-94.

[72] 刘玉玲,谭占海.二语习得理论在医学英语词汇教学中的应用[J].海外英语,2021(6):103-104.

[73] 韩路,王晓伟.以培养思辨能力为导向的新型英语教学模式探究[J].英语广场,2021(8):95-97.

[74] 孙星.浅谈中国洋泾浜英语对二语习得教学的启示[J].英语广场,2021(8):80-82.

[75] 李晓明.二语习得研究对英语语言教学材料启示:评《英语语言教学材料:理论与实践》[J].材料保护,2021,54(3):180-181.

[76] 冯宝鑫,刘圣楠.试论语用迁移在SLA中的支架功能:基于国外文献的综述研究[J].海外英语,2021(3):226-228.

[77] 袁水鑫.论二语习得理论对外语教学的启示[J].英语广场,2021(1):83-86.

[78] 李昇飞,李艺辉,潘洞庭.英语课堂应用真实语料之实证研究成果回顾[J].邵阳学院学报(社会科学版),2020,19(6):74-80.

[79] 王聪,王红丽.动态系统理论视角下雅思英语教学中的反拨效应研究[J].中共郑州市委党校学报,2020(6):101-104.

[80] 王亚芝.集中大量原则在成人英语教与学中的应用[J].现代英语,2020(23):105-108.